MERCOSUL
quinze anos

**GOVERNO DO ESTADO
DE SÃO PAULO**

Governador **José Serra**
Secretário de Ensino Superior **José Aristodemo Pinotti**

FUNDAÇÃO MEMORIAL

FUNDAÇÃO MEMORIAL DA AMÉRICA LATINA

Diretor Presidente **Fernando Leça**

imprensaoficial **IMPRENSA OFICIAL DO ESTADO DE SÃO PAULO**

Diretor-Presidente **Hubert Alquéres**

ORGANIZADOR
Rubens A. Barbosa

MERCOSUL
quinze anos

FUNDAÇÃO MEMORIAL

imprensaoficial

São Paulo
2007

Dados Internacionais de Catalogação na Publicação (CIP)
(Câmara Brasileira do Livro, SP, Brasil)

M528 MERCOSUL quinze anos / organização de Rubens A. Barbosa — São Paulo :
Fundação Memorial da América Latina : Imprensa Oficial do Estado de São Paulo, 2007.
304p.

Seminário MERCOSUL quinze anos – Avaliação e Perspectivas realizado 27 e 28 de
março de 2006 na Fundação Memorial da América Latina.

ISBN 978-85-7060-516-0 / Imprensa Oficial do Estado de São Paulo

1.Mercosul - História. 2. Mercosul - Debates. 3. Integração Econômica - Países
do Cone Sul. 4. Relações Econômicas Internacionais - Países do Cone Sul.
I. Barbosa, Rubens Antonio, org.

CDD - 337.18

Ficha Catalográfica elaborada na Biblioteca Latino-Americana Victor Civita

Foi feito o depósito legal na Biblioteca Nacional
(Lei n° 10.994, de 14/12/2004)

Fundação Memorial da América Latina
Av. Auro Soares de Moura Andrade, 664
Barra Funda
01156-001 - São Paulo/ SP
Tel.: (011) 3823-4600
Fax: (011) 3823-4611
www.memorial.sp.gov.br

Imprensa Oficial do Estado de São Paulo
Rua da Mooca, 1921 - Mooca
03103-902 - São Paulo - SP
Tel.: (011) 6099-9800
www.imprensaoficial.com.br
livros@imprensaoficial.com.br
SAC Grande São Paulo (011) 5013-5108 | 5109
SAC Demais localidades 0800-0123 401

SUMÁRIO

APRESENTAÇÃO

O livro *MERCOSUL: quinze anos* é um desdobramento natural do seminário que ocorreu no Memorial da América Latina, por ocasião do 15º. aniversário da assinatura do Tratado de Assunção - com a participação de especialistas no tema, sob a eficiente coordenação do Embaixador Rubens Barbosa, responsável também pela organização desta oportuna e bem cuidada publicação. Focando vários aspectos do processo de constituição e da evolução do bloco, especialmente os de natureza sócio-econômica, política e cultural, constitui-se em uma ampla e importante reflexão à disposição de estudiosos, pesquisadores e do público em geral. No centro dessa reflexão, está o reconhecimento de que a formalização de um mercado comum no Cone Sul e uma maior integração do conjunto da América Latina foram ou estão sendo possíveis graças à retomada da normalidade democrática na região.

Agora, com ajustes, adesões e algumas dúvidas, o MERCOSUL tem que buscar, com redobrado empenho de seus integrantes, soluções conjuntas para os desafios cada vez maiores e mais complexos que a globalização lhe impõe. O seminário mostrou os riscos que se antepõem à consolidação do processo democrático, à inserção competitiva e ao desenvolvimento sustentável dos países do bloco, a sua segurança interna e à governabilidade. E revelou, entre posições mais ou menos otimistas, alguns caminhos a serem percorridos e compartilhados com uma boa dose de compreensão e solidariedade.

A Fundação Memorial da América Latina sente-se honrada, na sua condição de centro integrador e difusor da diversidade cultural e do pensamento latino-americanos, em poder apresentar, no presente livro, o resultado das reflexões e dos debates que se referiram neste seminário ao MERCOSUL, consignando seus melhores agradecimentos a todos que dele participaram e, de maneira especial, ao coordenador, o diplomata e intelectual Rubens Barbosa, ele mesmo um *expert* no tema, sobremaneira feliz na escolha dos nomes, na definição dos temas e na metodologia adotada, como se verá.

Fernando Leça
Presidente da Fundação
Memorial da América Latina

INTRODUÇÃO

No dia 26 de março de 1991, a Argentina, o Brasil, o Paraguai e o Uruguai assinaram o Tratado de Assunção e criaram o Mercado Comum do Sul (MERCOSUL). Para lembrar o início do processo de integração do Cone Sul, a Fundação Memorial de América Latina realizou um Seminário com o objetivo de avaliar os avanços do MERCOSUL durante os últimos quinze anos, e sugerir caminhos para o futuro.

Convidado pelo Presidente do Memorial da América Latina, Fernando Leça, para coordenar o evento, procurei desenhá-lo da forma mais abrangente possível. Em dois dias de reuniões, foram cobertos praticamente todos os ângulos das negociações comerciais e não comerciais. Os expositores convidados apresentaram textos que foram submetidos previamente aos debatedores, o que facilitou e orientou as discussões, tornando-as mais focadas e produtivas.

O Seminário se desenrolou em debates divididos em 10 grupos de trabalho:

- **Os Grandes Objetivos: zona de livre comércio, união aduaneira, mercado comum**
  Palestrante: Félix Peña, Argentina

- **Economia do MERCOSUL**
  Palestrante: Dante Sica, Argentina

- **Dimensão jurídico-institucional do MERCOSUL**
  Palestrante: Embaixador José Antônio Marcondes Carvalho, Brasil

- **Finanças e macroeconomia do MERCOSUL**
  Palestrante: Carlos Eduardo Freitas, Brasil

- **MERCOSUL político-social**
  Palestrante: Uziel Nogueira, Argentina

- **MERCOSUL e suas relações externas**
  Palestrante: Marcel Vaillant, Uruguai

- **Geografia econômica e o MERCOSUL não comercial**
  Palestrante: Agustín Espinosa, Uruguai

- **Ciência e tecnologia**
  Palestrante: Carlos Henrique Brito Cruz, Brasil

- **MERCOSUL cultural**
  Palestrante: Ticio Escobar, Paraguai

- **A agenda futura do MERCOSUL: síntese dos trabalhos**
  Palestrante: Embaixador Rubens A. Barbosa, Brasil

Para participar do encontro, foram convidados economistas, políticos, juristas, especialistas em MERCOSUL que ao longo dos 15 anos tiveram algum envolvimento nas negociações. O Seminário teve a sorte de poder contar com conhecidos nomes da Argentina, do Paraguai, do Uruguai, que, ao lado de representantes brasileiros, apresentaram suas avaliações e sugestões, de acordo com as perspectivas de seus países.

Os debates foram de grande atualidade e anteciparam muitas das perguntas que hoje são feitas sobre as perspectivas do MERCOSUL e da atitude do Brasil, a partir dos resultados da reunião do Conselho do MERCOSUL, realizada em Córdoba, na Argentina, em julho passado. Este livro é o resultado do Seminário.

Para facilitar a leitura, os trabalhos apresentados de forma independente foram mantidos no contexto de cada um dos grupos de trabalho, permitindo o exame, dos diferentes aspectos discutidos. No último grupo de trabalho, procurou-se fazer um resumo dos principais itens de discussão e apresentar uma visão para o futuro do MERCOSUL. No primeiro semestre de 2006, ao completar 15 anos, o MERCOSUL viveu um de seus momentos mais intensos. A multiplicação dos conflitos comerciais entre os sócios, as dificuldades institucionais, a paralisia das negociações, o continuado desrespeito ao espírito e à letra do Tratado de Assunção, aliados a insatisfação dos países menores que ameaçam se retirar do grupo e a decisão de expandir o número de seus membros plenos aumentaram as dúvidas sobre as perspectivas do processo de integração sub-regional e criaram maior insegurança jurídica aos atores econômicos.

A crescente politização das decisões tomadas pelos Governos dos países em relação às questões que deveriam preservar seu caráter técnico começou a dividir as opiniões dos empresários, políticos e analistas em geral, colocando em risco o consenso que sempre prevaleceu quanto às vantagens e benefícios do MERCOSUL para todos os países membros.

É interessante notar que, devido a toda essa perplexidade que envolve o MERCOSUL, o Seminário promovido pelo Memorial da América Latina foi a única comemoração no Brasil pela passagem do 15º aniversário do Tratado de Assunção.

Finalmente, gostaria de agradecer ao professor Eliézer Rizzo de Oliveira, à Helena Perli, à Laís Camille Barbosa, à Leonor Amarante e a Ary Figueiredo pelas inestimáveis colaboração e dedicação para tornar o Seminário possível.

Rubens A. Barbosa
Coordenador do Seminário
MERCOSUL quinze anos

Los Grandes Objetivos del MERCOSUR Zona de Libre Comercio, Unión Aduanera y Mercado Común

Félix Peña

Los Grandes Objetivos del MERCOSUR Zona de Libre Comercio, Unión Aduanera y Mercado Común

Los Grandes Objetivos del MERCOSUR: Zona de Libre Comercio, Unión Aduanera y Mercado Común

Elementos para apreciar progresos alcanzados en los primeros quince años del MERCOSUR como proceso voluntario de integración comercial y económica.

Félix Peña (*)

A modo de introducción: alcance del análisis y perspectiva privilegiada

El análisis estará centrado en apreciar los avances logrados por el MERCOSUR tras quince años de su creación formal. A tal efecto, un énfasis especial será puesto en recordar antecedentes de las etapas previas a la creación del MERCOSUR y en precisar los alcances de lo comprometido en los momentos fundacionales.

Los avances logrados serán examinados en relación al cumplimiento del principal objetivo del MERCOSUR. Él tiene un carácter instrumental en función de relevantes objetivos estratégicos de alcance político y contenido económico de cada uno de las naciones soberanas. Ellas decidieron voluntariamente asociarse por entender que era de su conveniencia. Y a pesar que hayan asumido un compromiso permanente, la realidad histórica demuestra que se mantendrán asociadas en tanto que perciban que ello es lo que más conviene a sus respectivos intereses nacionales. Esto es, que los balances de costos y beneficios sea más favorable permaneciendo dentro del club que han formado que saliendo de él.

El objetivo central del MERCOSUR – que fuera oportunamente aprobado por los respectivos Congresos -, es el de establecer un mercado común entre sus países miembros a través del desarrollo de una unión aduanera. Ésta, según su definición en el artículo XXIV, 8 a) i) del GATT-1994, incluye los elementos propios de una zona de libre comercio, esto es, la liberación de lo sustancial del comercio recíproco o, al menos, del de los productos originarios en los territorios constitutivos de la unión. Cabe tener en cuenta, que esta definición es la única que puede condicionar el principio de libertad de organización que caracteriza el proceso de asociación permanente con fines comunes entre un grupo de naciones soberanas. Por más relevantes que sean las elaboraciones teóricas en materia de integración económica y de comercio internacional, la experiencia histórica indica que por lo general ellas no inciden en forma significativa en las negociaciones de este tipo de acuerdos.

A los efectos de este análisis visualizamos al MERCOSUR, a la vez, como una idea estratégica de largo plazo – que quizás sea percibida con perspectivas e intensidades diferentes en cada uno de los países miembros e incluso, dentro de ellos en sus distintos sectores políticos y sociales - y como un proceso de integración económica - entendido éste, como un conjunto de compromisos, acciones y reglas de juego, voluntariamente asumidos por naciones soberanas, orientados a ampliar en forma estable y permanente, los respectivos mercados internos en un espacio económico común a los países participantes -.

La pregunta central que intentaremos responder – o al menos brindar elementos que puedan facilitar su respuesta – será la siguiente: *¿cuánto han avanzado los países del MERCOSUR, a partir de la firma del Tratado de Asunción, en marzo de 1991, en el logro efectivo de los distintos elementos que implica el objetivo definido de un mercado común, comenzando por el desarrollo de una unión aduanera?*

A tales efectos, examinaremos los compromisos formalmente asumidos por los cuatro socios a fin de precisar cómo entendieron tal objetivo y sus principales elementos. También veremos cómo estos últimos fueron evolucionando a través del tiempo. Para ello, siempre tomaremos como puntos de referencia los compromisos formalmente asumidos y, eventualmente, las prácticas consentidas con respecto a cómo aplicarlos y desarrollarlos.

Como conclusión del análisis, efectuaremos algunas observaciones sobre las cuestiones que requerirían mayor atención en el caso que, efectivamente, se persista hacia el futuro en procurar el logro pleno del objetivo de un mercado común.

En esta oportunidad sin embargo, no examinaremos las motivaciones e incentivos políticos y económicos, tanto internos como internacionales, que puedan haber inducido a los principales actores en cada uno de los países socios a contribuir, sea de una manera u otra, a la construcción del consenso en torno a los compromisos formalmente asumidos. Simplemente asumimos que ellos existieron – ya que de lo contrario los compromisos no habrían sido asumidos –, y que muy posiblemente fueron diferentes en cada país y en los distintos momentos que caracterizaron luego el desarrollo posterior del proceso de integración. En tal sentido, siempre hemos entendido que un proceso de integración como el del MERCOSUR, no deriva de hipotéticas racionalidades nacionales, pero sí de muy concretos intereses nacionales tal como ellos son interpretados en un momento histórico determinado por los respectivos protagonistas.

Tampoco examinaremos tres cuestiones que, sin perjuicio de otras, son esenciales para una apreciación más completa de los resultados del MERCOSUR en estos primeros quince años de su existencia.

Por un lado, está la relacionada con sus efectos políticos en el desarrollo de la democracia en cada uno de los socios, así como en el patrón de relaciones entre los países miembros y en su irradiación al plano regional – en especial el sudamericano – y al global – en el ámbito de sus negociaciones comerciales internacionales con terceros países y bloques económicos, y en la Organización Mundial del Comercio (OMC) -.

Entre otras, algunas preguntas relevantes que surgen al respecto, pueden ser formuladas en estos términos:

- ¿ha sido realmente el MERCOSUR un factor que ha contribuido a la estabilidad política y a la consolidación de la democracia en sus países miembros?
- ¿debido a su existencia, puede ser considerado el conjunto de países que lo integra – junto con Chile - como un "núcleo duro" de la estabilidad política y de la democracia en Sudamérica?
- ¿ha sido un factor gravitante en el hecho que, hasta el presente, los países miembros junto con sus asociados, han logrado desarrollar una zona de paz en el Sur de las Américas, donde la lógica de la integración ha tenido una tendencia a predominar sobre la de la fragmentación?, y
- ¿ha tenido efectos positivos en la capacidad de sus países miembros, actuando en conjunto, de desarrollar negociaciones comerciales internacionales convenientes a sus respectivos intereses nacionales?

Por el otro lado, está la cuestión relacionada con los efectos económicos del MERCOSUR en los procesos de transformación productiva y de inserción competitiva en la economía global de cada país miembro, así como con la distribución de tales efectos entre los cuatro socios.

En relación a tal cuestión, alguna de las preguntas más relevantes pueden ser las siguientes:

- ¿cuáles han sido los efectos del MERCOSUR sobre las decisiones empresarias de inversión productiva, de incorporación de progreso técnico y de generación de empleo en cada uno de sus países miembros?
- ¿puede considerarse que el mercado ampliado ha tenido un efecto significativo y positivo en las estrategias de inserción competitiva en la economía global de empresas de los países miembros?

- ¿ha tenido un impacto significativo en el desarrollo de redes de producción y de comercio entre los países miembros?
- ¿en qué forma se han distribuido los efectos económicos del Mercosur entre los distintos socios, especialmente teniendo en cuenta que existen entre ellos, pronunciadas asimetrías de dimensión económica e incluso de grados de desarrollo relativo?, y
- ¿es, en tal sentido, el MERCOSUR un proceso percibido como generando ganancias mutuas entre los cuatro socios?

Y, en tercer lugar, está la cuestión de sus efectos sobre la gente en cada uno de sus países miembros.

En este caso, algunas de las preguntas a formular pueden ser:

- ¿identifican las mujeres y hombres de cada uno de los países miembros algún tipo de impacto – positivo o negativo – en sus respectivos roles sociales, como ciudadanos, trabajadores, consumidores, empresarios, profesionales, educadores o estudiantes, artistas o intelectuales - entre otros -, del hecho que los cuatro países se hayan asociado en forma voluntaria y permanente en lo que se denomina MERCOSUR – entendido éste a la vez, como el nombre de una idea estratégica y de un proceso formal de integración multidimensional - ?
- ¿perciben ellas y ellos, los avances en el cumplimiento del objetivo de establecimiento de un mercado común, comenzando por el desarrollo de una unión aduanera y de sus eventuales efectos políticos y económicos, como incidiendo en alguna forma en sus expectativas de mejorar sus niveles de bienestar y de tener un horizonte de un posible futuro mejor?, y
- ¿valoran al MERCOSUR como un elemento de identidad compartida con sus vecinos ante sus respectivas percepciones sobre el impacto del fenómeno de la globalización?

¿Cuál es la perspectiva de privilegiaremos en esta ocasión? análisis que Considerando las distintas perspectivas posibles en las que podríamos colocar nuestro análisis sobre el grado de cumplimiento de los antes mencionados objetivos instrumentales del MERCOSUR, hemos optado por dos que deseamos explicitar de entrada.

Ellas son:

- *La de aquel empresario – grandes o chico, nacional o transnacional –,* que en función de decisiones de inversión productiva y de incorporación de progreso técnico, necesita apreciar si efectivamente los compromisos asumidos en el marco del MERCOSUR y de sus reglas de juego, le garantizan el acceso irrestricto al mercado de los demás socios para los bienes producidos en uno de ellos y eventualmente, para los servicios que puede prestar a partir de uno de ellos o dentro de cada uno de ellos. Ello implica saber si aquel empresario percibe como algo relativamente creíble, que tal acceso no pueda ser arbitrariamente interrumpido o distorsionado, por actos o comportamientos unilaterales producidos por un país miembro actuando al margen de lo pactado – sin que ello pueda dar lugar al recurso a alguna instancia jurisdiccional, judicial o arbitral, que sea eficaz -;

- *La de aquel tercer país o bloque económico – y en especial, sus empresarios* – que debe apreciar las ventajas y desventajas de una eventual negociación comercial con el MERCOSUR – cualquiera que sea su formato – en el marco de las reglas de la OMC, en la que como contrapartida de las ventajas que otorgue pueda obtener el acceso efectivo y previsible a un espacio económico común, resultante de la unión aduanera y luego, del mercado común prometido por los cuatro socios.

En ambos casos, se intentará apreciar el avance en el cumplimiento del objetivo de establecer un mercado común, comenzando por el establecimiento de una unión aduanera que incluya el libre comercio entre los socios para bienes y servicios. Ello implicará además apreciar la efectividad – grado de penetración en la realidad -, la eficacia – resultados obtenidos - y la legitimidad social – sustento popular – del proyecto común.

Quizás, dada cierta tradición latinoamericana en materia de compromisos de integración económica – que podríamos denominar de “integración-ficción” - se tratará de apreciar, además, cuánto hay de solidez y de sustentabilidad en tales compromisos y cuánto hay, por el contrario, de lo que puede denominarse políticas o diplomacias mediáticas o de efectos especiales.

Debe tenerse en cuenta, al respecto, que normalmente quien efectúa la apreciación en alguna de las dos perspectivas antes mencionadas – o en ambas –, ha desarrollado un ojo clínico para distinguir lo que podría ser un Mercosur real de uno de “utilería”. Es decir, lo que hay de realidad y de ficción en lo anunciado por los gobiernos, por más solemne y formal que ese anuncio fuera.

Tal ojo clínico le permitirá concluir a quien efectúa la apreciación, sobre si puede efectivamente considerar que el MERCOSUR refleja un espacio económico común, en el que se puede aspirar a operar como si ya fuera o realmente pueda ser en un plazo razonable, el equivalente a un mercado interno.

La experiencia previa al MERCOSUR y su incidencia en la definición de sus grandes objetivos

En la realidad, la trayectoria del MERCOSUR real no comenzó con su creación formal. En los hechos, su punto de partida precede, incluso en muchos años, el proceso iniciado en Asunción.

En efecto, la creación del MERCOSUR[1] a través de la firma del Tratado de Asunción en marzo de 1991, se asienta sobre un activo de experiencias y realidades, de compromisos jurídicos y de preferencias comerciales que se remontan, incluso, al período anterior a la creación de la Asociación Latinoamericana de Libre Comercio (ALALC)[2]. Tener claro este aspecto resulta fundamental a la hora de apreciar los resultados obtenidos desde su momento fundacional.

Es aquél un período caracterizado por una fuerte concentración del comercio intra-regional en muy pocos productos entre los países del Sur de las Américas; en el que se enhebra un incipiente tejido de acuerdos bilaterales preferenciales, y en el que se avanzan, incluso, ideas y proyectos vinculados con una eventual unión aduanera regional[3].

Pero es con la firma en 1960 de lo que sería el primer Tratado de Montevideo, que se inicia el camino que aún recorre la región en materia de compromisos de integración comercial. Su objetivo formal, cabe recordar, era la creación de una zona de libre comercio en un plazo de doce años. Pero su objetivo real era, fundamentalmente, rescatar la incipiente red de acuerdos bilaterales existentes a través de su multilateralización en una zona de preferencias comerciales que, en un principio, debía abarcar sólo los países de América del Sur - especialmente a los del Sur de ésta región -, pero que luego – a su pedido – se extendió también a México.

Es en la ALALC que aparece por primera vez en la región la figura de "zona de libre comercio". Ella fue introducida en una etapa avanzada de la ne-

---

[1] MERCOSUR, como "Mercado Común del Sur", es una denominación que sólo surge durante el proceso de negociación del Tratado de Asunción, iniciado en septiembre de 1990, en base a lo acordado en el encuentro de Buenos Aires entre los Presidentes de la Argentina y el Brasil, celebrado en junio de ese año. Incluso la denominación "MERCOSUR" que comenzó a instalarse entre negociadores, en la prensa y en los borradores de texto del futuro Tratado, era entendida como Mercado Común del *Cono* Sur. Fue el negociador del Brasil, el Embajador Celso Amorin, quien en la revisión de la última versión del texto a inicialar por los negociadores, pidió que se suprimiera del su artículo 1° la palabra "*cono*" ya que, según indicó, en la opinión pública de los Estados del Nordeste del Brasil iba a generar la idea de un proyecto muy centrado en las regiones del Sur del país. De alguna manera es interesante observar, sin embargo, que tal cambio anticipó la dimensión sudamericana que luego iría perfilándose en el MERCOSUR y que es importante a la hora de entender su actual relación con el proceso de la Comunidad Sudamericana.

[2] Ver al respecto la obra en dos volúmenes de Gustavo MAGARIÑOS, "Integración Económica Latinoamericana, Proceso ALALC/ALADI, 1950-2000", INTAL-ALADI, Montevideo 2005. Ver también el capítulo XII del libro de Alejandro BUNGE, "Una nueva Argentina", Buenos Aires 1940 y sus referencias bibliográficas, especialmente de sus diversos artículos sobre la cuestión de la unión aduanera del sur, publicados en varios números de la Revista Economía Argentina, fundada en 1918.

[3] Ver CEPAL "Tendencias del Comercio Internacional y de la Política Comercial de América Latina", E/CN.12/165, junio de 1951; "Problemas Actuales del Comercio Interlatinoamericano", E/CN.12/423, enero de 1957, y "El Mercado Común Latinoamericano", Naciones Unidas, México DF, julio de 1959.

gociación del Tratado de Montevideo, fundamentalmente por la necesidad de ajustar las preferencias comerciales intra-regionales a los requisitos del artículo XXIV del entonces GATT. Se llegó a la conclusión que sólo podrían tener un alcance multilateral regional, las preferencias que resultaran del establecimiento de una zona de libre comercio que se ajustara a la definición del GATT[4].

Encontramos allí ya presente un rasgo que caracterizará por mucho tiempo al proceso de integración regional - ¿incluso en estos días? – y que es el de la brecha entre los objetivos enunciados formalmente, normalmente de largo plazo y los objetivos reales e inmediatos de los países que asumen los respectivos compromisos. Es éste un rasgo que torna difícil, el ejercicio de apreciar cuáles son los verdaderos objetivos perseguidos, cuando dos o más países de la región que concluyen un acuerdo comercial preferencial o un acuerdo de integración económica, utilizan conceptos tales como espacio económico común, mercado común, unión aduanera o zona de libre comercio.

El objetivo formal de la ALALC por cierto no pudo cumplirse. Primero se postergó el plazo[5]. Luego se cambió el marco formal e institucional, cuando con la firma del Tratado de Montevideo de 1980 se sustituyó a la ALALC por la Asociación Latinoamericana de Integración (ALADI)[6]. El objetivo formal y de largo plazo de esta última era la constitución del mercado común latinoamericano. El objetivo real y más inmediato era, sin embargo, dejar de lado la idea de la zona de libre comercio latinoamericana y, en especial, el flexibilizar el proceso de apertura comercial preferencial entre los países miembros. A tal efecto, se generó un marco de habilitación de acuerdos de alcance parcial – esto es, en los que no todos los países fueran parte – compatibles, a través de procedimientos también muy poco exigentes, con la vigencia de la cláusula de la nación más favorecida que, al igual que en el caso de la ALALC, era un elemento central para evitar discriminaciones comerciales arbitrarias entre los socios. Este marco de habilitación sigue siendo hoy central para legitimar acuerdos preferenciales intra-latinoamericanos –, incluso el propio MERCOSUR que se inserta en la ALADI a través del ACE nº 18 – con el GATT-1994.

Se puede observar entonces, que en la transformación de la Alalc en la ALADI, se ponen de manifiesto otros dos rasgos que han caracterizado a la integración regional por mucho tiempo y que se observan incluso en el momento actual. Ellos son el de la fijación de metas formales ambiciosas – incluso poco definidas, como fuera en el caso de la ALADI la de un "mercado común latino-

[4] Ver el detalle de las negociaciones en la antes citada obra de Gustavo Magariños.

[5] Tal prórroga resultó del Protocolo de Caracas firmado en 1970, cuando era evidente la imposibilidad de cumplir el plazo de doce años formalmente previsto en el Tratado de Montevideo de 1960.

[6] Ver al respecto, además de la obra de Gustavo Magariños ya citada, el capítulo 9 del libro de Félix PEÑA, "Momentos y Perspectivas. La Argentina en el mundo y en América Latina", EDUNTREF, Buenos Aires, 2003.

americano"- y la de la tendencia a la prórroga de los plazos estipulados en los compromisos asumidos[7].

Junto con el rasgo mencionado más arriba, ellos están en la génesis de un problema aún no resuelto en la integración regional, que es muy notorio en el MERCOSUR, *que es el de la brecha de credibilidad que se genera, especialmente en quienes tienen que adoptar decisiones de inversión productiva, con respecto al alcance real de los compromisos asumidos por los gobiernos en términos de ampliación de los respectivos mercados nacionales.*

Por muchas razones - incluyendo la inestabilidad política y económica de los países participantes y una cierta cultura de desvalorización en los hechos – más fuerte en algunos de los socios que en otros - de las reglas jurídicas como pautas de acción en el plano del comercio regional –, se ha instalado la noción de procesos de integración económica signados por la precariedad de los compromisos asumidos.

Una resultante de ello, *es la pérdida de eficacia de muchos de los acuerdos que se concluyen – especialmente en términos de generación de inversiones productivas – como consecuencia de su baja efectividad y la consiguiente erosión de su legitimidad social y de su credibilidad externa*[8].

En gran medida, como reacción a lo que se percibía como una inoperancia de los enfoques más amplios de integración de alcance multilateral y regional, al promediar los años 80 los entonces gobiernos de la Argentina y del Brasil – aprovechando el marco institucional de la ALADI – inician la etapa de un proceso de integración bilateral que constituye el precedente más inmediato del actual Mercosur. Es un proceso de fuerte sentido político y estratégico, visiblemente vinculado con el restablecimiento de la democracia en ambos países y con la necesidad de revertir una cierta tendencia a la confrontación que se había manifestado recurrentemente a través de la historia. Es además multidimensional, ya que el aspecto comercial es sólo uno de los que lo caracteriza.

Esta etapa comienza con el Acta de Iguazú en 1985, seguida luego por el Programa de Cooperación e Integración entre la Argentina y el Brasil (PICAB) de 1986. Un aspecto interesante del PICAB, es el que no fija objetivos formales de zona de libre comercio, unión aduanera o mercado común. Sólo hace referencia a la noción de "espacio económico común". Ella no es definida, ni tampoco tiene precedentes conocidos en el ámbito de las reglas de juego del entonces GATT. Pero sí se establecen, en cambio, "principios" para la elaboración y ejecución del Picab, y un mecanismo simple para su administración y desarrollo.

En el marco de este PICAB y en forma simultánea con él, se firman 24 Protocolos, algunos de ellos relevantes para el comercio y la integración

[7] Tal tendencia se ha manifestado recientemente, una vez más, con la nueva prórroga del régimen automotriz entre la Argentina y el Brasil acordada el 28 de febrero de 2006.

[8] Hemos desarrollado este tema en varios artículos, entre los cuales el titulado "Concertación de Intereses, Efectividad de las Reglas de Juego y Calidad Institucional en el Mercosur", Red MERCOSUR/Fundación Konrad Adenauer, Montevideo 2003.

productiva entre los dos países, como fueron el de Bienes de Capital[9]; el del Trigo[10]; el de Complementación de Abastecimiento Alimentario[11]; el de Expansión del Comercio[12]; el Siderúrgico[13]; el de la Industria de la Alimentación[14] y, sobre todo, el Automotriz[15]. Se firman otros protocolos, sobre una variedad de temas y áreas de cooperación, que no contienen preferencias comerciales, algunos de los cuáles tuvieron nula o baja aplicación práctica[16].

Desde el punto de vista de las preferencias comerciales, las resultantes del Picab se insertan en el marco de habilitación brindado por el Tratado de Montevideo de 1980. Incluso es en tal marco que las respectivas preferencias quedan legitimadas en el ámbito del GATT, en virtud de la denominada Cláusula de Habilitación negociada por los países en desarrollo en ocasión de la Rueda Tokio que concluyera en 1979[17].

En 1988 se firma el Tratado de Cooperación e Integración entre la Argentina y el Brasil. Fue ratificado en 1989. Está aún vigente. El objetivo formal definido en este instrumento bilateral fue integrar un "espacio económico común"[18]. A tal fin, se previó alcanzar en diez años la completa remoción de todos los

[9] Este Protocolo nº 1 da origen luego, en el ámbito de la ALADI, al Acuerdo de Complementación Económica nº 7 de diciembre de 1986 y en su marco se establecen compromisos preferenciales, que son modificados y/o ampliados luego por anexos en el período 1986-1990. Ver sus textos en "Mercado Común entre Argentina y Brasil: Tratados, Protocolos y Anexos – período 1985-1990", publicación conjunta del Intal-BID, de la Cámara de Comercio Argentino-Brasileña y de la Fundación Bank Boston, Buenos Aires, septiembre 1990.

[10] Ver textos del Protocolo nº 2 y de sus anexos en la obra citada en la nota anterior. Por sus alcances – compromisos de compra y abastecimiento de trigo - no habría sido protocolizado en la Aladi.

[11] Idem del anterior, con respecto a la fuente de información del Protocolo nº 3, sus alcances y su no protocolización en la Aladi.

[12] Ver textos del Protocolo nº 4 y de sus anexos en la obra citada en la nota 8. Como resultado de este Protocolo se celebra luego en diciembre de 1986, el Acuerdo de Alcance Parcial de Renegociación de las Preferencias otorgadas en el período 1962/1980 (AAP nº 1). En su marco se acuerdan 17 anexos. Es luego sustituido por el ACE 14 de diciembre de 1990.

[13] Ver textos del Protocolo nº 13 y de sus anexos en la obra citada en la nota 9. Las preferencias comerciales del sector se incluyen en el AAP nº 1.

[14] Ver textos del Protocolo nº 22 y de sus anexos en la obra citada en la nota 9. Se plasma en el Acuerdo de Complementación Económica nº 12 sobre Bienes de la Industria de la Alimentación.

[15] Ver textos del Protocolo nº 21 y de sus anexos hasta 1990 en la obra citada en la nota 9.

[16] Ver sus textos en la obra citada en la nota 9.

[17] Ver su texto en www.wto.org

[18] Al igual que en los casos antes mencionados, no analizamos en esta oportunidad cuáles fueron o pueden haber sido los objetivos políticos y económicos reales perseguidos por los distintos actores en ambos países, ni sus motivaciones. Sólo analizamos los objetivos formalmente declarados en los respectivos acuerdos. Sin embargo, por el momento en que el Tratado fue firmado – fin de gobierno en el caso argentino y fuertes inestabilidad económica en ambos países – es verosímil la hipótesis de que lo se tuvo en mente fue "anclar" el proceso de integración bilateral ante las perspectivas de que él pudiera ser discontinuado por nuevas autoridades. Pero en el caso argentino, el Tratado fue ratificado en el Congreso con apoyo político amplio, esto es tanto del partido hasta entonces gobernante como del que se hizo cargo del gobierno en 1989. Como ocurriera luego con la aprobación parlamentaria del Tratado de Asunción, la integración regional y en particular con el Brasil, ya contaba en la Argentina con el apoyo de los sectores políticos mayoritarios.

obstáculos tarifarios y no tarifarios al comercio de bienes y servicios entre los dos países, a través de la negociación de protocolos adicionales al Acuerdo de Alcance Parcial nº 1 celebrado en 1986 en el ámbito de la ALADI[19]

Se previeron objetivos para una primera etapa y luego otros para una segunda etapa. Se estableció un mecanismo de gobierno del Tratado que guarda, en líneas generales, similitud con el que luego sería incorporado al Tratado de Asunción.

El Tratado bilateral es sólo un marco que no incluye compromisos jurídicos inmediatos exigibles en términos de aperturas de los respectivos mercados. Puede ser considerado más bien como el cierre simbólico de una etapa del proceso de integración. Además no incluía, como sí lo haría luego el Tratado de Asunción, a Paraguay y Uruguay. Sin embargo, desde el punto de vista político señalizó la voluntad de afirmar una orientación estratégica que luego sería retomada en el MERCOSUR. *Fue en tal sentido, un "building block" más político y simbólico que efectivo en la construcción del proceso de integración económica regional.*

Finalmente, en diciembre de 1990 – y en pleno proceso de negociación de lo que luego sería el Tratado de Asunción – la Argentina y el Brasil firman el Acuerdo de Complementación Económica nº 14, que aún sigue vigente[20]. Reconoce como antecedentes al Tratado bilateral de 1988 y al AAP nº 1 – al que sustituye -, y se inserta explícitamente en el objetivo de establecer al 31 de diciembre de 1994 un Mercado Común, que había sido establecido por los Presidentes de ambos países en el Acta de Buenos Aires, de junio de ese año.

Resulta importante destacar los tres objetivos principales del ACE 14. Ellos son:

- Facilitar las condiciones necesarias para el establecimiento del Mercado Común entre ambos países;
- Promover la complementación económica, en especial la industrial y tecnológica, con el fin de optimizar la utilización y movilidad de los factores de la producción y de alcanzar escalas operativas eficientes, y
- Estimular las inversiones encaminadas a un intensivo aprovechamiento de los mercados y de la capacidad competitiva de ambos países en corrientes de intercambio regional y mundial.

Puede considerarse que esos tres objetivos, estratégicos y de largo plazo – económicos pero con un profundo sentido político -, son lo que establecen

---

[19] Ver nota 13.

[20] Ver su texto en www.aladi.org

un verdadero hilo conductor entre la etapa de integración bilateral argentino-brasileña de los ochenta y la etapa que se iniciaría en los noventa con la creación del MERCOSUR. En tal perspectiva, los objetivos de zona de libre comercio y de unión aduanera, que luego caracterizarían al MERCOSUR, pueden ser considerados como de un carácter instrumental en relación a estos objetivos económicos.

El programa de liberación del ACE 14 es idéntico, en sustancia, al que se incluye luego en el Tratado de Asunción. La única fuerte diferencia es que no se prevé, en cambio, un arancel externo común[21].

Pero del texto del ACE 14 cabe destacar, por su actualidad en relación a la cuestión de la adaptación competitiva[22], lo previsto en su artículo 22. Por su relevancia como antecedente - ya que como se señaló antes, el acuerdo sigue aún vigente y es aplicado en sectores importantes de las relaciones económicas entre la Argentina y el Brasil, como es el automotriz -, lo transcribiremos textualmente:

> *"Ambos países buscarán promover el aprovechamiento equilibrado y armónico de los beneficios del presente Acuerdo y adoptarán, a tal fin, a través del Grupo Mercado Común Argentina-Brasil, las medidas pertinentes para la corrección de eventuales desequilibrios en el aprovechamiento de esos beneficios y para la expansión del intercambio, con vistas a asegurar condiciones equitativas de mercado, el máximo aprovechamiento de los factores de producción, el incremento de la complementación económica, el desarrollo equilibrado y armónico de los dos países y la inserción competitiva de sus productos en el mercado internacional. Asimismo, ambos países promoverán las condiciones de competencia interna que aseguren una apropiada defensa del consumidor".*

A su vez, un elemento central de esta cláusula encuentra su precedente en el criterio de "expansión cualitativa, cuantitativa y equilibrada del intercambio comercial" elaborado entre los dos países en la etapa del Picab. Incluso en el Anexo VI al Protocolo nº 4[23], se establece que "el equilibrio dinámico del intercambio bilateral se define por el mantenimiento de los niveles del saldo de la balanza comercial dentro del límite máximo del 8% del valor total del intercambio". Y se prevén mecanismos correctivos en el caso que se supere dicho límite.

[21] Una explicación puede estar vinculada con el hecho que al firmarse el ACE 14 ya prácticamente estaba asegurada la conclusión de la negociación del Tratado de Asunción, en la que sí se incluyó el instrumento del arancel externo común. El formato de unión aduanera había sido definido desde el comienzo mismo de la negociación del Tratado y en parte ello explica el hecho que Chile hubiera desistido de participar, tras la reunión de Cancilleres y Ministros de Economía a la que asistió en Brasilia a fin de julio de 1990.

[22] Ver al respecto el artículo del autor "Dudas y certezas del acuerdo bilateral firmado con el Brasil" en El Cronista del 8 de febrero de 2006.

[23] Ver más arriba la nota 11.

En conclusión, la creación del MERCOSUR, que surge en un momento de profundos cambios en la realidad política y económica global[24]*, se asienta sobre un acervo de experiencias – muchas veces frustrantes – y de compromisos políticos y jurídicos, que no sólo explican muchas de sus raíces y de sus características sino que, además, penetran la realidad actual, ya que muchos de ellos tales como el Tratado bilateral de 1988 y el ACE nº 14 siguen hoy vigentes.*

El real alcance de las definiciones fundacionales: ¿un mercado común en cuatro años? Los avances del período de transición

La construcción de un mercado común fue el principal compromiso asumido por los socios fundadores del MERCOSUR en el Tratado de Asunción de 1991.

Incluso se fija un plazo y se establecen compromisos exigibles jurídicamente en cuánto a los primeros pasos a dar en tal construcción. Son los pasos que se prevén para lo que se denominó "período de transición".

A diferencia de lo que ocurriera en el antes mencionado Tratado bilateral entre Argentina y Brasil de 1988, en el de Asunción sí se define lo que debe entenderse por un mercado común. Esta definición está incluida en el artículo 1º del Tratado. Ayuda a entender el alcance del planteamiento estratégico y los elementos que permitirían concretar tal mercado común.

Además se fija una fecha en relación al objetivo procurado, que es la del 31 de diciembre de 1994. Ella se ha prestado a algunos equívocos, que incluso puede deberse a diferencias entre las versiones en español y en portugués del Tratado. En efecto, la versión española señala que en tal plazo el mercado común "deberá estar conformado", en tanto que en la versión en portugués, se señala que "deverá estar estabelecido". No es sólo una diferencia semántica. Conformado no es sinónimo de establecido. Significa darle forma a algo. Establecer evoca la idea de algo ya constituido. Implicaría que los elementos incluidos en la definición de la segunda parte del mencionado artículo 1º ya deberían estar instrumentados al finalizar el período de transición. Establecido fue la expresión utilizada en español en el Acta de Buenos Aires de junio de 1990. Conformado en cambio está más en consonancia con lo que los negociadores tenían claro a medida que avanzaban en la redacción del Tratado. *Y esto era que se trataba de iniciar un proceso – en cierta forma, de "echar a bola a rodar" – definiendo el objetivo central y los compromisos exigibles durante el período de transición.*

La situación política y económica de los países que se asociaban – incluso la memoria de otras experiencias del pasado en materia de integración regional – permite explicar esta relativa prudencia del momento fundacional. Nadie podía

[24] Ver capítulo 12 del libro del autor citado más arriba en la nota 6.

tener en claro cuál sería la situación de los países miembros cuatro años después. Un simple repaso de la prensa de aquellos días ilustra sobre la volatilidad económica y política predominante en algunos de los socios. De allí que se optó por un tratado de impulso de un proceso y no de un tratado con un programa concreto como lo fue, por ejemplo, el Tratado de Roma.

Clarificar este punto es importante, ya que muchas veces se ha señalado que el objetivo de completar el mercado común en cuatro años no se pudo cumplir y que por ello debió ser modificado en ocasión de la Cumbre de Ouro Preto. Incluso a veces se ha atribuido tal modificación de los planes originales al denominado Protocolo de Ouro Preto. No entiendo que sea una interpretación correcta.

Por el contrario, lo acordado luego en ocasión de la Cumbre de Las Leñas en 1992, contribuye a avalar la interpretación aquí avanzada. En efecto, allí se aprobaron dos Decisiones. Una bien conocida. La otra, muchas veces olvidada.

La primera fue la del Cronograma de Las Leñas[25]. Allí se fija el cronograma de medidas a adoptarse antes del 31 de diciembre de 1994 "a efectos de asegurar el pleno cumplimiento de los objetivos establecidos en el Tratado de Asunción para el período de transición". Se originó en una iniciativa del Brasil planteada en abril de 1992 a los negociadores argentinos por el entonces negociador brasileño, el Embajador Rubens Barbosa. Era una hoja de ruta muy completa sobre el cúmulo de tareas a realizar durante el período de transición. Se estableció además, la mecánica de seguimiento de las tareas pendientes, incluyendo la posibilidad de modificar los plazos establecidos, los que ningún caso podrían se extendidos más allá del 31 de diciembre de 1994.

La segunda fue sin embargo, la que reconoció que en tal período difícilmente se tendría en pleno funcionamiento el mercado común[26]. Se originó en la delegación argentina. Cuando fue redactada y propuesta en una de las últimas sesiones del Grupo Mercado Común previa a la reunión de los Ministros y de los Presidentes, fue aceptada sin discusión. *Es decir, que reflejaba el consenso real entre los negociadores, en que la tarea de completar el mercado común demandaría mucho más tiempo que el del período de transición.* Esa Decisión encomendó al Grupo Mercado Común la elaboración y presentación al Consejo del MERCOSUR durante el primer semestre de 1994, de "un Cronograma de medidas adicionales que sean necesarias adoptar para el pleno funcionamiento del mercado común del sur, a partir del 1° de enero de 1995". Tal Cronograma adicional nunca se presentó ni se aprobó. Quizás en Ouro Preto, en diciembre de 1994, predominó un sentido eminentemente pragmático. Algo así como hacer lo que se pueda. Quizás era resultante de una herencia profunda de los años de la ALALC, luego de la ALADI y, por cierto, del PICAB.

[25] Ver Decisión CMC/01/92. Todas las normas del MERCOSUR mencionadas en adelante, pueden ser consultadas en www.mercosur.org.uy

[26] Ver Decisión CMC/02/92

Es el artículo 5º del Tratado, el que incluye los instrumentos que permitirían "conformar" el mercado común. Uno es bien explícito y detallado en sus alcances. Se refiere al programa de liberación comercial, esto es, los compromisos destinados a asegurar el libre comercio de bienes. Se previó su perfeccionamiento al 31 de diciembre de 1994. Coincidía, con respecto a Argentina y Brasil, con el incluido en el antes mencionado ACE 14.

Los otros tres estaban orientados a completar las bases un mercado común orientado a la transformación productiva conjunta y a la formación de la unión aduanera. Se los interpretaba como la consecuencia del anterior. *En realidad, fueron las premisas bajo las cuáles el compromiso del libre comercio adquiría su pleno sentido y, por ende, fue asumido.* Uno se refiere a la coordinación macro-económica, que debería ser gradual y convergente con el programa de liberación comercial; el otro a un "arancel externo común, que incentive la competitividad externa", y el tercero a los acuerdos sectoriales "con el fin de optimizar la utilización y movilidad de los factores de la producción y alcanzar escalas operativas eficientes".

En concreto, del Tratado de Asunción surgen además de una definición de lo que se entiende por "mercado común", el compromiso de avanzar en cuatro frentes durante el período de transición: el del libre comercio irrestricto, el del arancel externo común, el de la coordinación macro-económica y el de los acuerdos sectoriales[27]. De los tres adicionales al del libre comercio, el único que fue plenamente alcanzado durante el período de transición fue el del arancel externo común, aprobado como se sabe en la Cumbre de Ouro Preto. En cierta medida, tal incumplimiento puede avalar la tesis de el libre comercio pactado suponía una trilogía de condiciones, de las cuáles sólo una se pudo cumplir. Es una tesis cuyo alcance legal puede tener en el futuro consecuencias prácticas muy concretas en relación a la validez de los compromisos originalmente asumidos.

Los ajustes de Ouro Preto y la trayectoria posterior

¿Cuál es el balance del desarrollo del objetivo del mercado común a partir de la Cumbre de Ouro Preto, en diciembre de 1994, cuando se cierra el período de transición y se abre una nueva etapa hacia el pleno cumplimiento del objetivo inicial, que es la que aún ahora se está recorriendo?

En Ouro Preto se adoptan una serie de Decisiones del Consejo del Mercado Común, que reflejan compromisos que en parte significan avanzar en la construcción del mercado común y, en parte, diluyen algunos de los compromisos

[27] A fin de avanzar en este plano se aprobó el marco normativo para los acuerdos sectoriales (Decisión CMC/03/91) y se incentivó la creación el mismo año del Consejo Industrial del MERCOSUR, integrado por las organizaciones industriales de los cuatro países. Tardó mucho en funcionar y aún así resulta difícil afirmar que lo fuera plenamente, incluso en la actualidad.

iniciales, especialmente en el plano del libre comercio. Significan un reconocimiento de lo que era factible.

Se firmó además el Protocolo de Ouro Preto. Éste en realidad está limitado a cumplir un compromiso previsto en el artículo 18 del Tratado de Asunción. En efecto, el objetivo principal del Protocolo fue establecer la estructura institucional del MERCOSUR. Ésta a su vez, ya había sido objeto de un desarrollo cuando en 1991 se firmó el Protocolo de Brasilia, que estableció un mecanismo de solución de controversias.

Muchas veces se ha señalado que la unión aduanera surge del Protocolo de Ouro Preto. Ello no es así y basta leer su texto para tener ello en claro. Los compromisos referidos a la unión aduanera surgen de la Cumbre de Ouro Preto pero, como correspondía, ellos fueron adoptados por Decisiones del Consejo. No es sólo un detalle formal. Indica claramente que todo lo vinculado a la unión aduanera, el pacto fundacional original lo reenvió al Consejo del MERCOSUR. *Lo único que tiene jerarquía de Tratado es la disposición de que tiene que haber un arancel externo común. Ello significa por lo tanto que todo lo vinculado con la unión aduanera y su perfeccionamiento, es una competencia de los gobiernos en el seno del Consejo. No requiere, por lo tanto, aprobación parlamentaria. En la práctica, no es un detalle menor y es algo más que un detalle jurídico.*

¿Cómo quedan los grandes objetivos comerciales del MERCOSUR tras la Cumbre de Ouro Preto?[28]:

- Se diluye el compromiso asumido en el Tratado de Asunción de eliminar completamente las restricciones no arancelarias al 31 de diciembre de 1994[29].

- Se prorroga el plazo para el perfeccionamiento del programa de liberación comercial a través de un régimen de adecuación que extiende los plazos para listas de productos de cada uno de los socios[30] y se prevé un régimen de adecuación especial para el sector azucarero[31] y otro para el sector automotriz[32]

- Se aprueba el Arancel Externo Común, incluyendo listas de excepciones por plazos determinados[33].

[28] En realidad, algunas de ellas fueron adoptadas en la Cumbre de Buenos Aires, en agosto de 1994.

[29] Ver Decisión CMC/03/94

[30] Ver Decisión CMC/05/94 y CMC/24/94

[31] Ver Decisión CMC/19/94. Los plazos no fueron cumplidos. De hecho es aún una excepción al libre comercio.

[32] Ver Decisión CMC/29/94. Los plazos no fueron cumplidos. De hecho sigue siendo una excepción al libre comercio.

[33] Ver Decisión CMC/07/94 y CMC/22/94. En 2005 algunas excepciones fueron nuevamente prorrogadas por la Decisión CMC.....

- Se disciplinan los incentivos a las exportaciones[34]; se prevén otras medidas para las políticas públicas que distorsionen la competitividad[35]; se aprueba el régimen de origen[36] y se definen pautas para un régimen de defensa de la competencia[37].

- Se aprueba el Código Aduanero del MERCOSUR[38]

Algunas de estas Decisiones implicaron introducir modificaciones al Tratado de Asunción que había sido aprobado por los respectivos Poderes Legislativos. El problema jurídico – y eventualmente político – que ello representaría, fue resuelto introduciendo un artículo en el Protocolo de Ouro Preto, el que estableció:

"Quedan derogadas todas las disposiciones del Tratado de Asunción, del 26 de marzo de 1991, que estén en conflicto con los términos del presente Protocolo y con el contenido de las Decisiones aprobadas por el Consejo del Mercado Común durante el período de transición".

Al ser aprobado el Protocolo de Ouro Preto por los Poderes Legislativos, se resolvió así el problema que generaban modificaciones al Tratado fundacional por parte de los Poderes Ejecutivos actuando en el seno del Consejo del Mercosur. *Sin embargo, ha quedado abierta a debate la cuestión de la legalidad de posteriores modificaciones introducidas en especial, en los regímenes de los sectores azucarero y automotriz.*

Tras Ouro Preto (1994), pocos progresos pudieron realizarse en el desarrollo de la unión aduanera y de algunas de las políticas e instrumentos que se habían comprometido originalmente – especialmente en el plano de la coordinación macro-económica, del establecimiento de un régimen aduanero común, así como de los regímenes de defensa de la competencia y de disciplinas en materia de subsidios al comercio e incentivos a las inversiones -.

El comercio recíproco creció en los primeros años del MERCOSUR. Difícil resulta sin embargo precisar el impacto del régimen de libre comercio en este aumento del intercambio, ya que otros factores vinculados a las políticas económicas y cambiarias, y en especial a la apertura comercial tanto de la Argentina como del Brasil, tuvieron sin dudas un impacto significativo. La dinámica del comercio recíproco comienza a mostrar signos evidentes de debilitamiento en la última parte de la década pasada. Recién en los últimos dos años se ha observado

---

[34] Ver Decisión CMC/10/94. De cumplimiento muy relativo e incompleto.

[35] Ver Decisión CMC/20/94. Nunca fueron adoptadas.

[36] Ver Decisión CMC/06/94

[37] Ver Decisión CMC/21/94. Da lugar luego al Protocolo de Fortaleza. Nunca entró en vigencia.

[38] Ver Decisión CMC/25/94. Nunca entró en vigencia.

una nueva tendencia al crecimiento, sin que sin embargo se hayan alcanzado los niveles anteriores a la crisis ya evidente en 1999[39].

En distintas ocasiones los países miembros intentaron relanzar el MERCOSUR. En los últimos años se trabajó en el marco del programa de trabajo 2004-2006. Las recientes Cumbres semestrales produjeron algunos pasos concretos en tal sentido. Escapa a los límites de este análisis poder examinarlos. Pero tanto la Secretaría Técnica como la Presidencia del Comité de Representantes Permanentes, han producido informes conteniendo propuestas de cómo seguir hacia delante.

En concreto, a partir de Ouro Preto si bien el objetivo principal se mantuvo, no pudo avanzarse significativamente en el desarrollo de lo que en el momento fundacional fueron las premisas que llevaron a los países miembros a concluir el Tratado de Asunción. Ellas eran las que daban pleno sentido al compromiso del libre comercio irrestricto originalmente comprometido.

El estado de situación quince años después

Tras la Cumbre de Montevideo en diciembre de 2005, el MERCOSUR parece haber entrado en una nueva etapa. Esta es al menos una visión optimista posible del actual cuadro de situación. Otras lecturas, incluso pesimistas, también son posibles y abundan en la literatura reciente referida al MERCOSUR.

Pero la simple lectura de lo acordado en Montevideo (ver textos en www.mercosur.org.uy), permite identificar tres razones que justifican la idea de una nueva etapa.

La primera es que se han dado significativos pasos para consolidar la unión aduanera (Decisión CMC 37/05, que reglamenta, entre otros aspectos, la eliminación del doble cobro del arancel externo común), sin perjuicio de mantener su flexibilidad (Decisiones CMC 33/05, regímenes especiales de importación; 39/05, bienes de informática y telecomunicaciones, y 40/05, bienes de capital), y para centrar la construcción del espacio económico común, en instrumentos de transformación productiva conjunta y de tratamiento de asimetrías estructurales (Decisión CMC 24/05, que reglamenta el Fondo para la Convergencia Estructural del MERCOSUR). Son pasos en la buena dirección. Se requiere completar su efectiva vigencia y continuar con otros pasos pendientes, como es el tratamiento de sectores que enfrentan dificultades transitorias o estructurales de ajuste al pleno funcionamiento de la unión aduanera. Entre ellos se encuentran los sectores pendientes de su plena entrada en régimen de libre comercio – el automotriz y el azucarero – y aquellos en los que se ha puesto de manifiesto en forma recurrente, dificultades de competitividad estructural en uno u otro país miembro.

[39] Sobre el comportamiento del comercio intra-MERCOSUR ver los informes periódicos del INTAL, "Informe Mercosur", el último de los cuales abarca el período comprendido entre el segundo semestre de 2004 y el primero de 2005 (www.iadb.org/intal).

La segunda razón es que se inició el camino de un necesario perfeccionamiento institucional del proceso de integración. Al respecto, cabe destacar la firma del Protocolo que crea el Parlamento del MERCOSUR – como su Preámbulo destaca, implica reafirmar la voluntad política de fortalecer y profundizar el proyecto estratégico -; la aprobación de las Reglas de Procedimiento del Tribunal Permanente de Revisión (Decisión CMC 30/05), órgano principal del Protocolo de Olivos sobre solución de controversias, y la creación de un grupo de alto nivel para elaborar una propuesta integral de reforma institucional del MERCOSUR (Decisión CMC 21/05).

Y la tercera razón es que se ha abordado la compleja tarea – prevista en el momento fundacional – de incorporar nuevos países miembros. Al respecto, las complejidades son nítidas tanto en el plano político, como en el económico-comercial y en el técnico. En cada caso concreto requerirá a la vez tiempo y prudencia, ya que son muchos los intereses en juego a preservar. Se aprobó la reglamentación del artículo 20 del Tratado de Asunción – que es el que prevé la adhesión de nuevos miembros – (Decisión CMC 28/05), estableciendo pasos a desarrollar y requerimientos a cumplir para concretar la respectiva adhesión, proceso que debe culminar con la firma de un Protocolo a ser aprobado, luego, por los respectivos Congresos. Se inició, además, el camino para incorporar a Venezuela, país que tendrá un status transitorio especial que le permitirá participar de los órganos con voz pero sin voto (Decisión CMC 29/05 y firma de un "acuerdo marco").

Como es natural, la nueva etapa estará caracterizada por progresos graduales y por dificultades significativas. Requerirá de una creciente eficiencia de los órganos existentes, incluyendo la Secretaría Técnica y la Presidencia del Comité de Representantes Permanentes, ambos con nuevos titulares. Pero sobre todo, demandará un afinamiento del liderazgo compartido de la Argentina y del Brasil – que han renovado en su reciente Cumbre bilateral el compromiso de impulsar juntos el proceso de integración -.

Con respecto al futuro, cabe tener presente que tres pilares sustentan el edificio del MERCOSUR. Uno, es la voluntad política de sus países de trabajar juntos en forma sistemática y permanente. Otro, es la preferencia económica entre los socios, instrumentada hasta hoy, por el diferencial entre el arancel externo común, y la no aplicación de aranceles u otras restricciones al comercio recíproco de bienes. El tercero es la integración productiva razonablemente equilibrada.

Con estos tres pilares sólidos, pueden resultar ganancias mutuas que mantengan el pacto asociativo a través del tiempo, gracias a una suficiente legitimidad ciudadana. Si se debilita uno de los pilares, el edificio cruje. Incluso puede colapsar.

Otra dimensión, no menos importante, es que los socios apoyen en el MERCOSUR sus estrategias de negociaciones comerciales internacionales e, incluso, negocian juntos.

Pueden, además, tornar creíble la idea de que sea el núcleo duro de la construcción de un espacio sudamericano con estabilidad política y equidad social, y conectividad física y económica.

El primer pilar parece sólido si se toman en cuenta reiterados pronunciamientos de los gobiernos.

El segundo pilar parecía sólido, aunque con nudos en algunos sectores, que en función de la voluntad política existente no deberían ser imposibles de desatar, ya que el menú de opciones técnicas disponibles es saludablemente amplio. *De hecho una parte sustancial del comercio recíproco se encuentra bajo régimen de libre comercio y, a pesar de las excepciones, podría defenderse el argumento de que el arancel externo común se ajusta, también en lo sustancial, a lo previsto por la normativa antes citada del GATT-1994, sobre todo combinado con la Cláusula de Habilitación.*

Sin embargo, reiteradamente se plantea la idea de retroceder el Mercosur a una zona de libre comercio. Difícil resulta imaginar cómo ello podría hacerse sin reformar por consenso el Tratado de Asunción, sin negociar reglas específicas de origen y sin pérdidas adicionales de credibilidad externa.

El tercer pilar está débil. Debería concentrar la atención gubernamental y empresaria. Se refiere a cómo instrumentar, en base a la experiencia adquirida desde 1986, una estrategia de integración productiva que contemple expectativas y legítimos intereses de todos los socios. Los foros de competitividad –entre otros instrumentos posibles- y algún tipo de facilidad financiera, parecerían ser caminos indicados.

Sin perjuicio de cuestiones pendientes de desarrollo tras la reciente Cumbre de Montevideo, tres otras han aparecido en los primeros días del año.

Una se refiere al debate interno en el gobierno uruguayo sobre la idea de un acuerdo bilateral de libre comercio con los Estados Unidos. Es una cuestión que aparece recurrentemente en uno u otro país del MERCOSUR. En el Uruguay la impulsó el anterior gobierno. También emergió la idea en la agenda comercial externa del Paraguay. En el pasado fue planteada por altos funcionarios argentinos. Pero también lo fue por medios empresarios e incluso políticos del Brasil.

En lo formal, las reglas al respecto son claras. La Decisión 32/2000 del Consejo del MERCOSUR, reafirmó el compromiso de los socios de negociar en forma conjunta acuerdos de naturaleza comercial con terceros países o agrupaciones de países extrazona en los cuales se otorguen preferencias arancelarias. Es una consecuencia natural de la opción por una unión aduanera. Como todo compromiso internacional, éste puede ser modificado. Pero ningún socio ha planteado su modificación en la reciente Cumbre de Montevideo. Al contrario, como se señaló antes los compromisos allí asumidos suponen reafirmar la idea del MERCOSUR como una unión aduanera.

Otra cuestión relevante es la iniciativa de que Bolivia también asuma el carácter de "país en proceso de adhesión" que se le otorgó recientemente a Venezuela. Si el nuevo gobierno hace suya tal iniciativa – y ello no ha ocurrido hasta el momento de concluir este análisis - la cuestión tendrá sentido político y también algunas implicancias procesales y sustantivas. Una de ellas se relaciona con los efectos de la eventual doble pertenencia de ambos países a la Comunidad Andina de Naciones.

La tercera cuestión se refiere a la articulación con el MERCOSUR de algunos compromisos bilaterales entre la Argentina y el Brasil. Es una cuestión relevante para los otros socios. Se ha evidenciado recientemente con la nueva prórroga bilateral del Protocolo automotriz y con la adopción del Mecanismo de Adaptación Competitiva. Se efectuaron en el marco del Acuerdo de Complementación nº 14 de la Aladi, que como se señalara más arriba sigue vigente, al igual que el Tratado bilateral de integración de 1988.

Dada la importancia del sector automotriz en el comercio intra-regional, el hecho que las reglas de juego que lo rigen puedan tener un carácter predominantemente bilateral, no carece de implicancias prácticas y políticas.

Está por un lado la cuestión de la solidez jurídica del régimen sectorial – especialmente por las dudas sobre la constitucionalidad del procedimiento de protocolización en la ALADI y del Decreto 415 de 1991, como forma de incorporarlo al derecho interno argentino-. Se sabe que la precariedad de las reglas de juego en las relaciones económicas internacionales, suele favorecer inversiones en la economía de mayor dimensión, en este caso, en Brasil.

Pero por otro lado, está la cuestión de la percepción que se genera en los demás socios, sobre una tendencia a una bilateralidad excluyente en la definición de reglas de juego que inciden en el comercio y en las inversiones del MERCOSUR. Tal percepción puede estar detrás de fuerzas centrífugas que se manifiestan precisamente en las iniciativas antes mencionadas de negociar individualmente acuerdos de libre comercio con terceros países.

Es entonces la del MERCOSUR, una agenda cargada que tiene cuestiones con elementos comunes. No se relacionan con la generosidad de ningún socio. Se refieren al alcance de la preferencia económica pactada, a reglas sólidas que aseguren una disciplina colectiva razonable y a la percepción de que se puedan generar ganancias mutuas para todos sus miembros. Son cuestiones que adquieren importancia en la perspectiva de un proceso de expansión de su membresía. No pueden subestimarse.

¿Está el MERCOSUR quince años después de su creación en un "plano inclinado", como señalara hace poco el Embajador Rubens Barbosa en un artículo en la prensa del Brasil?[40].

Lo cierto es que en los últimos tiempos, la más reciente oleada de "merco-escepticismo" ha tenido manifestaciones también críticas en la prensa de los otros países socios. En los de menor dimensión económica, Paraguay y Uruguay,

---

[40] Ver "O Estado de Sao Paulo", febrero 15, 2006.

ellas reflejan una apreciación frecuente en medios empresarios, intelectuales y políticos, en el sentido que el MERCOSUR no sólo no habría producido los beneficios esperados, sino que incluso habría perjudicado sus respectivos desarrollos económicos.

Hace unos años, en el calor de uno de los frecuentes sacudones anímicos del MERCOSUR, colocábamos nuestro análisis bajo el título "Ni tiempo de funerales ni de *tudo bem*"[41]. Elegimos tal título para simbolizar dos actitudes que recurrentemente se observa en los países socios, especialmente los de mayor dimensión económica, con respecto al proceso de integración. En tal sentido, sigue siendo hoy un título válido.

Una es la optimista, incluso a veces triunfalista, que tiende a subestimar la importancia relativa de los problemas que se enfrentan y, por el contrario, prefiere resaltar éxitos y progresos, aún cuando ellos a veces no trasciendan el plano retórico o de compromisos de papel.

La otra es la pesimista, incluso a veces catastrófica, que es la de quienes tienden a considerar que el MERCOSUR ya ha fracasado, sea como proceso común a los cuatro países o en la perspectiva del interés nacional de alguno de ellos. Normalmente concluyen en la conveniencia de elaborar y concretar planes alternativos. No siempre pasan de formulaciones abstractas, casi expresiones de deseos. Algunas veces reflejan una cultura del escepticismo – intensa en algunos de nuestros países -. Otras, reflejan intereses concretos afectados por la distribución de costos y beneficios – real o percibida - que ha producido el MERCOSUR.

Como siempre, la realidad suele estar en un punto intermedio entre esas dos visiones un poco más extremas. *Lo cierto es que quince años después de su creación formal en Asunción, el MERCOSUR ofrece un balance de resultados positivos, fracasos relevantes e incertidumbres futuras. Sin embargo, no siempre pueden ser atribuidos o vinculados al proceso de integración.*

Hasta el presente algunos de los *resultados positivos* más destacables son los siguientes:

- La creación de un ambiente apropiado para una visión estratégica común, centrada en el predominio de la lógica de integración frente a la de la fragmentación en las relaciones entre las naciones del "barrio" – esto es, las que lo integran o con las cuales se asocia en su contexto contiguo - y reflejada especialmente en el concepto de "zona de paz";
- La afirmación de valores funcionales a la democracia, el desarrollo económico y la cohesión social en la región;

[41] Artículo publicado en la revista "Archivos del Presente", nº 17, Buenos Aires, 1999.

- La mayor conectividad entre los socios, tanto en el plano económico y comercial, como en el político, el social, el cultural, el educativo, el académico, incluso con expresiones institucionales que configuran una red de densidad creciente de bienes públicos regionales, y
- Un activo de reglas de juego que inciden en los flujos de comercio e inversión entre los socios, complementando o desarrollando las que resultan de otros ámbitos multilaterales de producción normativa, tales como la ALADI en el plano regional y la OMC en el plano global.

A su vez, es posible identificar como algunos de los *principales fracasos – o quizás mejor, insuficiencias* - los siguientes:

- La ausencia de una metodología eficaz para la concertación de intereses nacionales entre naciones de dimensión y grado de desarrollo desigual, y para la gestión de conflictos que muchas veces reflejan el dato irreversible de la vecindad y otras se originan en el propio proceso de integración.
- La traducción en prácticas y mecanismos creíbles de los objetivos de coordinación macroeconómica y de transformación productiva conjunta, a fin de generar un marco común que potencie los respectivos planteamientos nacionales de inserción competitiva en la economía mundial y regional – asumiendo que ellos existan, lo que no siempre parece ser el caso -.
- La elaboración de enfoques y estrategias efectivamente compartidas en el plano de las negociaciones comerciales externas, y en el del diseño de un espacio sudamericano – incluso latinoamericano – de integración económica y política.
- La puesta en práctica de mecanismos eficaces que aseguren la participación ciudadana y la transparencia en los procesos de creación normativa.
- Un punto focal de diseminación de información y de creación de imagen sobre el MERCOSUR – la página Web oficial dista de cumplir tal función -.
- La efectividad de las reglas acordadas, esto es, el asegurar que penetren en la realidad una vez entradas en vigencia – y muchas veces, incluso, lograr que ellas entren en vigencia en los respectivos derechos internos -.

Del balance de activos y pasivos, surgen algunas orientaciones sobre la agenda de cuestiones sustantivas pendientes en el MERCOSUR.

El abordarlas supone:

- Un fuerte liderazgo político, que permita superar comportamientos ciclotímicos que se reflejan en la recurrencia de crisis existenciales del proceso de integración. Por su dimensión y capacidad de gravitación relativa, Brasil y Argentina – en ese orden – tienen una responsabilidad principal en la generación de ideas y propuestas que contribuyan a la eficacia, credibilidad y legitimidad social del MERCOSUR.

- Un diagnóstico relativamente compartido entre los socios – y no sólo entre sus gobiernos – sobre el balance de desafíos y oportunidades que plantean a la vez, una región y un mundo en vertiginosos procesos de cambios profundos. Al respecto, no es preciso recordar aquí la dinámica de cambio que se observa en el plano de la seguridad y de la competencia económica global.

  Pero sí cabe resaltar que el "barrio" en el cual se insertan los países del MERCOSUR está en plena evolución, por no decir ebullición. En efecto, en cada uno de los países de la región dos procesos simultáneos están hoy puestos a prueba, precisamente por fuerzas contradictorias desatadas a escala global tanto en el plano de la seguridad como en el de la competencia económica. Uno es el de la consolidación de democracias plenas y estables. El otro es el de la construcción de economías modernas, sustentadas en la cohesión social, el progreso técnico y la competitividad internacional. Ambos se alimentan recíprocamente, requieren de una fuerte dosis de concertación de energías sociales, e implican reconocer que lo político y lo económico están estrechamente vinculados en la vida real. Argentina y Brasil – especialmente junto con Chile y Uruguay – pueden desempeñar un papel de núcleo duro de democracias que contribuyan a la estabilización de la región.

- La utilización de metodologías de acción conjunta que permitan, a la vez, pautas razonables de flexibilidad y de previsibilidad, a fin tornar creíble la idea estratégica de un espacio económico ampliado sustentado en un cuadro de ganancias mutuas para todos los socios y, en especial, para los de menor dimensión relativa y para los sectores – empresarios y ciudadanos – menos favorecidos de cada país miembro.

En tal perspectiva, las siguientes parecen ser cuestiones a privilegiar si se quiere lograr generar la idea de un MERCOSUR con futuro, que trascienda a su pasada trayectoria de sacudones anímicos y de insuficiencias metodológicas:

- La de los efectos de las asimetrías entre sus socios. Asimetrías naturales de dimensión económica y poder de negociación. Pero cada vez más, asimetrías de capacidad para competir y de relevancia relativa entre los socios.

- La de la precariedad institucional. Precariedad de reglas de juego y de procesos de creación normativa que potencian los efectos de las asimetrías.

- La de su funcionalidad con estrategias nacionales de inserción múltiple en el plano global[42]. Ellas requieren ámbitos institucionales de geometría variable y múltiples velocidades. El del MERCOSUR es sólo uno de los espacios en los cuáles se insertan cada uno de sus socios, sea en el plano global como en el regional. Conciliarlos supone una clara visión estratégica de cada socio en función de su interés nacional y una concertación entre tales visiones. En función de tal visión estratégica, es factible conciliar dimensiones espaciales múltiples, como son en el plano regional la ALADI y la Comunidad Sudamericana, o en el global, los distintos espacios regionales e interregionales, y el multilateral de la OMC.

- La de la relevancia económica y política de su agenda de trabajo, incluyendo en ella o en las de los otros espacios regionales en los cuales sus socios se insertan, cuestiones vinculadas a la seguridad, al comercio de alimentos, a la energía y a la infraestructura física.

- La de la constitución de un núcleo duro de democracias estables con economías modernas y competitivas, que contribuya a la estabilización política y a asegurar la paz en la región sudamericana.

- La de una definición más precisa de los alcances de su ampliación, completando el proceso de incorporación de Venezuela – que aún puede demandar un cierto tiempo – y precisando el concepto y el régimen de los países asociados.

[42] Ver al respecto el artículo del autor titulado "La compleja red de cumbres presidenciales: reflexiones sobre el sentido y la eficacia de la diplomacia presidencial multilateral y multi-espacial en el caso de los países sudamericanos. Su dimensión económica", en Revista "América Latina Hoy", Universidad de Salamanca, octubre 2005.

- La de su atractividad, tanto para quienes adoptan decisiones de inversión productiva como para quienes, en otros países y regiones, procuran encontrar en el MERCOSUR un socio creíble, en función tanto de sus respectivas agendas políticas y de seguridad, como de las económicas y comerciales.

A modo de conclusión: ¿Los grandes objetivos siguen siendo válidos y viables? ¿Es posible una hoja de ruta creíble hacia el futuro?

Tras veinte años del inicio del programa de integración entre Argentina y Brasil, y casi quince años después de su creación, el MERCOSUR enfrenta la necesidad de actualizar estrategias y metodologías.

No se trata de echar por la borda lo adquirido. Menos aún, de comenzar de nuevo. Se trata en cambio de capitalizar la experiencia y de reconocer realidades internacionales e internas de los socios, que han cambiado significativamente desde los momentos fundacionales.

En nuestra opinión, el objetivo central del planteamiento fundacional, esto es, la creación de un mercado común a partir del establecimiento de una unión aduanera, sigue siendo razonable y alcanzable en el largo plazo, en la medida que se sustente en una efectiva voluntad política y se lo procure con la flexibilidad necesaria que requiere su continua adaptación a nuevas realidades y su regla de oro, que es la de sustentarse en la ganancia mutua de sus socios.

La cuestión principal a enfrentar es la de cómo proyectar hacia el futuro, un MERCOSUR funcional al desarrollo económico y a la inserción internacional de los socios, contemplando las asimetrías existentes entre ellos.

Un estudio reciente de Fabio Giambiagi e Igor Barenboim[43] ("MERCOSUL: por uma nova estrategia brasileira", www.ipea.gov.br), concluye que el MERCOSUR enfrenta problemas derivados del no cumplimiento de sus objetivos principales, esto es, la concreción de una zona de libre comercio completa y de una unión aduanera con normas y tarifas verdaderamente comunes. Estos problemas no son sólo consecuencia de fragilidades del bloque o de sus deficiencias institucionales. También resultan de la inestabilidad macroeconómica que afectó a los países miembros –especialmente a la Argentina y al Brasil-, a lo que se suman las dificultades propias de procesos aún inconclusos de estabilización sostenible.

Todo intento de colocar al MERCOSUR en condiciones de funcionamiento razonable y sustentable, debe partir del reconocimiento de ciertos hechos.

[43] "MERCOSUL: por uma nova estratégia brasileira", www.ipea.gov.br.

El primero es que a través de estos años, tal como se señaló más arriba, los resultados han sido tangibles y sería difícil imaginar un retroceso al punto de partida sin altos costos para sus socios, tanto en el plano político y económico como en el de la credibilidad internacional.

El segundo es que no se observan alternativas razonables a este proyecto estratégico. Retroceder a una mera zona de libre comercio, por ejemplo, además de plantear complejas cuestiones técnicas y jurídicas, no resolvería los principales problemas actuales. Los socios están atados por la geografía y no parece haber un plan B creíble ni para la Argentina ni para el Brasil, que no sea el seguir trabajando juntos en base a la lógica de la integración –más positiva que la de la fragmentación.

Y el tercer hecho, es que el nuevo mapa de la competencia económica global ha abierto un horizonte de oportunidades para los países del bloque, que no sería inteligente desaprovechar.

A partir de lo existente, es posible entonces delinear una hoja de ruta para un MERCOSUR posible, imaginando una arquitectura flexible[44], que contemple al menos tres realidades diferentes: la del núcleo duro original, esto es la Argentina y el Brasil; la de los dos socios de menor dimensión económica, y la de los países asociados. *La idea central es que en la medida que el núcleo duro pueda profundizar su integración como mercado común, será factible alcanzar metas más ambiciosas en los otros dos espacios de integración, avanzando con ellos en el plano del libre comercio y en otras cuestiones de interés común.*

En principio, una estrategia de arquitectura flexible no requeriría modificar el Tratado de Asunción, que seguiría siendo la base jurídica del MERCOSUR. Dentro de su marco se podría avanzar por medio de Protocolos que entren en vigencia cuando dos o más países los ratifiquen y que regirían sólo para ellos. A través de esta metodología, por ejemplo, Argentina y Brasil podrían asumir compromisos más intensos en el plano del mercado común y, sobre todo, en la profundización de la coordinación macro-económica, dentro del estilo del acuerdo de Maastricht. El Arancel Externo Común podría tener geometría variable, aprovechando el margen que brindan la definición muy amplia del propio Tratado de Asunción y el concepto flexible de unión aduanera imperfecta del artículo XXIV-párrafo 8 del GATT-1994. Paraguay y Uruguay podrían tener en todos los planos necesarios un tratamiento especial, recurriendo a los criterios de "transición asistida" que utilizó la Unión Europea para la adecuación de las economías de los nuevos países miembros. Con los países asociados podría negociarse un Protocolo que regule su status incluyendo, por cierto, compromisos más amplios a desarrollarse en el ámbito de la ALADI –con México y otros países latinoamericanos.

[44] Ver al respecto ver el artículo del autor en colaboración con Fabio Giambiagi, "¿Una arquitectura flexible para el MERCOSUR", en El Cronista del 11 de noviembre 2005.

En cada caso, podrían preverse adaptaciones institucionales y mecanismos que aseguren disciplinas colectivas que tornen compatibles los avances con distintas velocidades. Servicios comunes para cuestiones relevantes –como por ejemplo, en el plano sanitario y fitosanitario o en el del desarrollo tecnológico-, también podrían ser objeto de aproximaciones de geometría variable[45].

Con un enfoque como el propuesto, un real mercado común a escala sudamericana podría requerir una transición de unos diez o quince años. Es un plazo compatible con el de la maduración de los plenos efectos de las actuales negociaciones internacionales.

En conclusión, el MERCOSUR cuya vitalidad depende del trípode eficacia, credibilidad y legitimidad social, sigue siendo un activo potencial a la hora de definir la inserción internacional de cada uno de sus socios, incluyendo su capacidad para negociar con la Unión Europea, con los Estados Unidos, con los nuevos protagonistas de la competencia económica global – especialmente China – y en el plano multilateral global de la OMC.

Más allá de lo esencial que resulta la voluntad política – que sin duda existe -, sólo con hechos nítidos podrá revertir el MERCOSUR esa sensación de "plano inclinado" en la que se encuentra.

***Félix Peña**, Profesor de la Universidad Nacional de Tres de Febrero (UNTREF) y Director de su Módulo Jean Monnet. Director del Instituto de Comercio Internacional de la Fundación BankBoston. Miembro del Comité Ejecutivo del Consejo Argentino de Relaciones Internacionales (CARI).*

[45] Ver al respecto el informe "Argentina y Brasil 2015: Construyendo una Visión Compartida", informe coordinado por Félix Peña y José Botafogo Gonçalves, publicación del CARI-CEBRI-Konrad Adenauer Stiftung, Buenos Aires diciembre 2005, en www.cari1.org.ar

MERCOSUR:
Evolución y Perspectivas

Dante Sica

MERCOSUR: Evolución y Perspectivas

Introducción

En este documento se lleva a cabo un análisis sobre el proceso de integración en el MERCOSUR, con motivo de sus 15 años de vida. El objetivo es hacer una revisión sobre algunos tópicos de interés que permitan caracterizar la evolución y performance del bloque en términos de sus dimensiones económica, comercial e institucional.

Se parte con un examen de los primeros pasos de la integración regional, sus motivos, desafíos y etapas de desempeño, según variables consideradas oportunas. Luego se ahonda sobre los cambios a nivel macroeconómico que se sucedieron en el MERCOSUR y su impacto en la estructura productiva del bloque y de sus socios, haciendo foco sobre la industria manufacturera y las alteraciones de los patrones de comercio.

Posteriormente, se exponen los principales debates surgidos en la propia dinámica del proceso, que ayudan a explicar el estado de incertidumbre sobre el futuro del bloque. En esta sección, se resaltan temas de particular relevancia como la relación entre Argentina y Brasil en su faz productiva y comercial, y las debilidades del tratamiento sectorial en el curso del MERCOSUR.

Por último, se exhiben algunos elementos a modo de balance sobre los avances y los temas aún pendientes, así como una mirada sobre las perspectivas del MERCOSUR.

La marcha del MERCOSUR

Antecedentes, constitución y los primeros pasos

En la década del 80 hubo acercamientos importantes entre Argentina y Brasil, que se plasmaron en la firma de gran cantidad de acuerdos sectoriales, los cuales fueron los precursores de la zona de libre comercio y la posterior constitución de una Unión Aduanera en el marco del MERCOSUR. Los acuerdos entre Argentina y Brasil sentaron un precedente positivo para la región, que luego fue capitalizado por medio de la unión de Uruguay y Paraguay, y la conformación de un proyecto de integración más ambicioso.

La creación del MERCOSUR se da en un contexto internacional marcado por la influencia del Consenso de Washington. Durante la primera mitad de la década del 90, hubo una abundante oferta de capitales a escala global, hecho que facilitó el crecimiento de las economías periféricas y el desarrollo del comercio mundial. Muchos países de América Latina (entre ellos, México, Argentina y Brasil) se fueron incorporando progresivamente al grupo de "mercados emergentes" y se vieron ampliamente favorecidos por las nuevas corrientes de inversión, las cuales financiaron parte de sus reformas estructurales.

Por otra parte, se da también en está década un fuerte crecimiento de los acuerdos regionales de comercio a nivel mundial que complementaron las reformas estructurales y los procesos de liberalización.

Todos estos cambios contribuyeron a la atracción de capitales y al aumento de la Inversión Extranjera Directa, lo que acompañado de las medidas nacionales de privatización, apertura de mercado y liberalización comercial, generaron un clima propicio para la integración.

Desde la creación del bloque, hubo dos etapas claramente diferenciadas por los acuerdos que las regían. Hasta 1995 el bloque se guiaba por el Tratado de Asunción, y en aquel período el MERCOSUR cumplió plenamente con su mandato. Este tratado establecía un Mercado Común pero contemplaba plazos de transición hasta el 1 de enero de 1995 para cumplir con el objetivo. Durante este periodo de transición los países miembros lograron eliminar los aranceles intrazona para la gran mayoría del universo arancelario.

A medida que el periodo de transición llegaba a su fin, las presiones de los sectores productores de bienes sensibles (hasta el momento en listas de adecuación) fueron creciendo dado que sus problemas de competitividad persistían.

A partir de 1995 con la aplicación del Protocolo de Ouro Preto y su mandato de conformación de una Unión Aduanera, se hicieron visibles los problemas que acompañarían al MERCOSUR durante su vigencia.

El primer signo de conflicto se manifestó en el momento de fijar el Arancel Externo Común (AEC). Las diferencias de las estructuras productivas y de protección de los 4 países obstaculizaron la fijación de aranceles por producto. Mientras Argentina, Uruguay y Paraguay buscaban menor protección para productos manufacturados y relativamente mayor para el sector agrícola, Brasil proponía medidas diametralmente opuestas. La solución llegó después de arduas negociaciones en las que igualmente debieron contemplarse innumerables excepciones al AEC.

Otro problema fue el referido a Reglas de Origen. Según el acuerdo, debían aplicarse a productos exceptuados del AEC que se encontraran en convergencia ascendente o descendente hacia en nivel acordado, a productos para los que existía una política comercial diferenciada (automotriz y azúcar), y casos excepcionales que determinara la Comisión de Comercio del Mercosur.

Debido a los problemas generados en la práctica se buscó, a través de una nueva agenda, apuntalar la consolidación y profundización del bloque. En el plano de consolidación se trabajó sobre el Código aduanero del MERCOSUR, las medidas no arancelarias, los subsidios y el Régimen de Adecuación interno. A su vez, se intentó consolidar los dos sectores que más problemas generaban entre los miembros, como son el automotriz y el azucarero.

Por otra parte, se avanzó en profundizar partes del acuerdo que no habían sido objeto de un análisis más profundo ni reglamentados. En este esquema, encontramos el Protocolo de Servicios, de Compras Gubernamentales, las políticas que distorsionan la competitividad, los regímenes especiales de importación y lo referente a la propiedad intelectual.

Durante los últimos años de la década del 90 se diluyeron los temas de esta agenda. En lo referente a las asimetrías, los avances fueron escasos dado que los Estados Parte se resistieron a someterla a una mayor disciplina. La regulación de las prácticas desleales de comercio requería consenso por parte de los 4 estados para tomar decisiones, y esto resultó difícil de lograr. Las perforaciones al AEC requirieron la aplicación de reglas de origen a la totalidad del universo arancelario, frustrando la libre circulación de bienes y anulando los principales beneficios de la unión aduanera. El protocolo de servicios firmado en 1997 no establecía plazos ni procedimientos, por lo que recién entro en vigencia en el 2005. El Protocolo de Compras Gubernamentales aún no entro en vigencia.

Así se llegó al año 2000, donde los problemas sin solución habían deteriorado la idea inicial del bloque, por lo que los Estados Partes encararon una nueva etapa en el proceso de integración regional y firmaron varios "relanzamientos" del MERCOSUR, que tuvieron como objetivo fundamental el fortalecimiento de la Unión Aduanera, tanto a nivel intracomunitario como en el relacionamiento externo.

En los años subsiguientes se puede decir que distintas situaciones modificaron la agenda desplazando al MERCOSUR del lugar de privilegio que ocupaba, por lo que los avances en materia institucional fueron mínimos y en su mayoría de carácter simbólico. En la actualidad, el bloque ha vuelto a ganar posiciones en la agenda y se plantean nuevos desafíos a resolver.

Las etapas de la integración

En los momentos iniciales de la integración, los avances institucionales del MERCOSUR tenían un correlato en lo económico y en lo comercial, observándose trayectorias ascendentes a nivel macro en la producción, el consumo, el intercambio comercial intrazona y la recepción de inversión extranjera. Esto permitía que las ganancias de la integración fuesen generalizadas, que el comercio intraindustrial se acrecentase y que las diferencias entre las dimensiones productivas de los miembros del bloque tendieran a disminuir.

Pero luego de esa primera fase de ganancias más o menos equitativamente distribuidas, las falencias institucionales en el proceso de integración y las sucesivas crisis macroeconómicas de los países socios, perturbaron el desarrollo, generando un ambiente desfavorable y propicio al surgimiento de diversos conflictos de tipo comercial. Ello trajo consigo, en una mirada de largo plazo, mayores disparidades productivas, reducción del comercio intraindustrial, y la definición de un nuevo patrón de intercambio en la región, en el que Brasil se potencia como proveedor de productos de mayor valor agregado, acentuando su perfil industrial mientras que el resto de los socios, incluida la Argentina, comienzan a experimentar una tendencia hacia la precarización de su estructura productiva.

Es posible encarar el análisis de la evolución del MERCOSUR distinguiendo tres etapas de características disímiles: una, que se extiende entre 1991 y 1998, en la cuál los estados partes atravesaron por una coyuntura favorable, con un rápido crecimiento de los flujos comerciales intrabloque a partir de la desgravación arancelaria, dando la impresión de estar viviendo años dorados en la integración; una segunda etapa, desde 1999 y 2002, caracterizada por volatilidades extremas de las economías, fuertes crisis coyunturales, importante caída de los niveles de actividad y comercio, y ahondamientos de las asimetrías subyacentes; y finalmente, una tercera etapa que se extiende hasta la actualidad, en la cual los países atraviesa un nuevo período de crecimiento económico y comercial, aunque matizado por los insistentes reclamos de parte de los países más perjudicados y el surgimiento de conflictos sectoriales intrabloque.

A grandes rasgos, pueden trazarse las particularidades más notorias de cada etapa. En la primera, se produce simultáneamente un crecimiento económico, comercial e institucional del bloque; en la segunda se ingresa en una retracción económica y comercial, en tanto la parte institucional sufre un lógico estancamiento, para llegar a la tercera etapa con una nueva expansión tanto de las economías como del comercio, aunque éste último mostrando un nuevo perfil de crecimiento: no ya hacia adentro sino principalmente hacia extrazona.

Durante la primera etapa, las economías del MERCOSUR crecieron fuertemente apoyadas fundamentalmente en el favorable contexto externo y en la recepción de flujos internacionales de capital. Este crecimiento fue acompañado por una expansión aún más pronunciada del intercambio intrabloque, que fue la consecuencia lógica de la eliminación de los aranceles.

Luego de la crisis de los mercados emergentes, el impacto sobre la región fue muy profundo, y originó el comienzo de una etapa de fuertes volatilidades de los ciclos económicos y una importante caída del comercio intrazona.

MERCOSUR: PBI y Exportaciones Intrabloque

Variación % de las principales variables macroeconómicas. Período 1991-2005.

Variable	Unidad de medida	Argentina	Brasil	Paraguay	Uruguay
PIB	U$S	-6,5%	93,6%	19,3%	46,4%
PIB real	$	50,7%	43,3%	32,2%	36,9%
PIB per cápita	U$S	-21,5%	58,0%	-16,7%	33,3%
IED *	U$S	368,6%	1.548,1%	-7,1%	206,2%**
Exportaciones Intrazona	U$S	288,0%	407,8%	251,9%	43,1%

* Variaciones correspondientes al período 1991 - 2004. **En el caso de Uruguay se realizó la comparación 2004 vs. 1993, dado que el nivel de IED de 1991 era insignificante.

Fuente: abeceb.com.

En la etapa de expansión, todas las economías del bloque tuvieron importantes desempeños positivos, mostrando tasas de crecimiento muy altas. El PIB en dólares del bloque llega a un récord de U$S 1.132.000 millones en 1997 y las exportaciones intrazona alcanzan los U$S 20.234 millones en 1998.

Sin embargo, la situación es diferente en la segunda etapa, donde los rendimientos son desparejos entre las 4 economías, a pesar de que todas sufren las consecuencias de la crisis. Así, pueden distinguirse 2 tipos de comportamientos; por un lado, la Argentina y Uruguay, donde el impacto es considerablemente mayor y la volatilidad del ciclo económica se torna muy pronunciada; y por otro lado, Brasil y Paraguay, donde si bien el crecimiento se vuelve mucho más lento (incluyendo la pérdida de significatividad internacional del PIB de Brasil producto de la devaluación), la inestabilidad se mantiene relativamente bajo control.

En esta segunda etapa, el PIB en dólares del bloque se derrumba a U$S 563.000 millones en 2002, una caída del 50,3% respecto de 1997. A su vez, las exportaciones a extrazona llegan a U$S 10.204 millones ese mismo año, lo que equivale a una caída de casi 49% respecto de 1998.

Finalmente, en el tercera etapa todos los países crecen, y muestran saludables indicadores económicos que permiten inferir que la actual etapa de expansión no será efímera. De todas maneras, el crecimiento es más acelerado en los países que más sufrieron la etapa de crisis (Argentina y Uruguay). El PIB en dólares del MERCOSUR llega a U$S 990.000 millones en 2005, implicando un crecimiento de 76% respecto de 2002; mientras que las exportaciones intrazona llegaron el año pasado a U$S 21.109 millones, con un crecimiento de 107% respecto de 2002.

Por su parte, en lo referido a la inversión, los flujos experimentaron un considerable incremento en la primera etapa, cuando los capitales internacionales se comenzaron a volcar masivamente en las economías emergentes, especialmente aquellas que, como las de la región, hicieron importantes esfuerzos por implementar reformas estructurales.

De esta forma, la recepción de IED se vuelve significativa durante esta etapa, y crece aceleradamente hasta que se revierte el contexto externo positivo, de la mano de la pérdida de confianza de los inversores en la solidez de las economías emergentes. Así, la IED recibida por el MERCOSUR en 1998 fue 14 veces la recibida en 1990.

A partir del año 2000, los capitales extranjeros abandonan la región y se concentran en los países asiáticos. Esto implicó que en 2003 se alcanzara el mínimo nivel recepcionado de IED desde 1996, equivalente a sólo U$S 12.000 millones y casi 4 veces y media inferior al máximo nivel de IED recibida por el MERCOSUR, de U$S 52.896 millones en 1999.

Respecto del comportamiento de esta variable, se advierte un cierto rezago respecto de la evolución del ciclo económico de las economías del MERCOSUR, que presumiblemente puede explicarse por el desconocimiento de los inversores extranjeros de la realidad regional. El crecimiento de la IED en la región se hace patente recién en 1996, luego de varios años de crecimiento y de reformas estructurales; a partir de la crisis, el retiro de la inversión extranjera sólo se efectiviza a partir del año 2000; y actualmente, si bien los flujos están recuperándose paulatinamente, aún se encuentran lejos de los niveles de la segunda mitad de la década pasada.

Inversión Extranjera Directa (IED) en el MERCOSUR. En millones de U$S

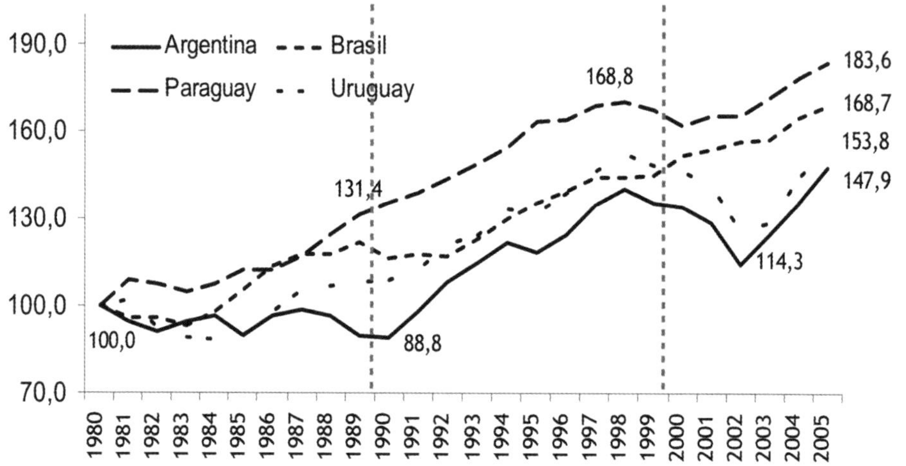

Fuente: abeceb.com.

Concluyendo, cada etapa tiene sus características particulares para la integración en el seno del MERCOSUR. Desde la creación del bloque se presenta una etapa sumamente positiva, que tiene su final y su reversión a partir de 1998; desde entonces, tiene lugar una violenta crisis económica, con repercusiones hasta la actualidad, que implica el retroceso del bloque en diversos aspectos, y fundamentalmente en lo que respecta a su relieve internacional.

Posteriormente, con el final de la crisis, se retoma un período de crecimiento acelerado, con características muy similares a la primera etapa. Pero, es indudable que, en muchos aspectos, esta nueva etapa es diferente, y tales diferencias son, en algunos casos, positivas y, en otros casos, decididamente negativas.

Un rasgo destacable es que parece producirse un retorno a la bilateralidad inicial, característica de la etapa previa a la conformación del MERCOSUR. Los temas relacionados con la institucionalidad del bloque, tales como el programa de trabajo 2004-2006, que incluye la instauración de la libre circulación intrazona de bienes como tema principal, avanzan muy lentamente y sin progresos apreciables, lo que ha provocado las protestas de los socios menores; por su parte, el comercio bilateral Argentina-Brasil es lo que ha concentrado los principales esfuerzos, ya sea a través de la firma del Mecanismo de Adaptación Competitiva (MAC) o de las negociaciones para renegociar el acuerdo automotriz.

Esquema de evaluación del MERCOSUR

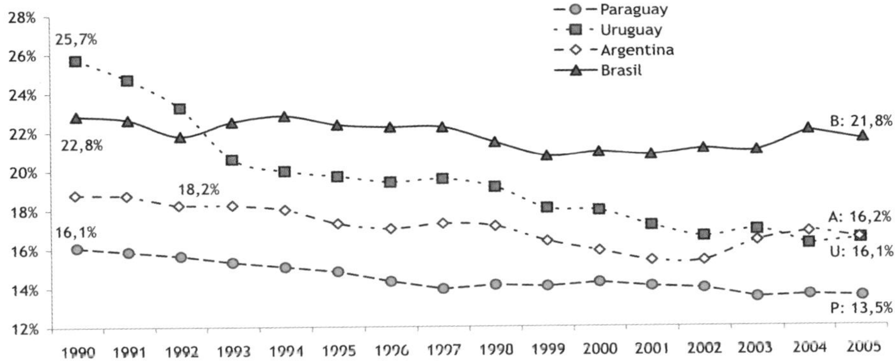

Fuente: abeceb.com

El MERCOSUR y las alteraciones de las estructuras económicas de los socios

Cambios en las variables macro de los 4 países entre 1991 y 2005

El análisis del comportamiento de las economías del MERCOSUR, a menudo queda relegado al estudio de hechos puntuales, modelos políticos contrapuestos y polémicos, decisiones de política económica que causan impactos de corto plazo o fenómenos exógenos de impacto directo e inmediato. Con esta base se realizan juicios de valor que califican el desenvolvimiento de las economías, criticando a algunas de ellas y exaltando a otras como ejemplos a seguir.

Sin embargo, cuando se estudia de manera más general y con una visión de largo plazo, el comportamiento de las economías del MERCOSUR puede arrojar resultados inesperados y esclarecedores en muchos casos.

Analizando los 15 años de vida del MERCOSUR, se encuentran impactos diferenciales según las principales variables macroeconómicas. Entre 1991 y 2005, Brasil fue el que más aumentó el PBI total y per cápita en las mediciones de ambos en U$S (93,9% y 58%, respectivamente).No obstante, la mayor variación real en moneda local correspondió a Argentina, aunque lo negativo fue el mantenimiento de importantes oscilaciones en el nivel de actividad. En Inversión Extranjera Directa (IED) y comercio intrabloque, fue casi generalizado el crecimiento para los socios, aunque debe destacarse que Brasil también mostró performances más favorables, mientras que Paraguay vio mermar su recepción de inversiones.

Variación % de las principales variables macroeconómicas. Período 1991-2005

Variable	Unidad de medida	Argentina	Brasil	Paraguay	Uruguay
PIB	U$S	-6,5%	93,6%	19,3%	46,4%
PIB real	$	50,7%	43,3%	32,2%	36,9%
PIB per cápita	U$S	-21,5%	58,0%	-16,7%	33,3%
IED *	U$S	368,6%	1.548,1%	-7,1%	206,2%**
Exportaciones Intrazona	U$S	288,0%	407,8%	251,9%	43,1%

(*) Variaciones correspondientes al período 1991 – 2004. ** En el caso de Uruguay se realizó la comparación 2004 vs. 1993, dado que el nivel de IED de 1991 era insignificante.

Fuente: abeceb.com.

De todas maneras, es bueno tener una mirada retrospectiva más amplia. En ese sentido, desagregando la evolución del PIB de los 4 países del MERCOSUR por décadas, puede concluirse a grandes rasgos que las economías evolucionaron de manera relativamente similar en toda la etapa de vigencia del bloque, y que las principales diferencias en el ritmo de crecimiento económico ocurrieron durante la década del '80.

No puede negarse que la década del '80 fue muy mala en términos de crecimiento para gran parte de Latinoamérica; sin embargo, ha impactado de muy diversas maneras en los países. Restringiéndonos a los países del MERCOSUR, puede verse que el principal perjudicado fue Argentina, el único país que experimentó una contracción del producto real durante la década (variación de -1,1% en promedio anual). Por su parte, el de mejor comportamiento relativo fue Paraguay (promedio de 3,1%), que relegó además a Brasil y Uruguay.

El MERCOSUR se constituye a principios de la década del 90, y a partir de allí la evolución de las 4 economías es muy parecida, ya que todos los países crecen a tasas importantes. Argentina evidencia el mayor crecimiento en todo el período (4,3% promedio), situación que también ocurre con Uruguay y Brasil. Por su parte, Paraguay es el que se expandió en este lapso a menor ritmo (1,8%).

Asimismo, se verifica en la década pasada, que si bien Argentina y Uruguay tuvieron buenas performances de crecimiento, simultáneamente se expandieron las asimetrías con Brasil en muchos sectores de la industria, que más tarde generarían dificultades en el comercio intrazona y serían un factor de traba al avance de la integración.

La década actual comienza de manera turbulenta para el MERCOSUR, asolado por crisis económicas que, en diferentes momentos, impactan sobre los estándares macroeconómicos de los socios. Sin embargo, los últimos años han sido de elevado crecimiento para todos los socios. Argentina, Brasil y Paraguay crecieron a tasas que fluctúan entre 2,2% y 2,6%, en tanto Uruguay ha sido el de performance más floja, expandiéndose en promedio apenas un 1,3%.

Serie histórica del PIB real para países del MERCOSUR. Base 1980 = 100.

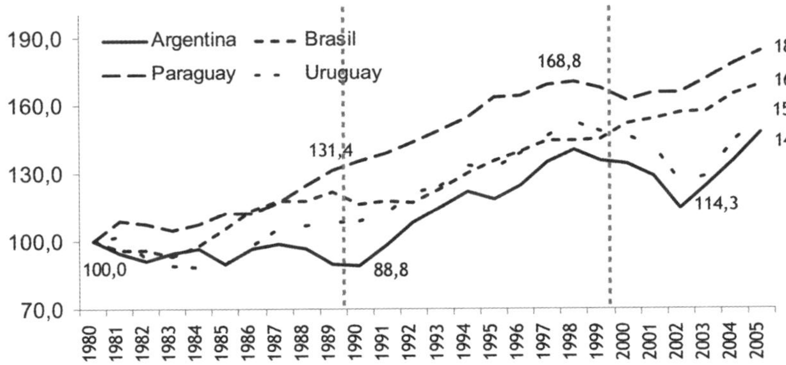

Fuente: abeceb.com.

Tasa de crecimiento real del PIB. Promedio por década. En %

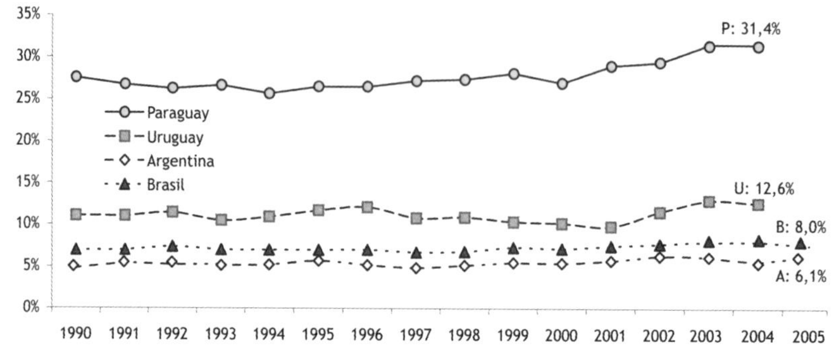

Fuente: abeceb.com.

Por su parte, la evolución del PBI per cápita (en dólares) de las economías del MERCOSUR replica aproximadamente el comportamiento del crecimiento real de las economías. A inicios de la década del '80, la Argentina era el país de mayor producto per cápita (U$S 7.478), con amplia diferencia respecto de los restantes países. Pero la situación cambió radicalmente en los siguientes 10 años: el producto per cápita de Argentina se contrajo fuertemente, mientras el de Brasil y Uruguay aumentó, produciéndose una tendencia a la igualación relativa de los niveles. Sólo Paraguay, debido a un acelerado crecimiento poblacional, se alejó de la confluencia.

Posteriormente, durante la década del '90, el elevado crecimiento de la economía argentina volvió a impulsar su producto per cápita por encima del resto de los países del MERCOSUR, aunque la crisis que comenzó a finales de la década volvió a reducirlo a niveles equivalentes a los de Uruguay y Brasil.

PIB per cápita de los países del MERCOSUR, para años seleccionados. En U$S

Por décadas	U$S	U$S PPA
Promedio 1980-1989	2,4	2,8
Promedio 1990-1999	2,4	2,8
Promedio 2000-2005	3,5	3,0
Promedio 1980-2005	2,6	2,8
Años seleccionados	**U$S**	**U$S PPA**
1994	2,1	2,7
1998	2,6	2,6
2005	4,5	3,0

Fuente: abeceb.com.

Por su parte, los flujos de Inversión Extranjera Directa (IED) se mantuvieron en niveles muy bajos durante la década del '80 para los 4 países. Sin embargo, en el comienzo de la siguiente década experimentaron un considerable incremento, incluso en los casos de Uruguay y Paraguay, cuando los capitales internacionales se comenzaron a volcar masivamente en las economías emergentes, especialmente aquellas que, como las de la región, hicieron importantes esfuerzos por implementar reformas estructurales y avanzar en la integración regional.

De esta forma, la recepción de IED se vuelve significativa durante esta etapa, y crece aceleradamente hasta que se revierte el contexto externo positivo, de la mano de la pérdida de confianza de los inversores en las economías emergentes.

Actualmente, con la recuperación de una coyuntura estable y de crecimiento sostenido en la región, las inversiones productivas externas comenzaron a fluir nuevamente hacia las economías del MERCOSUR, aunque sin alcanzar los niveles promedio de la década pasada.

El aumento de la IED en Argentina fue incipiente en la década pasada, de la misma manera que también fue muy pronunciada la declinación causada por la etapa de crisis. Posteriormente, la recuperación de la economía, a pesar de haber tenido un gran vigor, no fue capaz de revertir totalmente la desconfianza de los inversores extranjeros, y como resultado la IED aun no ha retornado al país en niveles apreciables. Por su parte, en Brasil ocurrió una dinámica parecida, sin embargo la caída al final de la segunda etapa de la integración no fue tan pronunciada como en Argentina.

Inversión Extranjera Directa (IED) en Argentina y Brasil. Serie histórica. En millones de U$S

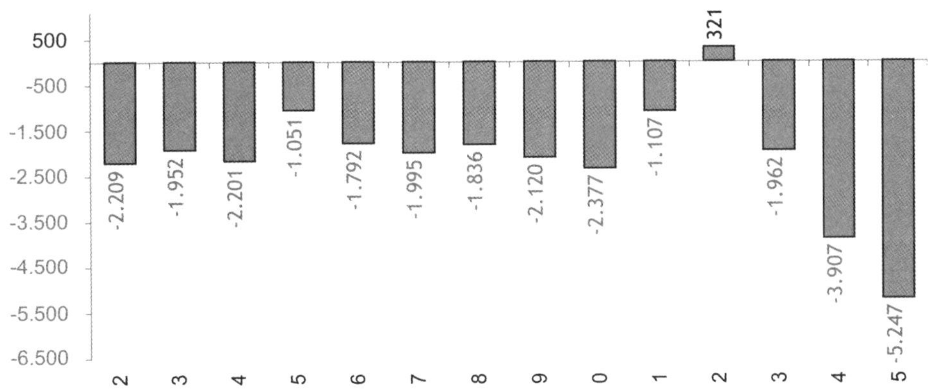

Fuente: abeceb.com.

Uruguay ha experimentado por su parte un crecimiento notable de la IED desde principios de la década pasada, y si bien sufrió fuerte oscilaciones en la etapa de crisis, es evidente que ha logrado convertirse en un centro de atracción de inversiones. En esto, sin dudas, ha incidido la postura de Uruguay por delinear reglas claras para las inversiones en el largo plazo para lo cual firmó acuerdos de inversiones con distintos países e intentó avanzar en el vínculo comercial con varios países a nivel bilateral[1].

Finalmente, Paraguay experimentó un crecimiento de la IED recibida a finales de la década del 80, pero no pudo encauzar un sendero de crecimiento de los flujos de inversión. Es más, en los últimos años estuvo en niveles promedio similares a los de inicios de los noventa pero alejados de la media de la segunda mitad de dicha década.

Inversión extranjera directa en Uruguay y Paraguay. Serie histórica. En millones de U$S

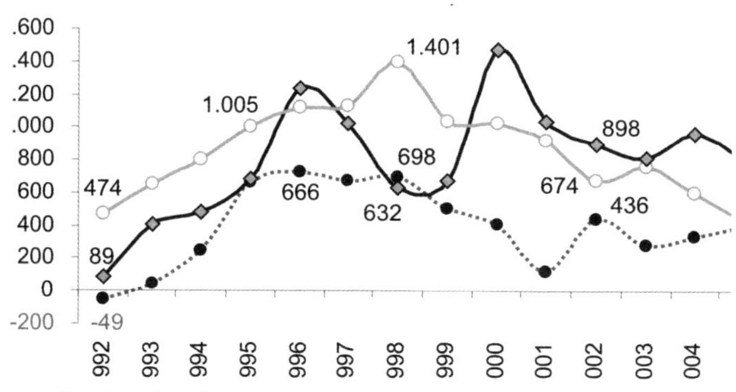

Fuente: abeceb.com.

Inversión Extranjera Directa en el MERCOSUR. En millones de U$S

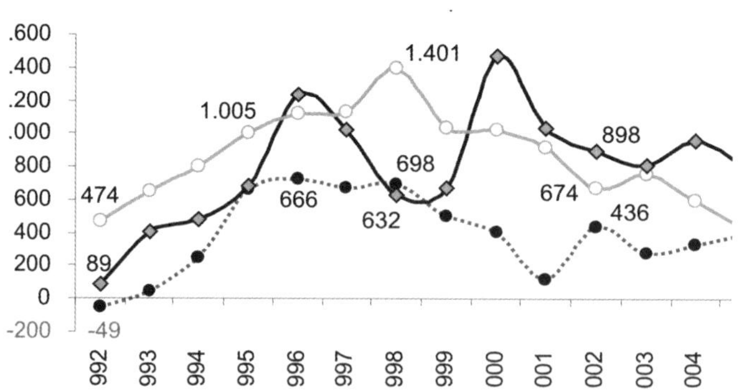

Fuente: abeceb.com.

Volviendo al análisis del bloque en su conjunto, los flujos de IED experi-

[1] Todavía sigue latente la versión que Uruguay estaría intereso en cerrar un acuerdo de libre comercio con Estados Unidos.

mentaron un paulatino incremento desde la implementación del Mercosur, cuando los capitales internacionales se comenzaron a volcar en las economías emergentes, especialmente aquellas que implementaron reformas estructurales. Pero a partir del año 2000, los capitales externos se reducen a la región, recuperando el crecimiento recién desde 2004.

En términos de participación por países, se observa que Argentina supo ganar atracción en el bloque hacia 1995 cuando llegó a representar casi el 55% de la IED en el MERCOSUR. Luego se evidenció un paulatino proceso de ganancia de participación de Brasil, que para el año 2004 ya representó el 81% de la IED en el bloque. En el caso de los países menores, Paraguay parece ir perdiendo relevancia, mientras que Uruguay aparenta recuperarla, en especial, en los últimos 5 años.

Inversión Extranjera Directa en el MERCOSUR. En millones de U$S

Año	Argentina	Brasil	Paraguay	Uruguay
1991	41,1%	54,7%	4,3%	0,0%
1995	54,6%	42,9%	1,0%	1,5%
1999	45,3%	54,0%	0,2%	0,4%
2004	17,3%	81,0%	0,4%	1,4%

Fuente: abcccb.com.

Asimismo, tomando como referencia el promedio de IED anual por décadas, se encuentran resultados contundentes. Entre los períodos 2000-2004 y 1990-1999, el nivel de IED de Argentina cayó en promedio un 40%, mientras que el de Uruguay aumentó un 177%, el de Brasil se duplicó y el de Paraguay disminuyó a casi la mitad.

Inversión Extranjera Directa (IED) en el MERCOSUR. Promedios por períodos

Período	Argentina	Brasil	Paraguay	Uruguay
1980-89	600,2	1.721,4	13,8	47,2
1990-99	6.623,8	9.921,7	141,7	107,5
2000-2004	3.995,3	20.027,2	76,7	298,2
Var. % 00-04 / 90-99	-39,7%	101,9%	-45,9%	177,4%

Fuente: abeceb.com.

Cambios de estructuras productivas

Sin dudas, durante los años de vida del MERCOSUR se evidenciaron múltiples elementos que incidieron sobre la performance económica de los socios, incluyendo entre estos a los cambios que generó el propio proceso de integración. Como manera de síntesis, pueden considerarse tres grandes grupos de factores explicativos.

Uno de ellos fueron los factores exógenos, caracterizados principalmente por *"shocks"* externos que a lo largo de toda la década del noventa influyeron de manera determinante sobre la suerte de las economías emergentes.

En segundo lugar, debe destacarse que, si bien se trató de un lapso en el que predominó el crecimiento económico para los socios del MERCOSUR, se mantuvieron latentes las debilidades macro de estas naciones plasmadas en fuertes oscilaciones del nivel de actividad.

Por último, también se percibió un impacto propio sobre la macroeconomía del bloque en su conjunto derivado de la integración. Esta ayudó a impulsar variables como el PBI y el nivel de comercio intrazona, entre otras, a partir de una mayor interdependencia. Pero este creciente grado de interrelación entre las economías fue asimétrico en el sentido que la incidencia de los países grandes sobre los pequeños creció mucho más que a la inversa.

Citando algunos números, la evidencia empírica demuestra que las estructuras productivas de los países del MERCOSUR se trastocaron en los últimos 15 años. La conformación del bloque influyó en estos cambios, no obstante lo cual no fue el único factor explicativo.

En líneas generales Brasil ganó lugar como base productiva manufacturera en la región, mientras los países más pequeños (Uruguay y Paraguay) vieron acentuar el peso del sector agropecuario. Por su parte el rubro de servicios, que en todos los países representa más de la mitad del PBI, vio crecer su importancia en naciones como Argentina y Uruguay en los últimos 15 años.[2] A continuación se detallan algunas tendencias que deja la evidencia empírica sobre los cambios en las estructuras productivas.

Los cambios dentro de la industria manufacturera

Si se analiza el peso que la industria manufacturera dispone en el PBI de cada país, se encuentran los siguientes hechos significativos:

- Como es de esperar, Brasil es el país más industrializado de la región en la actualidad y en el que es mayor la relación industria/PBI, cercano al 22%. Le siguen Argentina y Uruguay con ratios mayores al 16% y, por último, Paraguay con poco más del 13%.

[2] En todos estos casos, las participaciones de cada rubro se consideró en relación al PBI constante de cada país.

- Si se observan las tendencias desde 1990, es notoria la pérdida de participación de la industria en Uruguay y en Paraguay, leve en Argentina y cierta estabilidad en el caso de Brasil.

Peso de la industria en el PBI de cada país. En participación %

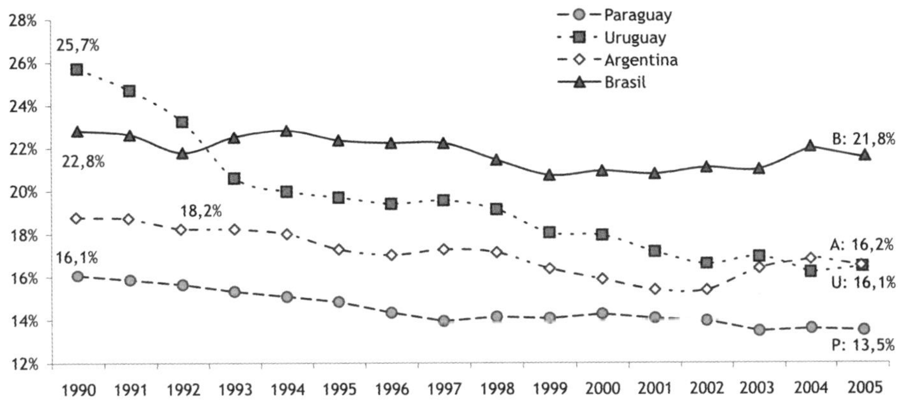

Nota: En el gráfico se exponen los valores estimados para el año 2005.

Fuente: abeceb.com en base a fuentes oficiales de cada país y estimaciones propias.

Peso de la industria en el PBI de cada país. En part. %, promedio por períodos

País	Promedio		
	90-94	95-99	00-04
Argentina	18,1%	17,0%	16,0%
Brasil	22,5%	21,8%	21,3%
Paraguay	15,6%	14,3%	13,9%
Uruguay	22,9%	19,2%	17,0%

Fuente: abeceb.com en base a fuentes oficiales de cada país y estimaciones propias.

- La industria del MERCOSUR mostró importantes oscilaciones en la última década. Consolidando los niveles de la industria manufacturera de cada socio (medido en U$S de mercado), se obtiene que la producción industrial del bloque se encuentra un 2% encima del pico histórico anterior (año 1997). Asimismo se encuentra en plena expansión desde el año 2002 (+88%). Sin dudas, el efecto de las devaluaciones en Brasil y Argentina fue determinante para explicar la tendencia descendente desde 1998 a 2002, mientras que contrariamente se presencia una reversión de la tendencia desde 2003 en adelante.

Industria manufacturera del MERCOSUR.
En millones de U$S (según tipo de cambio de mercado). Período 1994-2005

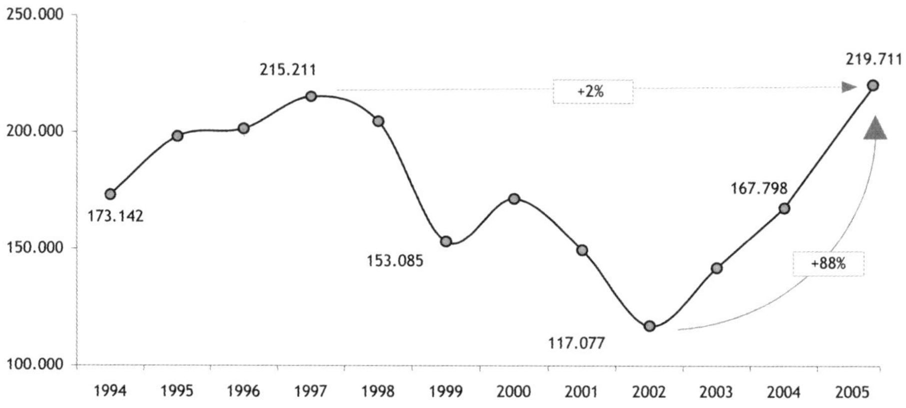

Fuente: abeceb.com, estimaciones propias en base a datos oficiales

- Entre 1994 y 2005, desagregando en términos de socios, Argentina perdió importancia en el total de la industria del MERCOSUR, mientras que Brasil aumentó su participación. Por su parte, los países menores redujeron su relevancia.

Participación % de cada socio en el total de la industria manufacturera del MERCOSUR. En U$S de mercado

País	1994	1998	2002	2004	2005
Argentina	26,5%	26,1%	17,4%	20,2%	17,8%
Brasil	70,9%	71,3%	80,1%	77,5%	80,3%
Uruguay	1,9%	2,0%	1,8%	1,7%	1,4%
Paraguay	0,7%	0,7%	0,7%	0,6%	0,5%
Total	100%	100%	100%	100%	100%

Fuente: abeceb.com, estimaciones propias en base a datos oficiales.

- Si se considerara el peso de la industria del bloque en dólares de paridad de poder adquisitivo (PPA), los resultados serían diferentes aunque las grandes ideas se mantienen. En ese caso, el nivel de actividad industrial muestra una tendencia ascendente desde el año 1999. Brasil representa el 73,2% del peso industrial en el año 2005, recuperando participación en relación a 1998 y a 2004, pero aún debajo del nivel de 1994. Lo significativo es que Argentina y Uruguay ven engrosar su peso desde 2002 (pasan de 21,9% a 24,4% y de 1,2% a 1,5%), quitándole importancia a Brasil y a Paraguay. Este último mantiene una trayectoria.

Participación % de cada socio en el total de la industria manufacturera del MERCOSUR. En U$S PPA

País	1994	1998	2002	2004	2005
Argentina	21,5%	26,6%	21,9%	24,9%	24,4%
Brasil	75,8%	70,3%	75,8%	72,6%	73,2%
Uruguay	1,5%	1,8%	1,2%	1,5%	1,5%
Paraguay	1,2%	1,3%	1,1%	0,9%	0,9%
Total	100%	100%	100%	100%	100%

Fuente: abeceb.com, estimaciones propias en base a datos oficiales.

Tomando como el comportamiento de la producción industrial física de cada socio, desagregada por sectores en la última década, se pueden remarcar algunos hechos significativos que avalan los resultados precedentes.

- En términos de difusión o generalización del crecimiento, existen diferencias entre los países. En Argentina 10 de los 12 bloques sectoriales tienen una producción superior a la de 1995, en Brasil 17 de 23; pero contrariamente, en los países menores la proporción es inferior a la mitad (5 de 19 en Uruguay y 7 de 28 en Paraguay).

- En Argentina, entre los principales sectores en alza estuvieron el químico, metálicas básicas, papel y cartón y caucho/plástico, en muchos de los cuales la industria argentina dispone de cierto posicionamiento en el ámbito regional e internacional. En Brasil, el crecimiento estuvo direccionado hacia la producción de maquinaria de transporte/automotriz, maquinaria y equipos inclusive los eléctricos, sector químico (limpieza y farmacéutico) y papel.

- En los casos de Uruguay y Paraguay, la estructura industrial se sesgó hacia una menor cantidad de sectores. En el país charrúa con una orientación hacia la refinación de petróleo, la industria del cuero y los sectores de papel, químico y alimentos. En lo referido a Paraguay, sobresalió la expansión de rubros como cuero/pieles, y alimentos y bebidas.

Variación porcentual de la producción industrial en los últimos 10 años, por rubros según cada socio.

Argentina: Principales sectores en alza	
Sustancias y Productos Químicos	67,7%
Industrias Metálicas Básicas	52,4%
Papel y Cartón	43,1%
Caucho y Plástico	41,9%
Productos Textiles	36,0%
Productos Minerales no Metálicos	25,9%

Uruguay: Principales sectores en alza	
Refinería de petróleo	197,7%
Industria del cuero	115,8%
Fabricación de papel y productos de papel	43,8%
Sustancias químicas industriales	21,1%
Productos alimenticios	8,2%

Brasil: Principales sectores en alza	
Otros equipamientos de transporte	10,8%
Máquinas y aparatos eléctricos	4,9%
Perfumes y productos de limpieza	4,0%
Celulosa, papel y productos de papel	3,7%
Vehículos automotores	3,6%
Maquinaria y equipos	3,3%
Farmacéutico	2,4%
Metalurgia básica	2,4%
Alimentos	2,0%
Madera	1,8%

Paraguay: Principales sectores en alza	
Cueros y pieles y productos similares excepto calzados	38,7%
Productos alimenticios excepto bebidas y tabaco	34,1%
Industria de bebidas	30,1%
Industrias alimenticias diversas	28,5%
muebles y accesorios de madera	26,2%
otros productos químicos	7,1%
Imprentas, editoriales e industrias conexas	3,5%

Nota: En los casos de Paraguay y Uruguay se consideró como últimos datos los del año 2003.

Fuente: abeceb.com en base a fuentes oficiales de cada país

Los cambios dentro del sector agropecuario

Dada la disponibilidad de recursos naturales, los países del MERCOSUR se caracterizaron históricamente por disponer de una base agropecuaria importante aprovechando esas ventajas comparativas y la competitividad asociada.

Durante el lapso en el que se vivió el proceso de integración, la fisonomía del sector agropecuario se modificó parcialmente en la región. Se evidenciaron varios factores que incidieron en la performance global de este sector, entre los que se destacan la tecnificación en la producción que permitió una mejora de la productividad, los cambios en los precios internacionales de los distintos productos (con niveles favorables en los últimos años) y las realidades macroeconómicas de los socios. Si se analiza en términos agregados lo acaecido en los últimos años, se encuentran varias cuestiones que vale la pena destacar.

- En principio, una cuestión clave es que se mantuvieron asimetrías de tamaño entre los países, a las cuales se les agregan las diferencias en las estructuras productivas. En principio, se observa un sesgo a una mayor producción agropecuaria en los países menores (Paraguay y Uruguay). Dicha actividad representa el 31,4% del PIB paraguayo y el 12,6% del PIB de Uruguay. En los casos de Argentina y Brasil, el peso es inferior al 10%.

- Asimismo, el sector agropecuario tendió a ganar lugar en las estructuras productivas de cada país, en especial, en las naciones menores desde el año 2001. Desde 1990 a 2005, en Argentina, la participación del sector agropecuario creció de 5,1% a 6,1%; en Brasil pasó de 7% a 8%, mientras que en Uruguay y Paraguay fue más importante (de 11,1% a 12,6% y de 27,5% a 31,4%, respectivamente[3]).

Evolución del peso del sector agropecuario en el PBI de cada país

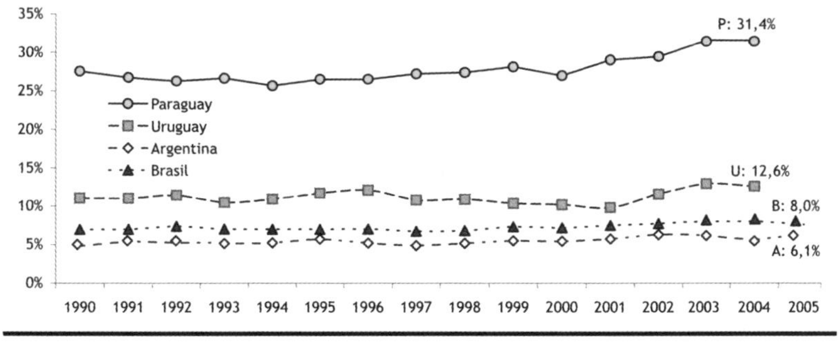

Nota: En el gráfico se exponen los valores del año 2005, salvo Uruguay y Paraguay que son del año 2004.
Fuente: abeceb.com en base a fuentes oficiales de cada país y estimaciones propias.

[3] En estos últimos dos casos, la comparación es entre 1990 y 2004.

En estos resultados hubo factores que incidieron de manera importante. Así, por ejemplo, en Brasil se verificó en los últimos años una tendencia al autoabastecimiento en los principales productos agrícolas (trigo, arroz, etc.), que se explica por la propia política de Brasil de fomentar estas actividades y demandar más calidad a los productos de Argentina y Uruguay (por ejemplo en trigo y arroz), así como el hecho de que en todos los países comenzó a ganar lugar de manera importante la producción de soja, desplazando a otros cereales.

También influye la buena coyuntura de precios internacionales, que indujo un fuerte proceso de inversiones en capital destinado a la producción agrícola, con la finalidad de incrementar la producción y expandir las exportaciones hacia extrazona. Tal dinámica fue además acentuada por la devaluación brasileña, que incentivó al resto de los países del bloque a vender su producción en mercados de extrazona.

En el caso de las economías pequeñas, este proceso es más acentuado debido al cambio de sus estructuras productivas en la última década, que se concentró en bienes de elevada competitividad, y como éstos eran en general productos del agro, su producción y en consecuencia las exportaciones se hicieron más primarizadas.

El estado de la integración en el sector de servicios

Más allá del comportamiento vislumbrado en lo relativo a bienes también es necesario considerar la situación en servicios, un sector que dispone de un gran peso en las estructuras productivas de cada país. En los casos de Uruguay y Argentina representa más del 65% del PBI, mientras que en Brasil gira en torno al 58% y en Paraguay en una ratio cercana al 50%.

En lo referido al proceso integrador se han dado pasos importantes hacia la liberalización de los servicios en el MERCOSUR, aunque todavía resta cierto camino.

El Tratado de Asunción, en su artículo primero, estableció que el Mercado Común implicaba, entre otros aspectos, la libre circulación de los servicios entre los países de la región, reconociendo que sin la libertad para que los prestadores de servicios puedan establecerse, ingresar y egresar, así como comerciar sin restricciones, discriminaciones ni cláusulas innecesariamente gravosas, el MERCOSUR no sería un Mercado Común.

Para cumplir con este objetivo, se negoció el Protocolo de Montevideo sobre el Comercio de Servicios, aprobado por Decisión CMC Nº 13/97 del 15 de diciembre de 1997. Dicho Protocolo estableció que los Estados Partes mantendrían sucesivas rondas de negociaciones anuales a efectos de completar en un plazo máximo de diez años, contados a partir de la entrada en vigor del Protocolo, con el Programa de Liberalización del Comercio de Servicios en el MERCOSUR. Asimismo, el Grupo de Servicios, creado por resolución GMC Nº 31/98, fue creado con el objeto de cumplir con dicho Programa.

Desde diciembre de 2005 el Protocolo se encuentra en vigor, con lo cual rige plenamente el plazo de 10 años para la liberalización completa del comercio de servicios en el MERCOSUR, mediante la ampliación de los compromisos específicos ofrecidos por cada Estado Parte.

El mismo, que tiene en cuenta el Acuerdo General sobre Comercio de Servicios (AGCS) de la Organización Mundial de Comercio (OMC) y los compromisos asumidos por los Estados Partes en el AGCS, contiene tres elementos: marco de normas y disciplinas generales; anexos que tratan de condiciones especiales en relación con determinados sectores; y, listas Nacionales de compromisos específicos en materia de acceso al mercado y de trato nacional.

Dentro del marco normativo se encuentran reglas o disciplinas que generan dos tipos distintos de obligaciones: las obligaciones generales, se aplican a todos los sectores de servicios, y las obligaciones específicas que se circunscriben únicamente a los sectores en que los países realizan ofertas.

En lo vinculado a los anexos sectoriales, el Protocolo comprende disposiciones específicas, las cuales establecen aclaraciones específicas para ciertos sectores como movimiento de Personas Físicas proveedoras de servicios; servicios Financieros; servicios de Transporte terrestre y por agua; y, servicios de transporte aéreo.

Asimismo, de los cuatro modos de prestación de servicios que contempla el Protocolo: Modo 1 (Consumo en el exterior); Modo 2 (Consumo Transfronterizo), Modo 3 (Presencia comercial) y Modo 4 (Movimiento de personas), es en este último en el que se ha presentado mayores avances, aunque no se encuentran plenamente en vigor.

La estructura del intercambio comercial al interior del bloque

Las exportaciones conjuntas de los países del MERCOSUR comenzaron a acelerarse hacia mediados de la década pasada, producto del creciente proceso de integración regional e internacional que caracterizó al bloque en aquella etapa.

Entre 1990 y 1997, las exportaciones totales del bloque se expandieron un 79,4%, mientras desde este último año hasta 2002, producto del período de depresión económica que caracterizó a la región, éstas se incrementaron en apenas 6,6%. Desde entonces, comenzó un período de fuerte recuperación de las economías, que se apoyó en buena parte en la expansión de las ventas al exterior; así las exportaciones del bloque aumentaron un 84% a partir de aquel año.

Serie histórica de exportaciones del MERCOSUR. En millones de U$S

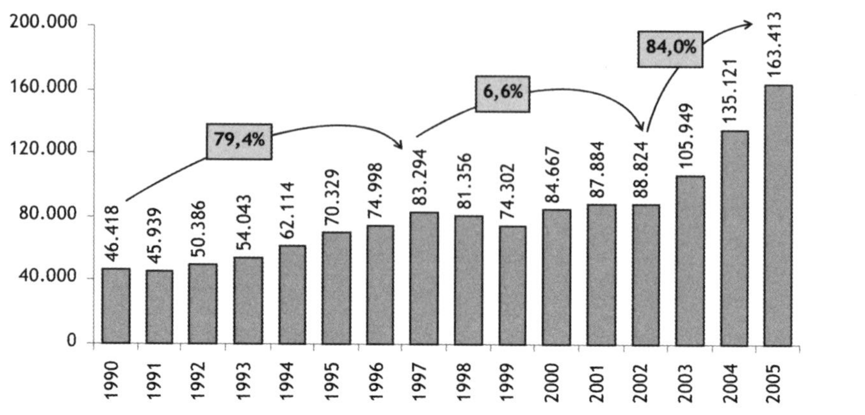

Fuente: abeceb.com.

Brasil es el país que explica en mayor medida la evolución de las exportaciones del MERCOSUR, ya que sus ventas al exterior explican más del 60% de las mismas. Sin embargo, la participación de cada país ha ido variando en los últimos 15 años, si bien no en una gran medida.

En la década del 90, el único que ganó participación en las exportaciones del bloque fue Argentina, que pasó de representar un 26,6% a un 31,2%. Por su parte, los restantes 3 países del bloque perdieron participación en dicha década.

Sin embargo, en el último quinquenio se revirtió esta situación y fue Brasil el que creció fuertemente, llegando en 2005 a representar un 72,4% de las exportaciones del MERCOSUR, 7 puntos porcentuales más que en 2000. La Argentina perdió mucho terreno, pasando a representar un 24,5%, lo que implicó que de significar casi un tercio de las exportaciones del bloque en 2000, se retrajo a casi un cuarto de las mismas en 2005.

Este resultado se vincula con el lanzamiento de un programa de políticas activas de Brasil para expandir las exportaciones rápidamente, sobretodo de productos industriales. Este programa se materializa por medio de eventos, ferias y promociones de todo tipo de los productos brasileños en el resto del mundo, complementado con una fuerte política de asistencia a la producción industrial.

En lo que respecta a los países menores, Uruguay siguió perdiendo participación y Paraguay se mantuvo.

Los países del MERCOSUR tienen distinta estructura exportadora, derivada de las diferencias de tamaño de mercado y estructura productiva. Así, mientras Brasil destina más del 90% de sus exportaciones a extrazona, Paraguay coloca más de la mitad de sus ventas externas en el mercado de intrazona.

Participación por países en las exportaciones totales del MERCOSUR

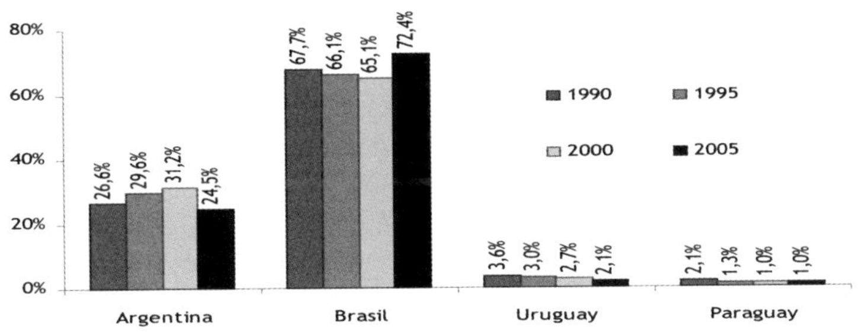

Fuente: abeceb.com.

Salvo en el caso de Paraguay, que ha tenido en sus exportaciones a intrazona un comportamiento volátil, en Argentina, Brasil y Uruguay se ha repetido un comportamiento específico: en los primeros años del MERCOSUR, la significatividad de las ventas a intrazona se incrementó en los 3 socios; y posteriormente, con el comienzo de la crisis económica y el achicamiento del mercado interno de los países de la región, ésta comenzó a caer paulatinamente hasta la actualidad.

Indudablemente, las dificultades internas del bloque y los desajustes macroeconómicos propios de una fuerte recuperación, incidieron en que las compras del bloque no se recuperaran al ritmo de la demanda del resto del mundo. Además, la reestructuración productiva operada en Brasil, que comenzó a sustituir fuertemente importaciones de bienes primarios y de capital, contribuyeron a que la demanda interna del MERCOSUR perdiera vigor.

Proporción de las exportaciones intrazona de los 4 países del MERCOSUR en las exportaciones totales

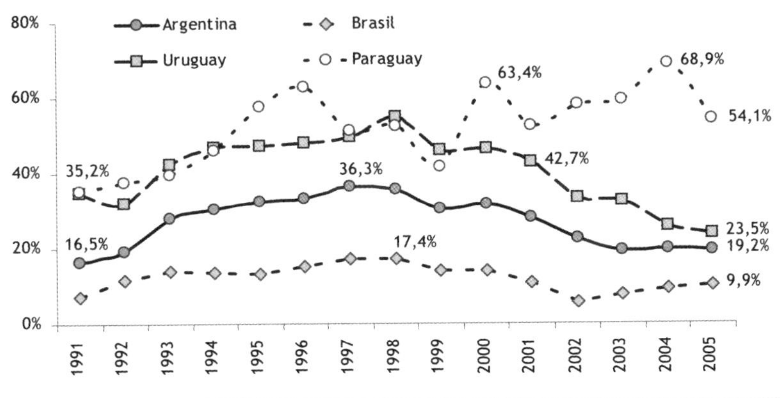

Fuente: abeceb.com.

Analizando las partidas exportadas a intrazona por los países del bloque[4], puede obtenerse un reflejo de la estructura productiva de cada uno, y de aquellos que son sus productos más competitivos.

La Argentina concentra su oferta en 3 complejos: petroquímico, trigo y automotriz; pero también muestra buena performance en sectores como el plástico y químico, en los que se dispone de buena inserción a nivel regional.

También se observa que el destino más relevante de los principales productos vendidos por Argentina es Brasil, que compra más del 90% de las ventas del país al MERCOSUR. Para partidas de menor importancia comienzan a ganar lugar los mercados de Uruguay y Paraguay.

Respecto del 2000, hay una variación bastante considerable de las principales partidas exportadas, con fuertes aumentos en la mayoría de ellas, y una caída pronunciada sólo en el caso de trigo y vehículos (coches de turismo).

Exportaciones argentinas al MERCOSUR, por principales partidas y participación destinos. Año 2005 y variación respecto de 2004

NCM	Descripción	Monto (mill. U$S)	Var. % respecto año 2000	Part. % por destino		
				Brasil	Paraguay	Uruguay
2710	Aceites de petróleo o de mineral bituminoso, excepto los aceites crudos.	710	41,4%	83,1%	13,4%	3,5%
1001	Trigo y morcajo (tranquillón).	609	-28,3%	99,4%	0,00%	0,59%
8704	Vehículos automóviles para el transporte de mercancías.	462	-3,0%	94,1%	1,7%	4,2%
8708	Partes y accesorios de vehículos automóviles.	406	55,1%	98,5%	0,2%	1,3%
8703	Coches de turismo y demás vehículos automóviles concebidos principalmente para transporte de personas.	365	-45,2%	93,0%	1,1%	5,9%
3901	Polímeros de etileno en formas primarias.	287	625,7%	93,0%	2,3%	4,7%
2711	Gas de petróleo y demás hidrocarburos gaseosos.	279	50,3%	85,1%	11,2%	3,7%
3808	Insecticidas, raticidas, fungicidas, herbicidas, inhibidores de germinación y desinfectantes.	169	154,3%	75,7%	13,2%	11,1%
4011	Neumáticos (llantas neumáticas) nuevos de caucho.	104	85,6%	88,4%	7,3%	4,3%
3004	Medicamentos, dosificados o acondicionados para la venta al por menor.	101	-23,0%	54,6%	12,7%	32,7%
Total		7.602	-9,4%	82,2%	6,6%	11,1%

Fuente: abeceb.com.

[4] Se analizó los casos de Argentina, Brasil y Uruguay solamente, debido a la escasez de datos relativos a Paraguay.

En comparación, en las principales partidas que Brasil vende al MERCOSUR hay mayor peso de los productos de mayor valor agregado, tales como automóviles, celulares, autopartes, tractores, maquinarias y plásticos.

También ocurre que el principal país socio, Argentina, compra más del 90% de tales partidas, mientras que las ventas a Uruguay y Paraguay son más bien marginales.

Es destacable también que las principales 9 partidas exportadas por Brasil al MERCOSUR han experimentado un crecimiento relevante en el último quinquenio, ya que se relacionan todas ellas con los principales rubros en los que aumentó la producción industrial brasileña en los últimos años.

Exportaciones brasileñas al MERCOSUR, por principales partidas y participación destinos. Año 2005 y variación respecto de 2004

NCM	Descripción	Monto (mill. U$S)	Var. % respecto año 2000	Part. % por destino		
				Argentina	Paraguay	Uruguay
8703	Coches de turismo y demás vehículos automóviles concebidos principalmente para transporte de personas.	1.292	181,7%	95,9%	1,0%	3,1%
8525	Aparatos emisores de radiotelefonía, radiotelegrafia, radiodifusión o televisión.	669	63,4%	94,8%	1,0%	4,2%
8704	Vehículos automóviles para el transporte de mercancías.	661	123,4%	92,1%	2,5%	5,4%
8708	Partes y accesorios de vehículos automóviles.	502	40,3%	91,4%	2,0%	6,5%
8701	Tractores.	367	697,1%	90,3%	4,4%	5,4%
2601	Minerales de hierro y sus concentrados, incluidas las piritas de hierro tostadas (cenizas de piritas).	309	129,3%	98,1%	1,9%	x
3901	Polímeros de etileno en formas primarias.	300	68,8%	86,6%	5,6%	7,8%
2710	Aceites de petróleo o de mineral bituminoso, excepto los aceites crudos.	283	360,6%	63,3%	20,2%	16,6%
4011	Neumáticos (llantas neumáticas) nuevos de caucho.	206	48,2%	67,3%	26,4%	6,3%
8471	Máquinas automáticas para tratamiento o procesamiento de datos y sus unidades.	185	-8,1%	99,2%	0,6%	0,2%
Total		11.726	51,6%	84,6%	8,2%	7,2%

Fuente: abeceb.com.

En el caso de Uruguay, la estructura de sus principales exportaciones a intrazona es bastante diferente. Hay en este caso una participación mucho más acentuada de productos de menor valor agregado, entre los que se cuentan material de envasado, arroz, malta, autopartes, caucho y papel.

Si bien el principal mercado de intrazona para Uruguay es Brasil, en muchas de las partidas también son muy relevantes las compras de Argentina, como en el caso de autopartes, papel y cartón y tubos y perfiles.

Para Uruguay se produce también un aumento importante de las exportaciones a intrazona en las principales partidas respecto de 2000, particularmente en artículos para envasar, autopartes y preparaciones químicas.

Exportaciones uruguayas al MERCOSUR, por principales partidas y participación destinos. Año 2005 y variación respecto de 2004

NCM	Descripción	Monto (mill. U$S)	Var. % respecto año 2000	Part. % por destino		
				Argentina	Brasil	Paraguay
3923	Artículos para el transporte o envasado, de plástico.	78	670,6%	21,9%	77,7%	0,3%
1006	Arroz.	75	0,9%	2,5%	97,5%	x
1107	Malta (de cebada u otros cereales), incluso tostada.	72	74,0%	x	94,2%	5,8%
8708	Partes y accesorios de vehículos automóviles.	44	141,0%	86,6%	13,3%	0,1%
4005	Caucho mezclado sin vulcanizar, en formas primarias o en placas, hojas o tiras.	39	49,2%	9,9%	90,1%	x
3402	Agentes de superficie orgánicos, preparaciones tensioactivas, preparaciones para lavar.	28	990,0%	27,8%	67,9%	4,2%
4810	Papel y cartón estucados por una o las dos caras con caolín u otras sustancias inorgánicas.	22	9,5%	46,6%	43,9%	9,5%
402	Leche y nata (crema), concentradas o con adición de azúcar u otro edulcorante.	21	-13,1%	1,3%	97,9%	0,7%
7306	Tubos y perfiles huecos, de hierro o acero.	18	96,2%	29,9%	70,0%	0,1%
201	Carne de animales de la especie bovina, fresca y refrigerada.	17	-58,6%	15,5%	84,5%	x
Total		811	-8,8%	33,1%	59,7%	7,2%

Fuente: abeceb.com.

Los grandes debates en el proceso de integración

La intención de esta sección es detallar algunos de los principales debates surgidos del proceso de integración regional, en especial desde la segunda mitad de los años 90.

En todo proceso de integración, las asimetrías son un aspecto muy importante a tener en cuenta, ya que pueden abortar las posibilidades de progreso de los aspectos institucionales del bloque. Las disparidades entre los distintos países que buscan integrarse pueden manifestarse por diferencias importantes de tamaño o grado de desarrollo, o por disparidades de intereses, que deben ser cuidadosamente analizados a fin de perseguir un objetivo mutuamente beneficioso a todos los socios.

A menudo pueden ser subsanadas por el ejercicio de liderazgo de parte del país más poderoso y/o avanzado de la integración; sin embargo, cuando este mecanismo falla se puede poner en peligro el logro de los objetivos.

La caracterización de las asimetrías: análisis global

Uno de los grandes debates a lo largo de la última década y media fue la cuestión de las asimetrías que, en cierta magnitud, ya estaban latentes al inicio del proceso y se profundizaron con el curso del mismo.

Las asimetrías mismas pueden sintetizarse en dos grandes ejes de conflictos: el primero enfrenta a los países chicos (Uruguay y Paraguay) con los grandes (Argentina y Brasil) fundamentalmente por las cuestiones de disparidades de estructuras productivas y exportadoras e intereses divergentes; y el segundo, se refiere a los recurrentes conflictos entre Argentina y Brasil, en especial en la faz productiva y comercial.

En consecuencia, los principales problemas intrabloque que, en cierta medida, ponen en peligro el proceso mismo de integración, pueden caracterizarse en los siguientes grupos:

- Problemas estructurales: Los estados miembros del bloque tienen diferencias sustanciales que son difíciles de sobrellevar, debido a su carácter estructural. Por ejemplo, el PBI de Brasil representa casi el 80% del total, el de Argentina se aproxima al 18%, el de Uruguay el 1,7% y finalmente Paraguay aporta el 0,7%.
- Problemas autogenerados: se manifiestan dificultades propias del proceso de integración y otras autogeneradas. Los objetivos iniciales del bloque han sido dejados de lado o demorados en el tiempo. Un claro ejemplo de ello es que las normas que surgen de los órganos del bloque no son debidamente internalizadas por los miembros. En relación a ello, casi el 50% de la normativa no ha entrado en vigencia por falta de internalización.

- Problema de inestabilidad de flujos comerciales: El comercio intrabloque está estrechamente vinculado con el PBI de los estados miembros. Con la gran volatilidad económica que presentan los socios, no se puede lograr un flujo de comercio estable lo cual termina incidiendo sobre los estándares de producción, en especial, en el caso de los sectores sensibles.

A su vez, las posibilidades de liderazgo en el MERCOSUR se ven coartadas por las limitaciones propias del país más grande del bloque: Brasil. Si bien marca una diferencia apreciable en término del tamaño de su economía y desempeño comercial, Brasil es un país con importantes dificultades internas, por lo que sus posibilidades de ejercer materialmente el liderazgo del bloque y "pagar" los costos de la integración son limitadas.

PIB per cápita de los socios del bloque. Año 2005. En U$S

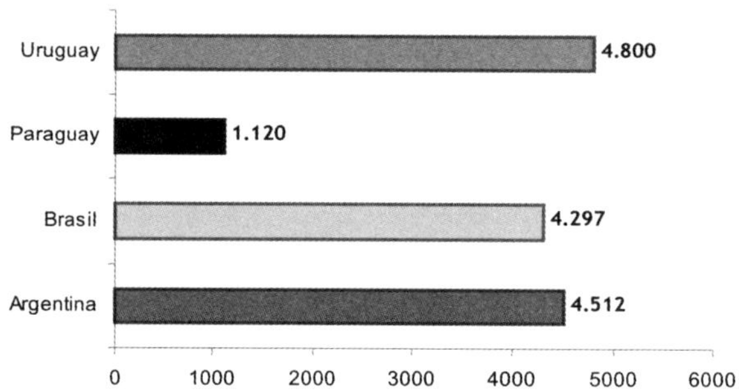

Fuente: abeceb.com.

El impacto para países grandes y países chicos

Es sabido que los intereses de cada socio no eran homogéneos al inicio del MERCOSUR, de todas maneras, primó el objetivo común de la integración y se buscó la mejor manera de avanzar hacia ello. Asimismo, la propia dinámica de la integración le imprimió resultados que estaban lejos de las expectativas de algunos socios, en especial de los menores.

Por un lado se ubicaban los socios más pequeños (Uruguay y Paraguay) cuyas principales motivaciones de formar parte del MERCOSUR estaban más asociadas a los costos de no hacerlo que a los beneficios propios de la accesión.

Para ellos fueron reducidas las ventajas comerciales en la integración (dada la escasa complementariedad con Argentina y Brasil); menos aún cuanto que el establecimiento de un arancel externo común (lógicamente más elevado para productos industriales, de manera de proteger las industrias incipientes o débiles del bloque) significaba un encarecimiento de los productos de alto valor agregado, que constituyen el grueso de sus importaciones de estas naciones.

Como contrapartida, el principal beneficio para ellos provenía del acceso a los mercados de Argentina y Brasil sin trabas, de las posibilidades para incrementar la recepción de inversiones extranjeras y del eventual salto en las exportaciones a extrazona. No obstante, para ambos países, era fundamental que se reconociera las asimetrías existente entre los socios menores y los socios mayores y que, a la par, se reflejara en normas concretas que instaran a las economías más grandes a conceder beneficios y privilegios con el fin de eliminar las asimetrías de escala. Si bien esto último ocurrió, el uso abusivo de excepciones especiales fue uno de los elementos que en ciertas ocasiones pareció poner en mayor riesgo al proceso de integración.

Respecto de Argentina y Brasil, las expectativas iniciales respondían a la necesidad de mejorar la eficiencia y la competitividad, de manera de preparar a los sectores industriales en una suerte de antesala a la competencia mundial. Como medios de lograr este objetivo, se contaban la posibilidad de obtener un mercado ampliado para la producción regional, y lograr una distribución equitativa del stock tecnológico del bloque.

Las divergencias entre Argentina y Brasil: aspectos productivos, inversiones, comercio y PyMEs

Más allá de las grandes disparidades que tienen las economías brasileña y argentina, exhiben algunos puntos comunes que cabe destacar: ambas entran en la categoría de países emergentes; en los años '90 encararon reformas estructurales profundas (aunque con distinto énfasis y alcance) y se beneficiaron de la expansión de sus economías; en ambas, en los últimos años se acentuó la volatilidad macro y se dieron fuertes crisis (mucho más severa en la Argentina). Finalmente el peso de ambos países es importante a nivel regional, aunque Argentina tenga menor relevancia internacional que Brasil. Además, para ambos la deuda externa es una carga difícil de sobrellevar.

De todas maneras, en estos 15 años de integración regional se han mantenido vigentes divergencias entre Argentina y Brasil por cuestiones estructurales, coyunturales y de política que incidieron en la relación bilateral.

Respecto a las asimetrías estructurales, remiten a las diferencias de tamaño existentes entre los principales socios del MERCOSUR, lo que otorga a Brasil ventajas naturales en términos de economías de escala, derivadas de una mayor dotación de factores.

Por su parte, las asimetrías coyunturales se refieren a las asincronías de los ciclos económicos en ambos países, signados por las diferencias en las políticas económicas ejecutadas. En la década del 90 la Argentina inicia su ciclo expansivo con Brasil en recesión, por lo tanto el intercambio bilateral arrojaba un déficit para el primero; a partir de 1993 ambos países crecen simultáneamente y el comercio bilateral aumenta fuertemente en ambos sentidos. El advenimiento de la crisis del tequila afectó duramente a la Argentina, mientras Brasil continuó con su ciclo expansivo y el balance del comercio bilateral comenzó a favorecer claramente a la Argentina. En 1998, se frena la economía de Brasil y aumentan sus exportaciones hacia Argentina; luego, este país también entra en recesión y el comercio bilateral se frena significativamente, con un derrumbe de las exportaciones brasileñas en 2002 a raíz de la grave crisis argentina. Recién ahora, ambas economías se ubican en un ciclo expansivo, acompañado por un creciente intercambio bilateral.

Finalmente, las asimetrías de políticas se vinculan con las diferentes formas de intervención estatal en la economía, a través de la ejecución de políticas tales como ayudas internas y mecanismos de incentivos. Estos instrumentos se encuentran vinculados al tamaño de las economías y a los recursos económicos e institucionales disponibles en las mismas, lo que define la capacidad de cada país para subsidiar la producción, la inversión y las exportaciones. Así, tales mecanismos se hacen presentes de una forma importante en Brasil, y en mucho menor grado en Argentina. Estas ayudas aplicadas a empresas o sectores intensifican la movilización de los efectos de escala, sobreincentivan la incorporación de tecnología y provocan un efecto de acumulación de *"learning by doing"* que se refleja finalmente en la competitividad.

El tamaño relativo de las economías

Comparando el PBI de Argentina y el de Brasil en dólares, según el tipo de cambio nominal observado, resulta que la economía brasileña sólo fue 1,1 veces mayor que la de Argentina en 1980, pasando la diferencia a 5,1 en 1989, 1,7 en 1992, 4,9 en el 2002 y 4,5 en el 2005, sólo por citar algunos años elegidos de manera discrecional. Pero esta medición presenta muchas fluctuaciones que no responden a la realidad de las economías sino a las variaciones bruscas del tipo de cambio nominal en uno de los dos o ambos países. Por ejemplo, los efectos de las devaluaciones nominales de Argentina en 1989 y 2002 o, en menor medida, la de Brasil en 1999, generan alteraciones importantes en la serie.

Con la finalidad de evitar las distorsiones causadas por la alta volatilidad del tipo de cambio en ambos países, se optó por una comparación de los PBI valuados en dólares, utilizando el tipo de cambio de Paridad de Poder Adquisitivo (U$S PPA). Según esta medición, el nivel de producción de Brasil era 2,5 veces superior al de Argentina en 1989, llegando a la mayor brecha en 1989 (3,4 veces) para luego comenzar una trayectoria descendente en los primeros años del proceso de integración del MERCOSUR. En 1994, la brecha era de 2,7 veces y en 1998 se redujo a 2,6, pero desde entonces se amplió ininterrumpidamente hasta el 2002 cuando llegó a 3,4. Finalmente, en el 2005 esta brecha se habría reducido a poco menos de 3 veces.

En síntesis, durante los 80 la Argentina fue perdiendo relevancia en relación a Brasil, aunque esta situación se revirtió en la primera mitad de los '90, cuando el crecimiento económico argentino fue mayor al brasileño, fundamentalmente debido a los primeros resultados de la integración. Pero, ya en la segunda mitad de la década, los problemas propios de ambas economías (rezago cambiario y acumulación de deuda en Brasil, e inicio de la crisis en Argentina) y la falta de definición institucional en la evolución del MERCOSUR, jugaron un rol negativo para la Argentina, lo cual terminó incrementando las diferencias de dimensión entre ambas economías.

¿Cuántas veces más grande es la economía brasileña que la Argentina? PBI de Brasil en relación al de Argentina

Por décadas	U$S	U$S PPA
Promedio 1980-1989	2,4	2,8
Promedio 1990-1999	2,4	2,8
Promedio 2000-2005	3,5	3,0
Promedio 1980-2005	2,6	2,8
Años seleccionados	**U$S**	**U$S PPA**
1994	2,1	2,7
1998	2,6	2,6
2005	4,5	3,0

Fuente: abeceb.com en base a datos del FMI.

La inversión extranjera directa (IED) entre Argentina y Brasil

Durante la década del '90, el flujo de IED a nivel internacional se volcó hacia los países en desarrollo,[5] con lo que Argentina y Brasil, como países emergentes, fueron grandes beneficiarios. Tomando los niveles de inversión de ambos como región (IED regional) en relación al total mundial, la participación conjunta de Argentina y Brasil pasó del 1,2%, al 3,0% en 1995 y al 3,1% en el 2000.

La etapa más positiva del MERCOSUR, en términos de absorción de IED, se dio hasta 1998, fase en la que en Argentina y Brasil se observaban trayectorias ascendentes de la producción, el consumo y el comercio. A partir de entonces, las sucesivas crisis macroeconómicas y las indefiniciones en el proceso de integración, crearon un ambiente desfavorable para la Argentina. La situación de las inversiones extranjeras directas acompañó la trayectoria de este ciclo. Entre 1990 y 2000, Brasil se llevó el 60% de la IED destinada a la región; pero en el período 2001-2004 este porcentaje se incrementó fuertemente hasta el 91,7%. Solamente en el año 2004 las IED al país vecino eran el 89,6% del total.

[5] En 1980 los países en desarrollo atraían el 15,2% de la IED mundial, en 1990 el 17,7% y para 1995 lograban un 34,5%, a pesar de la crisis de México. Aunque hacia el 2000, la participación se redujo a los niveles de 1990, debe destacarse que, de todos modos, el monto de IED fue un 565,8% mayor a aquel año y un 114,2% al de 1995.

Distribución de la IED entre Argentina y Brasil. En %

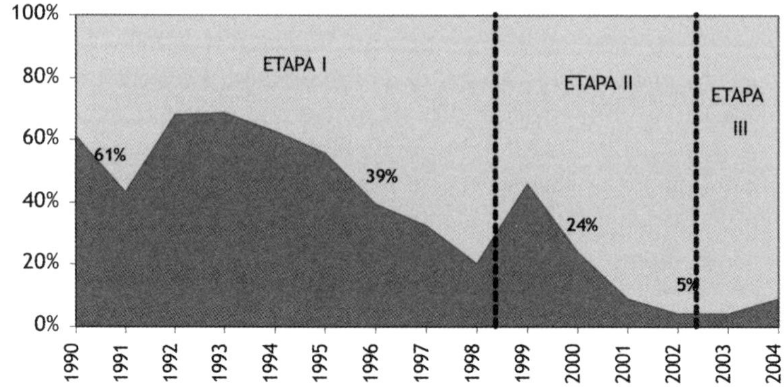

Fuente: abeceb.com en base a Dirección de Cuentas Internacionales y Banco Central de Brasil.

Las tendencias en el intercambio comercial bilateral

Si bien durante los años noventa el saldo comercial bilateral tendió a ser levemente favorable a Argentina o equilibrado, la situación se modificó trascendentalmente en los últimos años, en especial desde el 2003 llegando a niveles récord históricos en el año 2005.

Pero más allá de lo cuantitativo, lo remarcable es el cambio en los patrones de intercambio comercial. En ese sentido, se consolidó una estructura en la que Argentina es superavitaria en Combustibles, Productos Primarios (PP) y Manufacturas de Origen Agropecuario (MOA), mientras que es cada vez más deficitaria en Manufacturas de Origen Industrial (MOI).

Saldo en el intercambio de MOI entre Argentina-Brasil. En U$S millones.

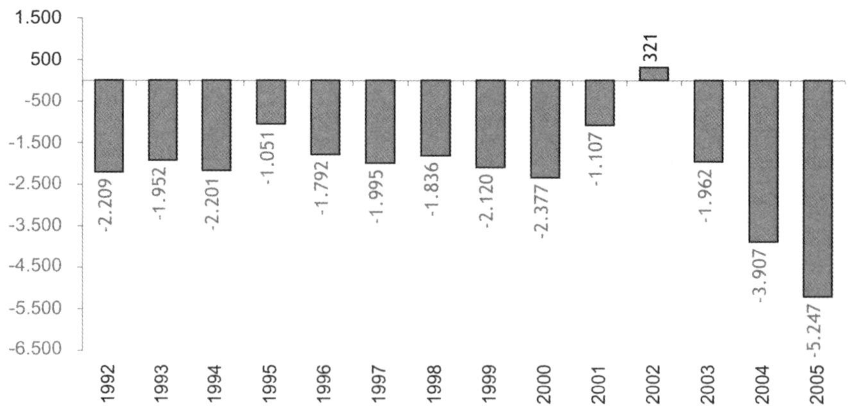

Fuente: abeceb.com, estimación propia en base a INDEC.

Saldo comercial Argentina-Brasil en PP, MOA y combustibles. En U$S millones.

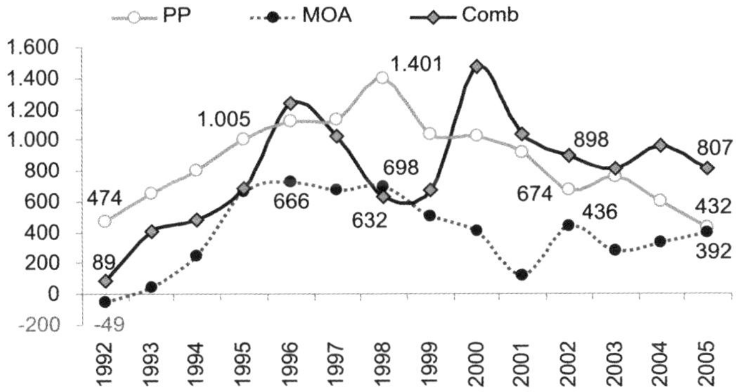

Fuente: abeceb.com, estimación propia en base a INDEC.

La comparación en términos de PyMEs exportadoras

La relación comercial entre Argentina y Brasil también debe estudiarse a partir del comportamiento de las empresas según el tamaño de las mismas. Algunas cuestiones de porqué es importante esto en el comercio bilateral Argentina-Brasil se exponen a continuación, con un análisis para el año 2004.

Brasil dispone de un mercado interno significativamente mayor, aunque con un nivel medio de ingresos inferior al de Argentina y mayores problemas distributivos. De todas maneras, el tamaño de mercado es un elemento importante para definir las decisiones empresarias ya que le aportan mayores posibilidades de escala de producción.

Aspectos metodológicos para homogeneizar la información de las PyMEx entre Argentina y Brasil

Brasil		Argentina		Categoría Homogénea
Categoría	Rango de exportaciones	Categoría	Rango de exportaciones	
Persona Física	-	Micro	Menos de U$S 10 mil	PyMEx
Micro	Hasta U$S 400 mil	Micro-Pequeña	Entre U$S 10 mil y 100 mil	
		Mediano-Chicos	Entre U$S 100 mil y 400 mil	
Pequeña	Hasta U$S 3,5 millones	Mediana	Entre U$S 400 mil y U$S 3 millones	
Mediana	Entre U$S 3,5 millones y U$S 20 millones	Grande	Más de U$S 3 millones	Grandes
Grande	Más de U$S 20 millones			

Fuente: abeceb.com.

Previo al análisis comparativo de la situación de las PyMEx en Argentina y Brasil, fue necesario realizar un trabajo de homogenización de los criterios metodológicos empleados en cuanto a rango de exportaciones para definir el universo PyMEx, ya que dichos criterios tienen de hecho ciertas discrepancias.

El sector PyMEx argentino es significativo en tamaño en relación al brasileño. Esto daría cuenta de la importancia de las PyMEs en el entramado productivo de nuestro país y también de las "debilidades" de competitividad que tiene Argentina en muchos sectores en comparación con Brasil.

Por otra parte, la relación en empresas grandes exportadoras entre ambos países es muy despareja, disponiendo Brasil de 13,6 veces la cantidad de firmas grandes que tiene Argentina. Esto puede explicarse por las cuestiones de escala de producción antes citadas, la atracción de grandes empresas que generó Brasil en los últimos años ayudada también por un constante apoyo público, entre otras.

Cantidad de empresas exportadoras según tamaño. Año 2004.

Categoría	Brasil	Argentina	Relación Brasil/Argentina
PyMEx	11.435	13.359	0,86
Grandes	9.467	693	13,66
Total	20.902	14.052	1,49

Fuente: abeceb.com.

La relación entre grandes empresas en términos de comercio no es tan elevada como lo era en términos de cantidad de empresas. Quizás esto se explique porque las empresas grandes de Argentina tienen mayor propensión a exportar que la de Brasil, las cuales también disponen de un elevado grado de ventas en el mercado interno.

Monto exportado según tamaño de empresas. En millones de U$S. Año 2004

	Brasil	Argentina	Relación Brasil/Argentina
PyMEx	2.785	3.056	0,91
Grandes	93.690	30.395	3,08
Total	96.475	33.451	2,88

Fuente: abeceb.com.

Analizando la relación comercial bilateral entre Argentina y Brasil, según tamaño de empresas puede notarse la incidencia del entramado PyME. Tomando el caso del año 2004, Argentina representa el 7,6% de las exportaciones brasileñas. Si se desagrega por tamaño de empresas, esta participación es levemente superior en las PyMEx.

Exportaciones brasileñas a Argentina según tamaño de empresas, a Argentina. Año 2004. En millones de U$S

	A Argentina	Total	Part. %
PyMEx	221	2.785	7,9%
Grandes	7.152	93.690	7,6%
Total	7.373	96.475	7,6%

Fuente: abeceb.com.

Por su parte, el grado de dependencia de las firmas argentinas del mercado brasileño es mayor a la inversa: casi el 16% de las exportaciones argentinas se dirigen a aquel país. Para las PyMEx argentinas esta participación de Brasil es mayor (19,7%) lo que denota la influencia del mercado regional para las firmas de este tamaño.

Exportaciones argentinas según tamaño de empresas, a Brasil y total. Año 2004. En millones de U$S

	A Brasil	Total	Part. %
PyMEx	601	3.056	19,7%
Grandes	4.731	30.395	15,6%
Total	5.331	33.451	15,9%

Fuente: abeceb.com.

El déficit comercial de Argentina con Brasil se explica por el comportamiento de las grandes empresas. Entre las PyMEx existe saldo favorable para nuestro país.

Saldo comercial bilateral Argentina-Brasil. Año 2004. En millones de U$S

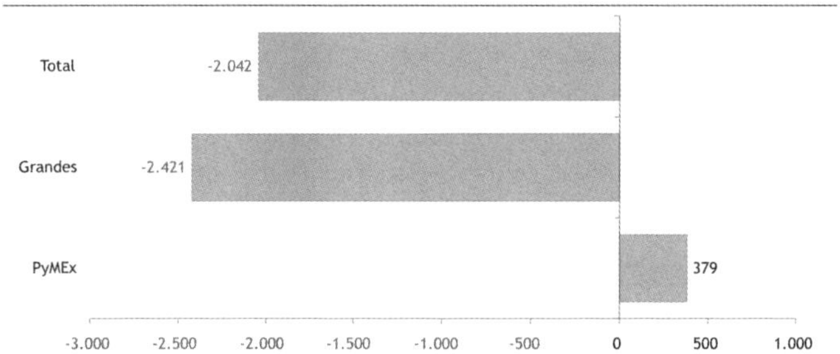

Fuente: abeceb.com.

El tratamiento sectorial

Cuando se discutía sobre las fórmulas instrumentales que tendría el MERCOSUR, en los primeros años de la década del '90, luego de la firma del Tratado de Asunción, estaba claro para los que seguían el tema desde los ámbitos privados y públicos, que existían asimetrías entre las economías de los socios.

Un reflejo claro de esa percepción lo constituyó la adopción de Regímenes de Adecuación, con carácter transitorio y cronogramas preestablecidos. La idea que sustentó ese instrumento es que existían diferencias entre los países respecto de ciertos sectores productivos, que impedirían o tornarían muy dificultosa la sobrevivencia de los más débiles dentro de éstos. Este instrumento constituyó un sustituto a la aplicación de salvaguardias dentro del bloque, las que fueron solicitadas inicialmente por la Argentina y denegadas por Brasil.

Entre los sectores "sensibles" que la Argentina decidió colocar al amparo de este instrumento se contaban los textiles, calzado y línea blanca. En el caso de los dos primeros, también fueron elegidos por el resto de los países del bloque para ponerlos al amparo de la competencia directa. En consecuencia, ya en aquel momento era posible advertir cuales eran los sectores con dificultades de competitividad en la región.

En consecuencia, ya en aquel momento era posible advertir cuales eran los sectores con dificultades de competitividad en la región.

Con el pasar de los años, pudo apreciarse que aquél instrumento no resolvía las situaciones diferenciales de los socios. Se hacía patente que la única forma de resolverlas implicaba la adopción de decisiones a los más altos niveles de Gobierno para discutir a fondo las dos causales principales de aquellas diferencias: las políticas de incentivos y las necesidades de reconversión hacia adentro de algunos de dichos sectores.

La discusión sobre el sector automotriz

La evolución de la vinculación del sector automotriz en Argentina y Brasil en los últimos 10 años se puede dividir en 3 etapas diferenciales.

La primera etapa, que comprende el lapso entre 1994 y 1998, estuvo caracterizada por el crecimiento de ambas economías, fomentado por un aumento del consumo interno y del intercambio comercial. Esta etapa fue muy positiva para la integración, verificándose un importante crecimiento del comercio intrazona y de la afluencia de inversiones externas; sin embargo, ya en este período comienza a revelarse un fortalecimiento de las divergencias iniciales entre los países, que provocarían muchas dificultades a corto plazo, con el fin de la coyuntura externa favorable.

La segunda etapa, que se inicia en 1999 y concluye en 2002, muestra en la Argentina a un sector automotriz que comienza a declinar producto de la recesión económica local y de los cambios en el contexto mundial y regional. Las matrices de las principales empresas automotrices evidencian una mayor racionalidad en las decisiones de inversión en el MERCOSUR, en el cual era notoria la sobrecapacidad instalada para producir vehículos.

Por su parte, empiezan a apreciarse los impactos de las políticas públicas en el sector automotriz aplicadas en especial en Brasil, aumentando las divergencias dentro de la región. A su vez, había incertidumbre sobre el régimen de comercio administrado; en tanto que las necesidades de escala dieron una mayor importancia al tamaño del mercado interno a la hora de decidir donde invertir. Como consecuencia, se detiene el proceso de inversiones iniciado en Argentina a principios de los '90, y Brasil pasa ser el destino generalizado de los capitales extranjeros dirigidos a la industria automotriz que ingresaron a la región. Aproximadamente el 100% de la IED del sector se dirige a este destino en esta etapa.

También se amplían las asimetrías entre los países en cuanto a los aspectos productivos: el nivel de fabricación de Brasil pasa a ser 6,4 veces el de Argentina, mientras que en la etapa anterior había sido de 4,5 veces.

Por último la tercera etapa, entre 2003 y la actualidad, constituye un período de recuperación de la economía argentina, con un impulso preponderante del sector automotriz a partir de los bajos niveles de producción y utilización de la capacidad instalada. De todas maneras, la recuperación de la actividad en Argentina, a pesar de su fortaleza, exhibió claramente las desventajas de competitividad con respecto al sector brasileño, repercutiendo en este caso el agravamiento de las asimetrías como consecuencia de las secuelas de la crisis previa.

Estas diferencias tuvieron su lógico correlato en un intercambio comercial cada vez más desequilibrado entre ambos países.

Intercambio Comercial Argentina-Brasil de Vehículos Automotores, Piezas y Autopartes. En millones de U$S

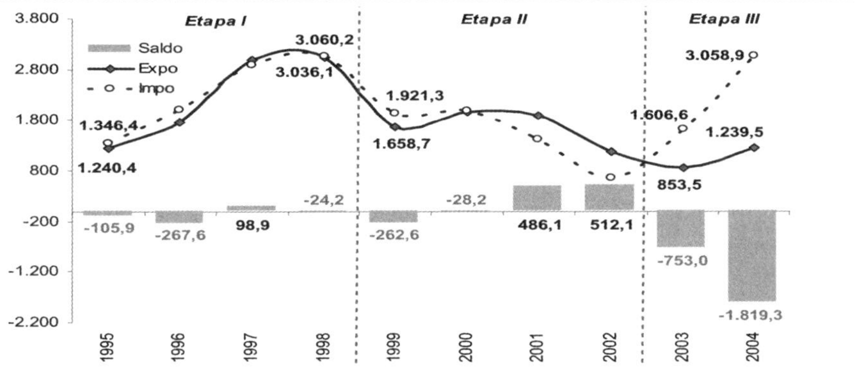

Nota: Se contemplan todas las posiciones de los distintos ítems del Decreto 660/2000 del sector automotriz.

Fuente: abeceb.com en base a INDEC.

Actualmente, el estado de la negociación indica que a pesar de que la actividad automotriz en Argentina logró recuperar parte del terreno perdido y muestra indicadores favorables en la coyuntura, se mantiene aún una amplia diferencia entre los socios mayores del MERCOSUR. De esta manera, el gobierno argentino planteó unilateralmente la falta de condiciones para la liberalización del comercio automotriz con Brasil, que estaba pautada a partir de enero de 2006, a la espera de condiciones mas adecuadas. Las razones de tal decisión se pueden relacionar con los siguientes problemas: asimetrías en el ciclo de inversiones, divergencias productivas y déficit comercial creciente.

En consecuencia, los negociadores de ambos países acordaron prorrogar el régimen actual de comercio administrado, mientras se rediscute el régimen a lo largo del año 2006, buscando ganar tiempo para llegar a un nuevo acuerdo estructural que rija el comercio entre ambas naciones en el mediano plazo.

La evolución de los sectores bajo monitoreo comercial y las implicancias del MAC

Durante el 2003, Argentina y Brasil vivieron una de las coyunturas más complejas la relación bilateral, lo que condujo a la conformación de la Comisión de Monitoreo del Comercio entre Argentina y Brasil en el mes de octubre del mismo año, en Buenos Aires. El objetivo era promover el entendimiento entre los privados de ambos países en sectores puntuales, lo que debía decantar en restricciones voluntarias a las exportaciones y/o acuerdos de precios de exportación de las ventas brasileñas a la Argentina o viceversa.

Los primeros productos que fueron incorporados en la Comisión pertenecían al sector textil y a la denominada línea blanca, y posteriormente fueron agregándose productos puntuales pertenecientes a diversos rubros; tales como calzado, cilindros de GNC, aire acondicionado, baterías, etc. También Brasil comenzó a hacer uso este instrumento, incorporando a las negociaciones productos sensibles tales como lácteos, vino, cebolla, etc.

El monitoreo del comercio es una herramienta que se ajusta bien a situaciones donde existen grandes jugadores de ambos lados, por lo que tales restricciones no son otra cosa que una distribución de los mercados, o acuerdos de precios relativamente fáciles de cumplir; aunque debe observarse que justamente en mercados con esas características no se han dado, al menos en esta coyuntura, conflictos que fuera necesario llevar a la mesa de la Comisión.

Respecto de las razones que llevaron a la creación de esta Comisión, se argumenta desde el lado argentino la existencia de fuertes incentivos (tales como crédito subsidiado) del Gobierno brasileño para impulsar la producción y atraer las inversiones, además de las notorias diferencias de escala y capacidad financiera en casos como el ya comentado de la línea blanca. Otro factor destacable es la mayor dependencia que tienen los sectores productivos argentinos de los insumos importados para producir (sobre todo en algunos sectores de línea blanca), a diferencia de Brasil.

Del lado brasileño se ha apuntado a la insuficiente capacidad instalada de las empresas argentinas (luego de algunos años de caída de la inversión), observándose la falta de actualización tecnológica en algunos casos.

Aún así, las negociaciones al amparo de la Comisión de Monitoreo Comercial fueron avanzando, y los resultados auspiciosos que se produjeron en 2004 alentaron la incorporación de nuevos productos.

La situación actual marca que, considerando la totalidad de los casos en los cuales hay acuerdo o bien existen demandas de los productores locales por controlar las importaciones desde Brasil, el volumen de las exportaciones brasileñas a la Argentina afectadas por negociaciones al amparo de la Comisión de Monitoreo es un 8,7% del total[6]. De esta manera, se puede concluir que la incidencia de este régimen es relativamente acotado, más aún considerando que el Gobierno argentino ha buscado frenar nuevos pedidos de incorporación.

Si se tuviera que contar en breve el resultado del accionar de la Comisión de Monitoreo Comercial Argentina-Brasil, podría afirmarse que: (i) Los acuerdos alcanzados entre privados fueron relativamente cumplidos y tuvieron cierta efectividad para regular las importaciones, principalmente desde Brasil hacia la Argentina. De todas maneras, no da solución a las dificultades estructurales de cada producto en Argentina; (ii) En muchos casos, si bien se atenuó o frenó el crecimiento de las compras a Brasil, se originó cierto desvío de comercio hacia

la importación de productos provenientes de otros países que reemplazaron parcialmente a los brasileños.

El mecanismo de adaptación competitiva (MAC)

Finalmente, y luego de casi un año y medio de negociaciones, la Argentina y Brasil acordaron la aplicación de un mecanismo formal, que implica una suerte de regulación al comercio bilateral a nivel de sectores.

Este instrumento tiene en principio los mismos objetivos que la Comisión de Monitoreo del Comercio: en primera instancia busca inducir a los sectores privados de ambos países a acordar una resolución amigable, de manera que no sea necesario recurrir a la aplicación del MAC. De no tener éxito en esta etapa, y si a través de un proceso de investigación se demuestra que el sector afectado sufre un daño importante, el Gobierno reclamante puede aplicar el MAC, pero está obligado a aplicar como máximo en un período de 90 días un Programa de

[6] Se refiere a los productos considerados sensibles, que estuvieron expuestos al análisis de la Comisión de Monitoreo Comercial Argentina-Brasil, ya sea que hayan logrado algún acuerdo o no.

Adaptación Competitiva (PAC) a fin de reconvertir al sector de la industria dañado, lo que implicaría un esfuerzo fiscal y organizativo de importancia.

Básicamente, el elemento relevante aportado por el MAC consiste en institucionalizar un mecanismo de regulación del comercio, que hasta el momento existe pero se encuentra sustentado únicamente en la voluntad de las partes para alcanzar solucionadas a los problemas.

Estado actual y perspectivas de la integración

Para hacer un repaso del estado actual del MERCOSUR y sus perspectivas, pueden traerse a colación diversos elementos de análisis. Por un lado, es útil hacer una lectura de la percepción de cada socio en relación a su situación particular en el bloque. Por otra parte, debe tenerse en cuenta un balance con una mirada integral que contemple las motivaciones del pasado, las principales cuestiones aún pendientes y los logros del presente y, a partir de ello, dar lugar a comentarios sobre los temas clave para el futuro del bloque.

Las percepciones sobre el proceso de integración

Si bien pueden observarse distintas posturas individuales que darían cuenta de intereses divergentes en el bloque regional y de diferentes lecturas sobre los beneficios obtenidos de la integración, esto no impide que se mantenga la fortaleza del proceso en su conjunto. A continuación se detallan algunos pormenores implícitos que formarían parte de las posturas actuales de cada socio en el MERCOSUR.

Argentina

El efecto combinado de las asimetrías industriales, tanto como consecuencia de la escala como de los incentivos brasileños a la inversión, producción y exportación, y el gran impacto negativo de la crisis, ha provocado una sensación de incomodidad del país con el estado actual del MERCOSUR.

La Argentina mantiene firmes sus aspiraciones de consolidar su industrialización y entiende que, en las actuales circunstancias, con una desventaja tan marcada con respecto a Brasil, el objetivo es difícil de lograr.

Los crecientes déficit comerciales en la relación bilateral son apenas un reflejo natural de las asimetrías actuales, más aún teniendo en cuenta que el comercio entre ambos países, por razones de falta de complementariedad de las economías, se centra principalmente en bienes de origen industrial.

Por lo tanto, los reclamos a Brasil, inicialmente desde el ámbito privado, se han generalizado, y apuntan a lograr un equilibrio industrial que respete lo estipulado por el Tratado de Asunción. Sin embargo, el problema más importante es que la voluntad argentina y el cumplimiento de las normativas del bloque por parte de Brasil, no perecen ser suficientes para que aquel país consolide su posición industrial. En el estado actual del bloque, se requiere de la iniciativa brasileña para permitir la recuperación de las capacidades productivas de Argentina.

Brasil

El MERCOSUR parece tener poco que ofrecer a Brasil en las condiciones actuales, sobretodo en términos de desarrollo económico y comercial. La estrategia de relacionamiento futuro del país es hoy más amplia y aspira a concretar acuerdos de libre comercio con la mayor cantidad posible de países en corto tiempo, de manera de lograr un buen posicionamiento internacional ante el avance de los países que constituyen su principal competencia (China, India, Rusia, etc.).

En este marco, el papel del MERCOSUR se relaciona con las aspiraciones de Brasil de convertirse en un país gravitante a nivel internacional, mostrándose como el líder en Sudamérica. En este sentido, es esclarecedora la iniciativa brasileña en la conformación de la Comunidad Sudamericana de Naciones, haciendo notar que sus aspiraciones están más allá del bloque.

Sin embargo, en Brasil se reconoce la necesidad de mantener una alianza con la Argentina, ya que esta relación tiene un valor agregado estratégico además de económico; y por esa razón, es dable esperar que preste mucha atención al bloque en el futuro inmediato.

Uruguay

Debido a su característica de país pequeño en términos relativos que no dispone de una industria importante por defender, Uruguay tiene una postura agresiva en el proceso de integración regional. Lo importante para un país de sus características es lograr abrir las puertas de los mercados externos para colocar su producción especializada, principalmente de índole agropecuaria.

En consecuencia, los escasos resultados conseguidos por el MERCOSUR en materia de integración con el resto del mundo son indudablemente un factor que causa incomodidad, e induce al país a plantearse otras alternativas de crecimiento, como de hecho ha sucedido.

Por ello Uruguay solicita ante todo la consolidación de la Unión Aduanera, además de normas internas que sean capaces de armonizar la captación de inversiones y compensen las diferencias de tamaño entre las economías que ha causado transferencia de los flujos de inversión hacia los país más grandes.

Recientemente, hubo reclamos respecto de la aplicación del MAC a la relación bilateral entre Argentina y Brasil, por entender que este tipo de mecanismos nada tienen que hacer en un bloque donde los bienes, servicios y personas deberían circular sin restricciones. Además, este instrumento no resuelve los problemas de fondo, que sólo podrían ser atacados adecuadamente a través de la efectiva instauración de la Unión Aduanera.

Paraguay

Este es el país más relegado del bloque; su estructura productiva se asemeja en gran parte a una economía agropecuaria con un reducido desarrollo industrial. En un principio, se mantenía la expectativa de que la integración regional iba a acelerar en el país la captación de inversiones y el desarrollo de los escasos sectores industriales preexistentes.

Bien pronto se vio que los resultados estaban muy lejos de tales pretensiones, y no sólo que la economía paraguaya no se diversificó y creció durante los años del MERCOSUR, sino que tendió a concentrarse en escasos sectores que encontraban mercado fundamentalmente en los países de la región.

De todas formas, lo más preocupante para Paraguay es que los años de integración no produjeron un desarrollo socioeconómico de la población, y la mitigación de los elevados índices de pobreza e informalidad en su economía.

Como consecuencia, este descontento derivó poco tiempo atrás en un acercamiento con los Estados Unidos, en medio de un eventual proyecto de integración económica con la primera economía mundial. Finalmente, tal amenaza no se materializó y Paraguay reafirmó su pertenencia al MERCOSUR. Sin embargo, el bloque tiene cada vez más requerimientos para que los beneficios generados por la integración, ya sean mucho o poco, lleguen de alguna manera a las economías de menor tamaño.

Un balance sintético del MERCOSUR

Comprender desde el pasado

Aunque sea un lugar común, no está de más repetirlo: es menester partir del pasado para contar con mayores herramientas para comprender el presente. Aquí debe retrotraerse a la previa del bloque. Argentina y Brasil presentaban coincidencias – a mediados de la década del 80- en cuanto a necesidades derivadas de su presente institucional y de su inserción internacional; pero también mostraban diferencias y asimetrías que el tiempo acrecentaría.

Con respecto a lo primero, ambos habían atravesado períodos de dictaduras militares y éstas habían exacerbado antiguos problemas de desconfianza entre los dos países. Al recuperarse el ciclo democrático en los dos países, había crecido la conciencia de la necesidad de modificar ese clima. Por otra parte, ambas naciones se enfrentaban a un acelerado proceso de concentración de la economía internacional, tanto desde el punto de vista de la producción y comercialización como desde la organización política de los Estados (conformación de bloques integrados). Se extendía, en los dos países, la preocupación de "quedarse afuera del proceso".

En cuanto a las diferencias, se manifestaban tendencias dispares en las estructuras productivas de cada país. Mientras que en Argentina el proceso de desindustrialización y abandono de políticas industriales activas llevaba había comenzado en 1976, Brasil había aprovechado esa misma década para reforzar el proyecto industrialista. Esta asimetría continuó profundizando posteriormente.

Puede decirse, entonces, que ambos países tenían necesidades confluentes que justificaban un proceso de integración económica, pero partiendo de situaciones de integración y desarrollo internos de sus estructuras productivas muy disímiles, en favor de Brasil.

Por otro lado, en relación a la metodología de integración hubo cambios importantes. Con la posterior incorporación de Uruguay y Paraguay, Argentina no pudo o no supo aprovechar, a través de sistemas de alianzas estratégicas, la presencia de esos dos países en favor de un mayor poder de negociación conjunto frente a Brasil. Por otro lado, los pasos iniciales de las negociaciones se llevaron acabo con un criterio sectorial ; acuerdos bilaterales en sectores previamente identificados; técnica que luego fue reemplazada por el avance en bloque.

La metodologia original posibilidaba un trabajo fino de detección de asimietrías y discusión – caso por caso – de las posibles soluciones lo que podría haber facilitado mecanismos de complementación industrial e integración de cadenas productivas. La metodologia posterior generó un ocultamiento de las asimetrías detrás del gran objetivo macro de la Unión Aduanera. El resultado es conocido por todos; ese gran objetivo no pudo llevarse a cabo a pesar de la década transcurrida, almismo tiempo que las asimetrías entre Argentina y Brasil se profundizaban.

El presente

Los temas pendientes

Si tomamos una foto del MERCOSUR actual, y focalizamos la atención sobre los instrumentos de los que se carece o sobre aquellas cosas que no funcionan adecuadamente, podríamos resaltar varios aspectos. Algunos de ellos se exponen seguidamente.

Desde la institucionalidad:

- Ausencia de un mecanismo que asegure el cumplimiento de las normas dictadas (aproximadamente un 35% no están vigentes por falta de incorporación a los sistemas jurídicos nacionales);
- Mecanismos institucionales decisorios basados en el consenso, que se transforma en poder de veto y consecuentemente en parálisis.

Desde las políticas y los instrumentos:

- AEC imperfecto, con múltiples perforaciones: Regímenes especiales de importación diferenciales según el Estado Parte; Listas nacionales de exclusión, entre otros;

- Multiplicidad de cobro del AEC/Restricciones a la libre circulación de bienes;
- Políticas e instrumentos comerciales comunes incompletos (Falta armonizar regímenes tan sustanciales como la Admisión temporaria y el *"Draw-back"*; se carece de una legislación aduanera completa armonizada, etc.);
- Ausencia de Políticas e instrumentos de defensa comercial comunes (Régimen de salvaguardias frente a terceros; Instrumentos *"antidumping"*/subvenciones frente a terceros);
- Aplicación de mecanismos *"antidumping"* intrazona;
- Reiteración de conflictos comerciales sectoriales;

Desde las negociaciones comerciales con terceros:

- Multiplicidad de frentes de negociación externos, originado en:
    1. El ya citado temor de "quedar afuera" del proceso global;
    2. La convicción estratégica que el frente externo podía ser un instrumento indirecto para "forzar" la consolidación del MERCOSUR hacia adentro;
    3. Las necesidades estratégicas de liderazgo de Brasil

  Como toda fotografía, la realidad que muestra es incompleta. Por ello, es menester mostrar los logros que se alcanzaron en estos años, y algunas tareas que están en pleno desarrollo y que no aparecen en esa "foto".

Los principales logros

Entre los logros, sin dudas, pueden destacarse varios ítems significativos. De todas maneras aquí se plantean dos hechos considerados de relevancia por su peso propio y por impulso que le dan al proceso: el sistema de solución de controversias y la eliminación del doble cobro del AEC.

El Sistema de solución de controversias

Todo esquema de integración requiere de un sistema operativamente eficaz y dispositivamente confiable de solución de controversias; la razón de ello es que resulta imposible la existencia de un proceso de estas características sin conflictos y es menester encauzar y dar solución a los mismos.

El Tratado de Asunción previó (artículo 3 y Anexo III) un mecanismo de solución de controversias que, posteriormente fue impuesto mediante el Protocolo de Brasilia en 1991. En dicho Protocolo se estableció un procedimiento arbitral por el cual la presentación que efectuara un Estado debía ser comunicada al otro Estado a través de la Secretaría Administrativa y elevada a un Tribunal.

Ya en el año 2000, con 5 años de experiencia en la marcha del bloque, se habían advertido las principales limitaciones del Protocolo de Brasilia. Por un lado, los laudos arbitrales emitidos fueron desparejos en cuanto a su calidad jurídica. Por otro lado, se dio el caso de Tribunales que emitieron opiniones contrarias sobre un mismo tema en sucesivos laudos.

Es por ello que el Consejo instruyó para la elaboración de una nueva norma, superadora del Protocolo de Brasilia. Ello se cristalizó en el "Protocolo de Olivos para la Solución de Controversias en el Mercosur", suscripto en el año 2002 y con vigencia desde 2004. Argentina tuvo un papel destacado en las negociaciones, impulsando tres innovaciones que fueron incorporadas a dicho texto. Las mismas se detallan a continuación.

- Cláusula de "opción de foro" y correspondiente exclusión, para evitar que una misma controversia pueda ser sustanciada en dos ámbitos (por ejemplo MERCOSUR y OMC).

- Creación del Tribunal Permanente de Revisión.

- Fortalecimiento de las reglas a aplicar en el período "`post laudo". Se consagraron principios básicos tales como la proporcionalidad o equivalencia que debe existir entre la medida compensatoria adoptada y el perjuicio ocasionado por el incumplimiento del laudo, o la obligación de intentar que la suspensión de concesiones se efectúe de ser posible en el mismo sector o sectores afectados en la controversia, entre otros.

De este modo, las difíciles negociaciones llevadas a cabo produjeron un salto cualitativo en las reglas y procedimientos del bloque, de clara trascendencia para la consolidación del mismo.

La eliminación del doble cobro del AEC

La Decisión CMC Nº 54/04 establece dos grandes temas. Por un lado, delinea un programa para eliminar la multiplicidad del cobro del AEC, cuyo núcleo central debe entrar en vigencia luego de 2008; por otro lado, impulsa la obligatoriedad de resolver como condición previa a la eliminación de la multiplicidad del cobro del AEC el Código aduanero del MERCOSUR, la interconexión en línea de los sistemas informáticos aduaneros y la distribución de la renta aduanera.

La Decisión 54 tiene una trascendencia muy superior a lo que podría deducirse a simple vista del concepto de la eliminación del doble cobro del AEC. En el horizonte asoman el territorio aduanero común y el mercado interior único, la eliminación de las perforaciones al AEC y política de defensa comercial común. Incluye, en fin, un nivel de compromiso muy superior al actual. Indudablemente, esto constituye un hito que debe destacarse, dado su relevancia estratégica y sus implicancias de mediano plazo.

La Decisión se dictó con el fin de eliminar la duplicidad (o eventualmente multiplicidad) en la cobranza del AEC en la circulación intra MERCOSUR de productos importados desde un tercer país, luego de ser nacionalizados en el Estado Parte importador desde extrazona; ya sea que esos productos no sufran transformación, o que sean utilizados como insumos para producir un nuevo producto.

La Decisión condiciona la entrada en vigencia plena de la eliminación de la duplicidad señalada (en una fecha no determinada pero fijada para no antes de 2008), a la previa aprobación e implementación del Código Aduanero del Mercosur, la interconexión informática de los sistemas de gestión aduanera de los Estados Partes y un mecanismo para la distribución de la renta aduanera.

No puede dejar de señalarse que las acciones desarrolladas desde 2004, que se han plasmado hasta aquí en las Decisiones del Consejo Nº 54/04 y posteriormente 37/05 han generado un estado de fuerte movilización y participación de estamentos de decisión política y de áreas estatales y privadas involucradas por estas normas y los objetivos perseguidos. Ello preanuncia batallas más duras seguramente, en la medida que a partir de este momento se pone en marcha una segunda etapa mucho más comprometida que la implementada por la Declaración CMC Nº 37/05. Pero nadie podrá rehuirla, porque todos aceptaron "jugar este juego".

Las perspectivas del MERCOSUR

Al repasar las distintas etapas del proceso de integración, lo que resalta con mayor nitidez es el elevado grado de volatilidad que ha caracterizado tanto internamente como externamente a los países. Esto ha obligado a mantener cierto grado de flexibilidad en la integración para otorgar margen a la ejecución de políticas individuales que resultaban imprescindibles en el marco de inestabilidad comentado.

Por otra parte, al bloque le fue sistemáticamente difícil la toma de decisiones trascendentales en busca de una integración más sólida, sobre todo cuando existían de por medio elevados costos de implementación. La agenda interna siempre se impuso a la colectiva y este hecho ocasionó una excesiva dependencia del factor político como motor de la integración. Una de las estrategias adoptada fue la de utilizar la recargada agenda externa como mecanismo automático de disciplinamiento, pero este camino tampoco rindió los frutos esperados.

Asimismo, debe hacerse perceptible la distribución equitativa de los beneficios de la integración, por más que estos no sean lo cuantiosos que se esperaba en un inicio. De lo contrario se reforzarán las fuerzas centrífugas que agregan otro elemento de complejidad a la integración.

Recientemente, los intentos de resolver las discrepancias y las crecientes asimetrías entre los principales socios del bloque, condujo a un cierto retorno al bilateralismo, que caracterizó al período previo del MERCOSUR, y que implica la exclusión de los intereses de los socios menores: la Comisión de Monitoreo, la puesta en marcha del Mecanismo de Adaptación Competitiva (MAC) y la búsqueda de un nuevo acuerdo automotriz. Este hecho está causando un hondo malestar en los gobiernos de Uruguay y Paraguay, quienes han manifestado su disconformidad incontables veces, y han llegado a considerar otras alternativas de integración mundial que excluyan del foco central al MERCOSUR.

Actualmente, la agenda institucional del MERCOSUR se encuentra representada por el programa 2004-2006, en el que destacan como temas relevantes sobre los cuales avanzar la eliminación definitiva de la multiplicidad en el cobro del AEC, la no aplicabilidad interna de las medidas "antidumping" y compensatorias, la implementación de instrumentos de defensa frente a prácticas comerciales desleales de parte de terceros, la eliminación de las perforaciones al AEC, la adopción de una legislación aduanera común y la armonización de los incentivos a la inversión, la producción y la exportación.

Los dos temas de mayor envergadura para el futuro del bloque son los relativos a la libre circulación de bienes y la eliminación de la multiplicidad de cobro del AEC, ambos incluidos en la Decisión CMC Nº 54/04. Esta constituye un verdadero camino crítico para la conformación definitiva de la Unión Aduanera y, por lo tanto, para la consolidación del bloque. Si se advierten avances en el tratamiento de esta decisión, será una señal de que las decisiones políticas habrán llegado en el sentido de consolidar al MERCOSUR, rompiendo con las inercias actuales. Por el contrario, las demoras en obtener resultados será una muestra de las dificultades para avanzar en el diseño previsto en el Tratado de Asunción.

En lo que se refiere a la cuestión de la integración productiva, surge como necesario diseñar una estrategia de complementación en la región, favoreciendo la integración de procesos productivos y de constitución de cadenas de valor regionales. No puede faltar en este contexto la participación colaborativa de los gobiernos favoreciendo e impulsando el proceso con políticas activas.

Con miras a futuro, las dificultades en cada sector podrían resolverse rescatando el espíritu del PICE, tal como fuera impulsado por los gobiernos de Alfonsín y Sarney, avanzando desde lo micro a lo macro. Paralelamente, se debe continuar con la implementación de una integración productiva generalizada a nivel de la industria, con el fortalecimiento de políticas que asistan la competitividad, y haciendo hincapié en las negociaciones, con la finalidad de abrir las puertas de nuevos mercados a la producción regional.

En síntesis, los aspectos positivos y negativos resaltados en este documento son parte de una misma realidad. Es cierto que el MERCOSUR sufre de anemias y exclusiones, pero también lo es que cada avance que se produce representa un mayor capital para la integración y un nuevo elemento de aprendizaje en la tarea de conformar un espacio económico mutuamente beneficioso.

De todas maneras, es innegable que actualmente el estado actual del bloque genera incertidumbre sobre sus perspectivas a futuro y, por lo tanto, deben ser valorados los avances logrados y el consenso aún latente sobre la profundización de la integración. Los desafíos son grandes, tanto en la agenda interna como externa, dado que sólo con un bloque consolidado podrá hacerse frente a los mayores requerimientos de las negociaciones internacionales. Asimismo, debe sostenerse con firmeza la búsqueda permanente de una distribución equitativa de los beneficios entre todos los socios como sostén central del proceso integrador.

***Dante Sica**, Director de abeceb.com y ex Secretario de Industria, Comercio y Minería de la República Argentina.* *Se agradece el valioso aporte para la conformación de este documento realizado por los Lic. Maximiliano Scarlan y Mauricio Claverí.*

Supranacionalidade ou Efetividade? A dimensão Jurídico Institucional do MERCOSUL

José Antônio Marcondes de Carvalho
Daniela Benjamin

Supranacionalidade ou Efetividade? A dimensão Jurídico Institucional do MERCOSUL

Supranacionalidade ou efetividade? A dimensão jurídico-institucional do MERCOSUL

Desde a assinatura do Tratado de Assunção, em 26 de marco de 1991, os aspectos jurídicos-institucionais inerentes à criação e à consolidação do MERCOSUL têm sido alvo de crescente interesse por parte dos diferentes atores envolvidos no processo de integração iniciado por Argentina, Brasil, Paraguai e Uruguai.

Já na etapa inicial de constituição do MERCOSUL, em que se negociaram os primeiros instrumentos normativos regulando o funcionamento transitório do Bloco - como a Decisão CMC Nº 04/91 (que aprova o Regimento do Grupo Mercado Comum, definido no Tratado de Assunção como o órgão executivo do Mercado Comum para o período de transição, e estabelece diretrizes para o funcionamento dos demais órgãos do MERCOSUL subordinados ao Conselho) e o Protocolo de Brasília para a Solução de Controvérsias do MERCOSUL, adotado em 17 de dezembro de 1991 – ficou evidente a preocupação com o que viria a ser identificado posteriormente como o "déficit institucional do MERCOSUL". Avaliada, em geral, à luz da experiência européia, que então se consolidava no meio acadêmico como modelo por excelência de processo de integração bem sucedido, a estrutura jurídico-institucional consagrada no Tratado de Assunção, carac-

[*] O presente texto foi elaborado pelos autores para o Seminário MERCOSUL 15 Anos – Avaliação e Perspectivas, realizado em março de 2006. As opiniões contidas no trabalho são de exclusiva responsabilidade dos autores, não coincidindo necessariamente com as posições do Ministério das Relações Exteriores.

[1] De acordo com o artigo 9º do Tratado de Assunção, a administração do Tratado e dos acordos específicos e das decisões que fossem adotadas no quadro jurídico que o mesmo estabeleceu estaria a cargo, durante o período de transição, de dois órgãos: o Conselho do Mercado Comum (órgão superior, responsável pela condução política do MERCOSUL e pela tomada de decisões necessárias para assegurar o cumprimento dos objetivos e prazos estabelecidos para a constituição

terizada pela ausência de órgãos autônomos com capacidade decisória, por um sistema de decisão baseado no consenso dos Estados Partes[1] e pelo recurso à arbitragem *ad hoc* para solução de controvérsias, foi considerada por muitos como inadequada à instrumentalização dos objetivos do bloco.

O Protocolo de Ouro Preto sobre a estrutura institucional do MERCOSUL, assinado em 1994, que estabeleceu os atuais contornos jurídicos-institucionais do Bloco, foi igualmente objeto de várias criticas. Tida como excessivamente "inter-governamental" — na medida em que manteve, em linhas gerais, o modelo do Tratado de Assunção[2] — a estrutura jurídica institucional consagrada no Protocolo tem sido apontada como um dos principais obstáculos ao aprofundamento do MERCOSUL.

Embora muitas dessas críticas devam ser relativizadas, na medida em que, via de regra, não parecem ter presente o contexto em que surgiu o MERCOSUL ou a especificidade do processo em relação a outras experiências de integração, a verdade é que as preocupações emanadas do mundo acadêmico não são alheias às discussões intra-Bloco. Os quatro países sempre tiveram presente a importância de assegurar que o arcabouço jurídico institucional do MERCOSUL fosse compatível com a evolução do processo de integração. O gradualismo que pautou o processo de integração consagrado no Tratado de Assunção reflete-se igualmente no modelo jurídico-institucional adotado, que deveria adensar-se na medida em que os compromissos assumidos no âmbito do MERCOSUL fossem sendo paulatinamente aprofundados.

Houve, em realidade, uma clara opção por uma "construção evolutiva", evitando a adoção de fórmulas institucionais prontas, definidas com base em um

definitiva do Mercado Comum) e o Grupo Mercado Comum (órgão executivo do Mercado Comum, incumbido de tomar as providências necessárias para o cumprimento das decisões adotadas pelo Conselho e de propor medidas concretas para a consecução dos objetivos do Tratado). Ainda nos termos do Tratado, ambos os órgãos seriam integrados por representantes governamentais dos Ministérios das Relações Exteriores e do Ministério da Economia ou equivalentes. Nos termos do artigo 16 do Tratado, as decisões do Conselho do Mercado Comum e do Grupo Mercado Comum seriam tomadas por consenso e com a presença de todos os Estados Partes.

[2] De acordo com o artigo 1º do Protocolo de Ouro Preto, a estrutura institucional do MERCOSUL conta, além do Conselho do Mercado Comum e do Grupo Mercado Comum — estabelecidos no Tratado de Assunção — com os seguintes órgãos: a Comissão de Comércio (órgão encarregado de assistir o Grupo Mercado Comum e velar pela aplicação dos instrumentos de política comercial comum), a Comissão Parlamentar Conjunta (órgão representativo dos Parlamentos dos Estados Partes); o Foro Consultivo Econômico e Social (órgão de representação dos setores econômicos e sociais de cada país) e a Secretaria Administrativa do MERCOSUL (órgão de apoio operacional). A capacidade decisória do MERCOSUL é exercida pelo Conselho, pelo Grupo Mercado Comum e pela Comissão de Comércio, que adotam por consenso as suas respectivas decisões, resoluções ou diretrizes (Artigo 37). O Protocolo prevê, igualmente, que as normas emanadas dos órgãos do MERCOSUL terão caráter obrigatório e deverão, quando necessário, ser incorporadas aos ordenamentos jurídicos nacionais dos Estados Partes, mediante os procedimentos previstos pela legislação de cada país, os quais têm a obrigação de adotar todas as medidas necessárias para assegurar, em seus respectivos territórios, o cumprimento das normas emanadas dos órgãos do MERCOSUL (Artigos 38 e 42 do Protocolo de Ouro Preto). Em matéria de solução de controvérsia, optou-se por manter em vigência o Protocolo de Brasília, introduzindo apenas um procedimento específico de reclamações perante a Comissão de Comércio (Anexo I do Protocolo de Ouro Preto). Uma vez culminado o procedimento de reclamação sem que o problema tenha sido equacionado, os Estados Partes podem recorrer diretamente ao procedimento arbitral previsto no Protocolo de Brasília (e, agora, no Protocolo de Olivos).

modelo teórico ou empírico. Opção essa que se encontra claramente consagrada nos instrumentos básicos do MERCOSUL. O artigo 18 do Tratado de Assunção, por exemplo, já previa que, antes que culminasse o processo de convergência à Tarifa Externa Comum, os Estados Partes deveriam determinar a estrutura institucional definitiva do Bloco, as atribuições específicas de cada um deles e seu sistema de tomada de decisões. Na mesma linha, o artigo 34 do Protocolo de Brasília estabelece que o sistema de solução de controvérsias deveria ser revisto, à luz da evolução do processo de integração, com vistas à adoção do sistema definitivo (compromisso reiterado no artigo 44 do Protocolo de Ouro Preto). O próprio Protocolo de Ouro Preto reconhece, em seus *considerandа*, a importância de os Estados Partes manterem-se "atentos para a dinâmica implícita em todo processo de integração e para a conseqüente necessidade de adaptar a estrutura institucional do MERCOSUL às mudanças ocorridas" e explicita, no seu artigo 47, que os Estados Partes podem, quando julgarem conveniente, convocar uma conferência diplomática com o objetivo de revisar a estrutura institucional do MERCOSUL.

Nesse contexto, antes mesmo da entrada em vigor do Protocolo de Ouro Preto, na definição do programa de ação do MERCOSUL até o ano 2000 (aprovado pela Decisão CMC Nº 9/95), os Estados Partes decidiram promover uma "reflexão sobre as necessidades institucionais do MERCOSUL, decorrentes da evolução da União Aduaneira e da consolidação do Mercado Comum". O exercício deveria incluir a revisão do sistema de solução de controvérsias do MERCOSUL e uma avaliação sobre o funcionamento dos órgãos criados pelo Protocolo de Ouro Preto — em especial a Comissão de Comércio, a Comissão Parlamentar Conjunta, o Foro Consultivo Econômico Social e a Secretaria do MERCOSUL — com o intuito de promover os ajustes necessários em função do aprofundamento do processo de integração.

O tema voltaria a ser retomado, igualmente, por ocasião da Agenda do Relançamento do MERCOSUL adotada em 2000, a qual incluiu, dentre os vários temas que deveriam ser trabalhados com vistas à consolidação do Mercado Comum, (i) revisão do sistema de solução de controvérsias do MERCOSUL (que resultou posteriormente na aprovação do Protocolo de Olivos); (ii) o aperfeiçoamento do mecanismo de incorporação de normas; (iii) a reestruturação e a revisão do funcionamento dos órgãos subordinados ao Conselho (aprovada pela Decisão CMC Nº 59/00) e (iv) a adequação da Secretaria do MERCOSUL (que culminou, em 2002 na aprovação da Decisão CMC Nº 30/02). O tema institucional também foi incluído no Programa de Trabalho 2003-2006, aprovado pela Decisão CMC Nº 26/03, pela qual os Estados Partes comprometeram-se a iniciar discussões com vistas à criação de um Parlamento do MERCOSUL, a concluir a regulamentação do Protocolo de Olivos para a Solução de Controvérsias e a fortalecer a participação dos setores econômicos e sociais no processo de integração do MERCOSUL, entre outras coisas.

A verdade é que, ainda hoje, mais de dez anos após a entrada em vigência do Protocolo de Ouro Preto, o aperfeiçoamento institucional do MERCOSUL e o reforço de sua dimensão jurídica continuam ocupando papel de destaque na agenda do Bloco. Refletindo a importância do tema, na última reunião do Conselho do Mercado Comum, realizada em Montevidéu em dezembro de 2005, decidiu-se criar um Grupo Ad Hoc de Alto Nível para discutir uma proposta integral de reforma institucional para o MERCOSUL.

De acordo com os termos da Decisão CMC Nº 21/05, o desenvolvimento do processo de integração requer uma revisão e uma atualização institucional a fim de consolidar os alcances obtidos e adaptar o MERCOSUL às novas exigências desse processo, tendo presente, entre outros aspectos, o contexto de ampliação do Bloco, à luz da decisão sobre a adesão da Venezuela ao MERCOSUL.

Antes, contudo, de avançar, a título de reflexão, em algumas idéias sobre as perspectivas de avanço nessa área, seria importante ter presente algumas considerações prévias, que podem contribuir para colocar o debate em perspectiva.

Efetividade do atual modelo jurídico-institucional do MERCOSUL

Muito se tem dito sobre a solidez (ou, antes, sobre a falta de solidez) das instituições do MERCOSUL. Ausência de órgãos autônomos com capacidade decisória, reduzido número de órgãos com sede fixa, ausência de incorporação direta das normas emanadas do MERCOSUL, a manutenção do poder decisório nas mãos dos Estados Partes e a opção por um sistema de solução de controvérsias de natureza arbitral *ad hoc* (com as especificidades consagradas no Protocolo de Olivos para Solução de Controvérsias, o qual prevê uma instância arbitral de revisão) são, em geral, apontados como as principais carências institucionais do MERCOSUL.

Para muitos de seus críticos, a natureza intergovernamental atribuída ao MERCOSUL seria responsável, entre outras, pela ausência de um efetivo Direito da Integração, cuja existência, nos moldes do que ocorre na União Européia, seria condição *sine qua non* para a consolidação do projeto comum. "Relegado" à condição de "organização de direito internacional clássico" com ênfase na coordenação política diplomática, em que a vontade soberana dos Estados é determinante, o MERCOSUL não contaria, de acordo com essa visão, com uma estrutura jurídica-institucional à altura dos desafios inerentes ao processo de integração, que só poderiam ser enfrentados por esquemas de integração com algum "elemento de supranacionalidade".

Sem pretender entrar no mérito das vantagens e desvantagens do sistema europeu ou deixar de reconhecer que o MERCOSUL ainda tem carências importantes na área institucional, é importante destacar que, sob uma ótica realista, o gradualismo e a flexibilidade que têm pautado a construção jurídico-institucional do MERCOSUL nesses últimos quinze anos revelaram-se fundamentais para a preservação e a consolidação do projeto de integração.

Em que pese a inexistência de órgãos negociadores autônomos ou permanentes, a estrutura institucional do MERCOSUL demonstrou, desde a constituição do Bloco, crescente dinamismo. Atualmente, além dos grupos negociadores originalmente constituídos no âmbito do Tratado de Assunção e do Protocolo de Ouro Preto, o MERCOSUL conta com várias Reuniões de Ministros, Subgrupo de Trabalhos, Reuniões Técnicas Especializadas, foros políticos e sociais. Essas várias instâncias negociadoras abarcam uma ampla gama de temas, que foram aos poucos ampliando e enriquecendo a agenda do MERCOSUL, envolvendo praticamente todas as esferas dos Governos dos quatro países, além de parlamentares, trabalhadores, empresários e sociedade civil.

Por intermédio dessa rede multidisciplinar de foros, foram sendo forjados espaços privilegiados de cooperação e coordenação, que hoje são uma referência obrigatória na condução das respectivas políticas nacionais nessas áreas. Os distintos instrumentos negociados no âmbito desses foros, além disso, têm possibilitado uma paulatina harmonização das legislações dos quatro Estados Partes, em benefício da construção de um espaço jurídico integrado. Atualmente, grande número de instrumentos normativos vigentes nos Estados Partes têm uma base comum definida no âmbito do MERCOSUL. Isso não apenas nas áreas aduaneira e comercial propriamente ditas, mas em domínios tão variados como ciência, educação, cultura, meio ambiente, direitos humanos, direitos sociais e trabalhistas, entre outros. Há, igualmente, importante trabalho legislativo na área de cooperação judicial que contribui para consolidar a segurança jurídica no espaço integrado, facilitando a criação de um ambiente jurídico propício à conformação de um mercado comum.

Nessa área, merece ser destacado, entre outros, o Protocolo de Cooperação e Assistência Jurisdicional em Matéria Civil, Comercial, Trabalhista e Administrativa (Protocolo de Las Leñas), por intermédio do qual os quatro países se comprometem a prestar assistência jurídica mútua e ampla cooperação jurisdicional com o intuito de assegurar aos cidadãos dos demais Estados Partes do MERCOSUL livre acesso à justiça e igualdade de tratamento processual para defesa de seus interesses, facilitando, entre outras coisas, o reconhecimento e a execução das sentenças judiciais emitidas nos demais Estados Partes. O Protocolo também estabelece uma série de mecanismos de intercâmbio entre os juízes com vistas a garantir aos cidadãos uma efetiva prestação jurisdicional.

Na área penal, os Estados Partes negociaram um Protocolo de Assistência Jurídica Mútua, a fim de facilitar a investigação e sanção de delitos cometidos no espaço integrado. Medidas de cooperação na área judicial incluem ainda, entre outros, o Protocolo de Medidas Cautelares (que permite que medidas cautelares decretadas em um Tribunal no MERCOSUL sejam executadas no território dos demais Estados Partes) e o Protocolo de Buenos Aires sobre Jurisdição Internacional em Matéria de Contratos (que estabelece regras comuns para definição da jurisdição no caso de conflitos surgidos na implementação de contratos cíveis e comerciais celebrados entre os cidadãos do MERCOSUL).

Em função desses e de outros tantos instrumentos normativos - a lista completa das normas MERCOSUL pode ser encontrada no portal da Secretaria (www.mercosul.org.uy) - que são negociados regularmente no âmbito do Bloco, o MERCOSUL é uma dimensão cada vez mais presente na vida dos cidadãos de seus Estados Partes. E, sob esse prisma, cada vez mais irreversível.

Cabe esclarecer, a propósito, que apesar de terem sido adotadas por consenso e não terem se beneficiado de aplicação direta, boa parte dessas normas vêm sendo normalmente aplicadas pelos Estados Partes, indicando, que pelo menos sobre esse prisma, o modelo de integração adotado pelo Mercosul tem-se revelado efetivo.

Um outro aspecto que merece ser evidenciado, em se tratando de analisar, sob uma perspectiva realista, a efetividade do arcabouço jurídico- institucional do MERCOSUL, é justamente o tema do consenso.

Não há como contestar que a necessidade de contar, em todas as circunstâncias, com o consenso dos quatro (em breve cinco) Estados Partes para adoção de uma norma pode tornar o processo decisório um exercício complexo, lento e, às vezes, mesmo frustrante. Não é incomum que a impossibilidade de lograr os consensos requeridos para a adoção de determinados temas, considerados prioritários para um ou mais Estados Partes, gere certa impressão de paralisia do sistema decisório e da conseqüente perenização de alguns assuntos na agenda do Bloco, transmitindo uma imagem negativa de ineficiência. Além disso, em alguns casos, as inevitáveis concessões feitas ao longo do processo negociador, com vistas à aprovação da norma, traduzem-se, algumas vezes, em textos não tão consistentes ou precisos quanto se desejaria, em detrimento da qualidade técnica e jurídica dos instrumentos negociados no âmbito do MERCOSUL.

Há que se reconhecer, contudo, que, não obstante sua complexidade, o processo decisório baseado no consenso tende a assegurar maior legitimidade às normas negociadas no âmbito do MERCOSUL. Na medida em que refletem a vontade coletiva de seus integrantes, essas normas têm vocação para inserirem-se mais facilmente nos sistemas jurídicos nacionais, facilitando sua aplicação.

Sob vários aspectos, ao garantir que os interesses específicos dos Estados Partes – independentemente de seu peso específico no processo de integração – serão levados em conta no processo de elaboração e aprovação das normas, o sistema decisório adotado no Mercosul revelou-se essencial para a consolidação do processo. Isso ficou especialmente evidente durante os períodos de crise econômica por que passaram os países do MERCOSUL nos últimos anos, em que se verificaram tendências centrífugas importantes em relação às disciplinas do Bloco. Nesse sentido, também, pode-se dizer que a aposta dos negociadores do Tratado de Assunção e do Protocolo de Ouro Preto revelou-se acertada.

Essa afirmação é igualmente válida no caso do mecanismo de solução de controvérsias do MERCOSUL. Sem deixar de assegurar espaço para soluções negociadas dos conflitos – acomodando-se assim às injunções políticas inerentes à condução do processo de integração – o sistema de Solução de Controvérsias do MERCOSUL, estabelecido no Protocolo de Brasília e aperfeiçoado recentemente pelo Protocolo de Olivos, tem contribuído para conferir maior eficácia e estabilidade às normas adotadas em seu âmbito. Os dez laudos arbitrais já emitidos, disponíveis na página *web* da Secretaria do MERCOSUL, foram fundamentais igualmente para precisar o alcance dos compromissos assumidos no âmbito do bloco, garantindo sua efetiva aplicação. Aqui, como em outros casos, o modelo jurídico adotado pelo MERCOSUL foi fundamental para a consolidação e evolução do processo de integração.

Um sistema em constante evolução

Essa constatação, contudo, não significa que não seja importante continuar refletindo sobre o funcionamento das instituições do MERCOSUL, com vistas ao seu contínuo aperfeiçoamento. Até porque, como já foi assinalado, o caráter evolutivo é um dos princípios fundamentais do modelo jurídico adotado pelo Bloco.

Na prática, desde a aprovação do Protocolo de Ouro Preto foi adotada uma série de instrumentos e medidas que apontam para o reforço da dimensão jurídica e institucional do MERCOSUL. Em 1998, por exemplo, reconhecendo que o desenvolvimento do processo de integração tem uma dimensão política concreta importante, que requer ações coordenadas em diversas áreas, o MERCOSUL criou, por força da Decisão CMC Nº 18/98, um Foro de Consulta e Concertação Política (FCCP), integrado por altos funcionários das Chancelarias dos Estados Partes. Órgão auxiliar do Conselho, incumbe ao FCCP aprofundar o exame e a coordenação da agenda política dos Estados Parte, inclusive no tocante à participação do MERCOSUL em foros internacionais. Hoje, compete igualmente ao FCCP coordenar os trabalhos dos distintos foros da área política do MERCOSUL, com vistas à preparação das reuniões do Conselho.

Além de reforçar a dimensão política do projeto de integração, que há muito não se limita a medidas de natureza comercial e tarifária e inclui a adoção de políticas comuns nas áreas da educação, cultura, justiça, direitos humanos, direitos sociais e trabalhistas, ciência e tecnologia, entre outros, o FCCP e as Reuniões de Ministros do MERCOSUL constituem um espaço privilegiado para cooperação entre os Estados Partes do MERCOSUL e os Estados Associados.

Cabe assinalar, a respeito, que embora o Tratado de Assunção não preveja a existência de Estados Associados ou observadores ao Bloco – regulando tão somente as condições para adesão de novos países ao MERCOSUL – desde o início ficou evidente o interesse dos demais países da região em aprofundar o diálogo com o MERCOSUL, em especial em temas de política externa. Já em 1996, Bolívia e Chile manifestam sua intenção de participar mais ativamente das discussões no âmbito do MERCOSUL sobre temas relacionados com a agenda de interesse comum, tendo-lhes sido atribuída a condição de Estados Associados do

MERCOSUL. Atualmente, além desses dois países, são considerados Estados Associados do MERCOSUL, o Equador, Colômbia e Peru[3].

Inicialmente, dada a especificidade dos compromissos comerciais assumidos pelos quatro sócios fundadores do MERCOSUL com vistas à conformação da União Aduaneira e do Mercado Comum, na prática a participação dos Estados Associados nas reuniões do MERCOSUL é, em boa medida, circunscrita às discussões na área política do MERCOSUL, sob a coordenação do FCCP. Eventuais assuntos comerciais que afetem a relação do Bloco com seus Estados Associados seguem sendo analisados no âmbito dos acordos comerciais negociados no âmbito da ALADI.

Reconhecendo, contudo, a complexidade dos laços existentes entre os países da região e a crescente comunhão de interesses entre o MERCOSUL e seus Estados Associados, o regime de participação desses Estados nas reuniões dos órgãos do MERCOSUL, regulado pela Decisão CMC Næ% 18/04, prevê que os mesmos podem participar, na qualidade de convidados, de todas as reuniões da estrutura institucional do MERCOSUL para tratar de temas de interesse comum. A participação pode ser motivada por iniciativa própria ou partir de convite dos Estados Partes.

Vale destacar que, embora a Decisão CMC Nº 18/04 não deixe de evidenciar a existência de um espaço de coordenação reservado aos membros plenos – requerida pela própria natureza dos objetivos do Tratado de Assunção – o regime de participação dos Estados Associados no MERCOSUL tem permitido desenvolver e intensificar as relações do MERCOSUL com os demais países da região. Na condição de Estados Associados, Bolívia, Chile, Peru, Equador e Colômbia participam ativamente da definição de uma série de instrumentos do MERCOSUL, contribuindo para a consolidação da integração sul-americana. Não é por outra razão que o FCCP constitui o espaço por excelência para discussão sobre a implementação da Comunidade Sul-Americana de Nações, que será conformada a partir da interação entre os diferentes mecanismos de integração da América do Sul, aproveitando o arcabouço institucional já existente na região.

Outra evolução importante na área institucional foi a aprovação, em fevereiro de 2002, do Protocolo de Olivos para a Solução de Controvérsias do MERCOSUL, que substituiu o Protocolo de Brasília. Embora não tenha alterado a natureza arbitral do mecanismo de solução de controvérsias do MERCOSUL e não seja considerado a revisão "definitiva" do sistema, prevista no artigo 44 do Protocolo de Ouro Preto, o Protocolo foi concebido com o objetivo de conferir maior consistência e uniformidade ao sistema de solução de controvérsias do MERCOSUL. O Protocolo de Olivos procurou i) agilizar o procedimento de solução de controvérsias, eliminando a obrigatoriedade de submeter a controvérsia à

[3] A Venezuela, até a decisão sobre sua adesão ao Mercosul, adotada em dezembro passado, também estava incluída na lista de países Associados ao MERCOSUL.

análise do GMC antes do recurso à fase arbitral; ii) conferir maior estabilidade às listas de árbitros e especialistas habilitados a atuar no procedimento; iii) regulamentar de forma mais precisa a fase pós-laudo (implementação e adoção de medidas compensatórias em casos de descumprimento); e iv) favorecer a coerência das decisões arbitrais, mediante a previsão de uma instância de recurso a cargo de um Tribunal Permanente de Revisão (TPR), conformado por uma lista de cinco árbitros designados por um período de dois anos, renovável por no máximo dois períodos consecutivos, que atuam quando convocados para apreciar um recurso de revisão.

O Protocolo de Olivos também previu a definição de um mecanismo para atender casos excepcionais de urgência – com o estabelecimento de um rito sumário – e um procedimento de opiniões consultivas ao Tribunal Permanente de Revisão, atualmente em fase de regulamentação, que permite, entre outros, que os Tribunais Nacionais Superiores encaminhem consultas ao TPR relativas a normas MERCOSUL que sejam questionadas no âmbito dos Tribunais nacionais.

Em que pese o pouco tempo decorrido desde sua entrada em vigência e o fato de o mecanismo de solução de controvérsia ter sido utilizado em apenas um caso (controvérsia sobre restrições de importação de pneumáticos recauchutados entre Argentina e Uruguai, concluído em dezembro passado), o Protocolo de Olivos foi já alvo de inúmeras críticas. Há os que consideram que o estabelecimento de uma instância de revisão teria "desvirtuado" a natureza arbitral do sistema de solução de controvérsias do MERCOSUL - "mais compatível com o estágio atual de desenvolvimento do MERCOSUL" -, com perdas em termos de agilidade e autonomia das decisões. Outros opinam que o Protocolo é pouco ambicioso, na medida em que não avança na constituição de um Tribunal de Justiça (acionável por terceiros) - "condição *sine qua non* para a consolidação de um sistema de integração".

É importante ter presente, contudo, que as inovações introduzidas no Protocolo de Olivos foram feitas com base na experiência do Protocolo de Brasília. Sob o regime de Brasília, a despeito da tendência dos tribunais arbitrais reproduzirem o conteúdo dos laudos anteriores, os Estados Partes ressentiram-se de uma maior consistência na emissão dos laudos, razão pela qual entenderam conveniente estabelecer o procedimento de revisão e conferir maior estabilidade à lista de árbitros. Por outro lado, o número reduzido de controvérsias submetidas ao Protocolo de Brasília não parecia justificar à época o estabelecimento de uma superestrutura judicial de efetividade duvidosa. Pesou, igualmente, o fato de que nem todas as experiências de integração que adotam o modelo de solução de controvérsias baseado na existência de um Tribunal de Justiça permanente apresentam os mesmos grau de eficiência em termos de recursos ao mecanismo de solução de controvérsias e índice de implementação das decisões.

Pode-se afirmar, portanto, que o Protocolo de Olivos foi concebido como uma resposta concreta às necessidades do processo de integração e não em função de modelos teóricos pré-concebidos. Sob a ótica do gradualismo e da flexibilidade que têm pautado a construção do MERCOSUL, somente o tempo e a efetiva utilização do mecanismo poderão determinar a necessidade e os rumos dos ajustes futuros do sistema de solução de controvérsias.

Ainda no que se refere às evoluções institucionais mais recentes, destaca-se a transformação, em 2002, da Secretaria Administrativa do MERCOSUL em uma Secretaria Técnica, mediante a criação de um Setor de Assessoria Técnica (SAT). O setor foi concebido com o objetivo de assessorar os demais órgãos do MERCOSUL e contribuir para conformar um espaço de reflexão sobre o desenvolvimento do processo de integração, a partir de uma perspectiva comum. Essa tarefa deverá ser exercida por meio da realização de estudos e análises técnicas específicos solicitados pelos Estados Partes; da elaboração de relatórios periódicos sobre a evolução do processo de integração, e da análise da consistência jurídica dos atos e normas emanadas dos órgãos do MERCOSUL.

Nos termos da Decisão CMC Nº 30/03, que aprovou a criação do Setor de Assessoria Técnica, a transformação da Secretaria do MERCOSUL em um órgão com ampla capacidade técnica operacional seria gradual e progressiva, tendo presente a evolução do processo de integração e a disponibilidade de recursos humanos e materiais disponíveis.

Apesar de haver consenso entre o Estados Partes de que, após quase três anos de efetivo funcionamento do SAT, fazem-se necessários alguns ajustes com o fim de otimizar a interação da Secretaria com os demais órgãos do MERCOSUL, o balanço até o momento é positivo. A despeito do número reduzido de Consultores que o integram, a atuação do Setor de Assessoria Técnica emprestou maior consistência aos trabalhos dos distintos órgãos do MERCOSUL, estimulando uma ampla reflexão sobre os rumos do processo de integração.

Também é bastante positivo o balanço do funcionamento da Comissão de Representantes Permanentes do MERCOSUL (CPRM). Criada em outubro de 2003 pela Decisão CMC Nº 11/03, como órgão assessor do Conselho e com sede permanente em Montevidéu, a CPRM é integrada pelos Representantes Permanentes que cada País mantém ante o Mercosul e por um Presidente, designado pelo Conselho por proposta dos Presidentes dos Estados Partes que atuam em nome do MERCOSUL. Como tal, além de presidir os trabalhos da CRPM, o Presidente da Comissão pode, por mandato do Conselho, representar o MERCOSUL nas relações com terceiros países, grupos de países e organismos internacionais.

A existência de um órgão atuando em bases permanentes a partir de uma perspectiva comum conferiu grande dinamismo às atividades do MERCOSUL nos últimos anos, favorecendo a consolidação do processo de integração. Partiram da CPRM iniciativas importantes como, por exemplo, a aprovação do Plano de Ação para Combate à Febre Aftosa, do Fundo de Convergência Estrutural do MERCOSUL (FOCEM) e da elaboração da cartilha dos cidadãos (que compila as normas adotadas pelo Mercosul que conferem direitos aos cidadãos dos Estados

Partes). O Fundo deverá viabilizar o financiamento, nos Estados Partes, de projetos de interesse comum, beneficiando em especial os sócios menores e contribuindo para reduzir as assimetrias existentes entre os quatro países, em benefício do fortalecimento do processo de integração.

Além disso, a designação de uma personalidade política para atuar como representante *de facto* do MERCOSUL - distinto dos representantes de Estados Partes – tem contribuído de forma significativa para consolidar a imagem externa e a credibilidade do bloco.

Dentre os avanços institucionais mais recentes, cabe destacar, igualmente, a aprovação, em dezembro passado, do Protocolo Constitutivo do Parlamento do MERCOSUL. O Parlamento do MERCOSUL, que deverá substituir a Comissão Parlamentar Conjunta criada pelo Protocolo de Ouro Preto, foi concebido como órgão autônomo e independente de representação dos povos do MERCOSUL. Nesse sentido, inscreve-se no contexto dos esforços que vêm sendo envidados para assegurar a ampla participação da sociedade civil no processo de integração. De acordo com os dispositivos do Protocolo, que deverá ser aprovado pelos Parlamentos Nacionais, o Parlamento do MERCOSUL será integrado por representantes eleitos por sufrágio universal, direto e secreto, e deverá ser efetivamente instalado até 31 de dezembro de 2006.

Tendo presente as amplas competências de que dispõe - que incluem, entre outras, a participação no processo decisório das normas que requerem aprovação legislativa nos Estados Partes – espera-se que o novo órgão possa garantir a legitimidade necessária ao aprofundamento do MERCOSUL e facilitar a implementação das normas adotadas em seu âmbito. Seu efetivo funcionamento, contudo, deve implicar em um novo equilíbrio institucional cujo impacto sobre a atual dinâmica do MERCOSUL ainda caberá dimensionar.

Cabe registrar que, com exceção da Decisão sobre a Constituição do Parlamento, os avanços institucionais supra-citados deram-se no âmbito do Protocolo de Ouro Preto. Até o momento, não houve consenso entre os Estados Partes acerca da conveniência de promover modificações profundas no arcabouço jurídico institucional estabelecido em 1994. Em 2004, chegou-se a cogitar a possibilidade de "revisitar" o Protocolo com vistas à aprovação de um novo instrumento que incorporasse as inovações introduzidas desde sua aprovação. Divergências quanto ao alcance das modificações, contudo, inviabilizaram, na ocasião, o seguimento dos trabalhos.

Persiste, contudo, o consenso em torno da necessidade de aprofundar a análise sobre as instituições do MERCOSUL, não apenas para adequá-las ao atual estágio do processo de integração, mas para facilitar o aprofundamento do bloco. Com esse espírito, foi aprovada, no último Conselho, Decisão que cria um Grupo de Trabalho de Alto Nível para analisar o assunto. Como já foi assinalado acima, o Grupo deverá promover uma revisão integral do modelo institucional adotado no MERCOSUL, a fim de efetuar os ajustes necessários.

Perspectivas de avanços futuros

Como se pode constatar, o mandato do Grupo de Alto Nível é o mais amplo possível. A idéia, em essência, é avaliar a atual estrutura institucional do MERCOSUL, identificar as principais carências e, se possível, promover as mudanças necessárias a fim de assegurar a necessária efetividade das instituições do Bloco. Nesse sentido, não estão excluídas modificações do próprio Protocolo de Ouro Preto.

No curto prazo, contudo, os trabalhos deverão concentrar-se em alguns temas de natureza operacional que não implicam necessariamente na modificação do Protoloco, mas que podem contribuir para a melhoria do funcionamento do processo de integração.

Dentre essas medidas, inclui-se, por exemplo, o aperfeiçoamento dos métodos de trabalho dos órgãos do MERCOSUL, em especial do Grupo Mercado Comum. Dada a crescente complexidade e diversidade dos temas tratados no MERCOSUL, a agenda do Grupo Mercado Comum, em sua função de órgão executivo do MERCOSUL, inclui uma variedade enorme de assuntos que não têm logrado a devida atenção dada a atual dinâmica de trabalho no âmbito do referido órgão. Seria importante, portanto, refletir sobre o funcionamento do órgão a fim de torná-lo mais efetivo. Nesse sentido, poder-se-ia prever, entre outros, a realização de reuniões mais freqüentes, focadas em temas específicos, e uma maior participação das representações diplomáticas dos Estados Partes na condução dos temas incluídos na agenda do GMC entre as sessões. Também caberia assegurar uma maior participação da sociedade civil no processo decisório por meio da adoção de mecanismos que permitam uma adequada interação entre o Foro Consultivo Econômico e Social do MERCOSUL e as instâncias decisórias do Bloco.

Outro tema importante que deverá ser revisto é o atual funcionamento da área técnica da Secretaria do MERCOSUL. Dependendo da disponibilidade de recursos orçamentários, poderia ser conveniente considerar a ampliação dos atuais quadros técnicos a fim de permitir a contratação de especialistas em áreas em que o MERCOSUL já conta com políticas comerciais comuns. Esses quadros poderiam ser paulatinamente ampliados, a medida em que fossem adotados novos instrumentos comuns.

Além de prestar apoio técnico especializado aos diferentes órgãos responsáveis pela condução e aplicação das políticas comuns adotadas no âmbito do Mercosul, a Secretaria do Mercosul poderia facilitar a identificação e formatação das medidas requeridas para a implementação desses instrumentos comuns. O objetivo seria introduzir, paulatinamente, o elemento técnico comunitário na consideração das normas.

Não está descartada, é claro, a possibilidade de o Grupo aprofundar a discussão sobre o sistema decisório do MERCOSUL com vistas à eventual modificação da atual regra de consenso. Há que se ter presente, contudo, que, por suas implicações políticas, o consenso em torno de uma fórmula que permita avançar na direção de um sistema de voto ponderado pode revelar-se difícil. Como foi assinalado anteriormente, apesar de sua complexidade, a regra de consenso tende a assegurar que os interesses de todos os Estados Partes sejam contemplados na adoção das normas, conferindo-lhes maior legitimidade e, em tese, facilitando sua implementação.

O tema da incorporação de normas, aliás, também deverá ocupar a atenção do Grupo de Alto Nível. A despeito dos esforços envidados nos últimos anos para o aperfeiçoamento do sistema de incorporação de normas – adoção de mecanismo de consulta prévia, obrigação de incorporação textual, definição de prazos fixos para adoção das medidas internas necessárias para a implementação da norma e compromisso de centralização do processo de internalização – ainda persistem carências importantes nessa área. Forçoso é reconhecer que o sistema de vigência previsto no artigo 40 do Protocolo de Ouro Preto – concebido com o intuito de assegurar a implementação simultânea da norma MERCOSUL nos Estados Partes – não produziu os resultados esperados em termos de harmonização de legislação. Várias normas adotadas no âmbito do MERCOSUL que não se encontram vigentes nos termos do artigo 40 do Protocolo foram internalizadas e vêm sendo aplicadas por um ou mais Estados Partes, com implicações negativas sobre a consistência e a segurança jurídica do Bloco.

Adicionalmente, o atual sistema de incorporação "difuso" adotado pelos Estados Partes dificulta o controle sobre a efetiva aplicação das normas emanadas dos órgãos do MERCOSUL. Como se sabe, atualmente, a grande maioria das normas adotadas pelo MERCOSUL não requer, para sua aplicação nos Estados Partes, aprovação parlamentar, na medida em que se referem a atos de competência material própria dos poderes executivos. Trata-se de normas tarifárias, regulamentos técnicos, normas de origem e outros instrumentos de natureza regulamentar que vêm sendo "internalizados" mediante a adoção de ato jurídico interno próprio dos respectivos órgãos governamentais competentes na matéria. Atos que têm a peculiaridade de reproduzir os termos dos compromissos assumidos no âmbito do MERCOSUL, mas que não têm, para efeitos do direito interno, natureza de atos internacionais.

Embora essa sistemática tenha o mérito de assegurar o envolvimento direto dos órgãos internos dos Estados Partes na aplicação das normas emanadas do MERCOSUL, o procedimento traz uma série de inconvenientes. Além dos procedimentos de aprovação do próprio MERCOSUL, a aplicação da norma está igualmente sujeita aos mecanismos internos de cada país, que podem variar consideravelmente de um país a outro, tanto em termos de prazo para aprovação como em termos da natureza e do alcance da norma interna. Não raro, a incorporação da normativa MERCOSUL é indefinidamente postergada em razão de considerações alheias ao processo de integração.

A fim de equacionar esse problema, os Estados Partes se propuseram, por meio da Decisão CMC Nº 22/02, a centralizar o procedimento de incorporação de normas do MERCOSUL, aproximando-o da sistemática adotada pelos países para incorporação dos Protocolos negociados no âmbito da Associação Latino-Americana de Integração. No caso do Brasil, os protocolos que não requeiram aprovação parlamentar seriam internalizados diretamente por Decreto Presidencial. Independentemente da matéria específica regulada pelo Protocolo, considera-se que se trata, em essência, de atos internacionais reguladores do Tratado de Montevidéu, e como tal podem ser adotados por atos do Presidente da República.

Na hipótese de não ser de fato possível avançar nessa linha de ação, seria fundamental, à luz da prioridade atribuída ao fortalecimento do processo de integração, iniciar um profundo exercício de reflexão interna, nos quatro Estados Partes, sobre a necessidade de se promoverem as modificações necessárias nos respectivos ordenamentos jurídicos nacionais, incluindo, se for o caso, modificação das próprias Constituições nacionais a fim de assegurar a efetiva implementação dos compromissos assumidos, de comum acordo, no âmbito do MERCOSUL, mediante previsão de dispositivos específicos nessa matéria.

Supranacionalidade versus efetividade

É de se esperar que, como de costume, as discussões sobre a revisão da estrutura institucional do MERCOSUL inscrevam-se em um debate mais amplo sobre a necessidade de estabelecer instituições de caráter supranacional para consecução dos objetivos do Tratado de Assunção. Embora não exista propriamente um conceito único de supranacionalidade ou um consenso geral sobre o alcance do termo, via de regra, as demandas por mais institucionalidade no MERCOSUL traduzem-se em demandas pela introdução, na estrutura institucional do Bloco, de um ou mais elementos normalmente associados ao referido conceito: i) estabelecimento de órgãos com caráter permanente e capacidade decisória autônoma, independentemente da vontade dos Estados Partes; ii) transferência de competências definitivas para os órgãos comunitários de modo a facilitar a aprovação das normas necessárias para o cumprimento dos objetivos do Tratado de Assunção; iii) conformação de um Tribunal de Justiça permanente para solução dos conflitos; iv) atribuição de poder de iniciativa para acionar o mecanismo de solução de controvérsias a terceiros (particulares e órgãos comunitários); v) aplicação direta das normas emanadas do MERCOSUL e primazia dos instrumentos jurídicos negociados em seu âmbito em relação às normas internas.

Por suas implicações políticas e filosóficas e por seu impacto sobre a ordem constitucional dos países membros, a problemática – que permeia toda a construção teórica relativa à política de integração econômica – suscita, entre acadêmicos, juristas e políticos, embates quase passionais. E que, talvez por isso, tendam a ser superdimensionados.

Em se tratando de aperfeiçoamento institucional, o foco das discussões deveria, em realidade, estar voltado menos para a discussão "supranacionalidade x intergovernamentabilidade" e mais para a questão fundamental da efetividade das instituições do MERCOSUL.

Supranacional ou não, para ser efetivo, o arcabouço jurídico-institucional de uma organização deve, a juízo de seus integrantes, assegurar o cumprimento dos objetivos a que se propõe, os quais são necessariamente definidos à luz dos interesses, específicos e gerais, dos Estados que a integram. Nenhuma organização, independentemente da natureza que lhe possa ser atribuída, será efetiva se não estiver à altura desse desafio.

Isso é válido tanto para o MERCOSUL como para a União Européia, tida como modelo de organização supranacional por excelência. Tanto é assim, que, como se sabe, um dos temas centrais em discussão na Europa é se o atual modelo institucional da organização – caracterizado, entre outros, pela transferência de competências dos Estados para a Comissão em diversas áreas – é de fato efetivo ou se, ao contrário, dificulta, pela complexidade e excesso de burocracia, a consecução dos objetivos estabelecidos no Tratado de Roma. Não deixa de ser curioso que as recentes reformas institucionais operadas no âmbito da União Européia apontem a um reforço da dimensão intergovernamental do organismo, que, de resto, nunca desapareceu.

Não há uma relação direta *a priori* entre instituições supranacionais e efetividade. Por si só, a introdução, no arcabouço jurídico-institucional de um processo de integração, de elementos tradicionalmente associados ao conceito de supranacionalidade não assegura a consecução dos objetivos atribuídos à organização ou o adequado cumprimento das decisões adotadas nesse âmbito. Por outro lado, nada impede que, na ausência desses elementos, as instituições possam criar uma efetiva integração entre seus membros e gerar, naturalmente uma demanda por maior integração, graças à capacidade de defesa e promoção dos interesses de seus integrantes.

Não há fórmula pré-concebida para a integração. Tampouco parece razoável tentar replicar modelos que se provaram adequados para circunstâncias distintas. Como já foi mencionado, para ser efetivo a longo prazo, o arcabouço jurídico-institucional de uma organização deve refletir – em sua acepção mais ampla - os interesse dos Estados que a integram. O desafio não é pequeno. Mesmo compartilhando da mesma visão global sobre a conveniência de aprofundar a cooperação e articular ações conjuntas para a defesa e promoção das respectivas políticas nacionais, os interesses específicos de cada Estado nem sempre são perfeitamente coincidentes, pois são definidos em função de suas circunstâncias particulares.

Isso é especialmente válido em se tratando de sociedades abertas e democráticas, como no caso dos países que integram o MERCOSUL. É bastante comum, aliás, que distintos atores dentro de um mesmo país tenham interesses conflitantes sobre um tema específico, com reflexos sobre a definição do interesse do Estado como tal e, conseqüentemente, sobre a atuação de seus agentes.

Transposto para o plano da negociação internacional, a conjugação de interesses específicos nem sempre coincidentes, em um contexto econômico internacional instável, pode, muitas vezes, revelar-se um exercício complexo, dificultando a formação da vontade coletiva e exigindo constantes ajustes de rumo.

Não é por outra razão que a história dos processos de integração é caracterizada por avanços e retrocessos, marchas e contra-marchas que muitas vezes, vista de fora, são associadas à debilidade institucional e à falta de objetivos. A verdade, contudo, é que esses movimentos são intrínsecos à própria natureza de um processo de integração. Uma organização cujas instituições, supranacionais ou não, não sejam sensíveis a esse movimento, estaria necessariamente fadada à irrelevância.

Nesse sentido, é fundamental que as discussões com vistas ao aperfeiçoamento do MERCOSUL continuem pautando-se pela preocupação em contar com instituições eficazes e condizentes com o estádio do processo de integração, independentemente de sua natureza. Demandas por mais "institucionalidade" não deveriam fundar-se em concepções teóricas de cunho dogmático, mas refletir necessidades concretas de avanço, tendo presente que o arcabouço jurídico-institucional do MERCOSUL não deve e não pode ser dissociado dos interesses e da vontade coletiva de seus Estados Partes, sob pena de se verem frustrados os objetivos do Tratado de Assunção.

Caberá, em suma, aos Estados Partes – à luz da evolução do processo de integração e dos objetivos do Tratado de Assunção e tendo presente os princípios do gradualismo e da flexibilidade que se revelaram essenciais para a consolidação do MERCOSUL – avaliar quais medidas deverão ser adotadas. O objetivo central desta avaliação é assegurar que o MERCOSUL conte com instituições capazes de promover os objetivos consagrados no Tratado de Assunção e, assim, transmitir aos nacionais desses Estados a confiança de que seus interesses podem ser melhor canalizados por intermédio do Bloco e de suas instituições, gerando crescente demanda por mais integração.

***José Antônio Marcondes de Carvalho**, Diretor do Departamento de Integração do Ministério das Relações Exteriores.*

***Daniela Benjamin**, assessora da Divisão Comum do Sul do Ministério das Relações Exteriores.*

Finanças e Macroeconomia no MERCOSUL

Carlos Eduardo de Freitas

Finanças e Macroeconomia no MERCOSUL

Finanças e macroeconomia no MERCOSUL

Os objetivos do MERCOSUL

Há exatos 15 anos, em 26 de março de 1991, foi assinado o Tratado de Assunção que formalmente criou o MERCOSUL. Seguiu-se um período de acelerado crescimento nas trocas comerciais intra-regionais que se prolonga até 1998, a partir de quando o comércio intra-MERCOSUL entra numa fase de estagnação, voltando a se expandir somente em 2004.

Atualmente, assinala a Fundação Memorial da América Latina em sua chamada de apresentação deste Seminário de Avaliação dos 15 Anos do MERCOSUL, o "*processo de integração encontra-se desgastado pelo seguido descumprimento do Tratado e pela crescente aplicação de medidas restritivas, contrárias ao livre comércio. Os países membros parecem não possuir qualquer estratégia de longo prazo para superar a crise. Contudo, ainda que abalada, permanece latente a vontade política que levou à criação do MERCOSUL em 1991. A questão é saber como o esquema de integração poderá, nos próximos anos, servir aos interesses de cada um de seus membros e que ações caberiam ser adotadas no sentido de sua revitalização*".

Tabela I
COMÉRCIO INTRA-REGIONAL
INTERCÂMBIO COMERCIAL NO MERCOSUL

ANO	VALORES US $ MILHÕES %	TAXA DE CRESCIMENTO
1989	3.999,1	
1990	4.255,4	6,41
1993	10.040,8	135,95
1996	16.306,5	62,40
1998	20.356,9	24,84
2000	17.711,5	-13,00
2002	10.188,3	-42,48
2004	17.308,0	69,88

Fontes: Freitas (1994) e Aladi.

O Tratado de Assunção representou o ponto culminante de um processo que se iniciara com a Declaração de Iguaçu, firmada pelos Presidentes José Sarney e Raul Alfonsín, em 30/11/1985, resultado do estreitamento das relações entre Brasil e Argentina. Formou-se uma Comissão Mista responsável pela elaboração do Programa de Integração e Cooperação Econômica (PICE), "cujo instrumento jurídico básico, a Ata para a integração Argentino-Brasileira (jul/86) objetivava a criação de um espaço econômico comum. Para tanto, "*firmaram-se ... Protocolos, num total de 24, que versavam sobre a abertura seletiva dos mercados... . Buscava-se, desta forma, a adaptação progressiva tendo como base os princípios de flexibilidade ..., equilíbrio dinâmico e simetria.*"[1]

Pelo Tratado de Assunção os quatro países signatários decidiram constituir um mercado comum até 31/12/1994, "prevendo a livre circulação de bens, serviços e fatores produtivos; o estabelecimento de uma tarifa externa e política comercial comuns; a coordenação de políticas macroeconômicas e setoriais; além da harmonização legislativa nas áreas pertinentes (Artigo 1)."[2].Este art. 1° estabelece, textualmente:

CAPÍTULO I

Propósitos, princípios e instrumentos

Artigo 1

Os Estados Partes decidem constituir um Mercado Comum, que deverá estar estabelecido a 31 de dezembro de 1994, e que se denominará "Mercado Comum do Sul" (MERCOSUL).

[1] Conforme Carlos Eduardo de Freitas (1994).
[2] Idem, idem.

Este Mercado Comum implica:

> A livre circulação de bens, serviços e fatores produtivos entre os países, através, entre outros, da eliminação dos direitos alfandegários e restrições não-tarifárias à circulação de mercadorias e de qualquer outra medida de efeito equivalente;
>
> O estabelecimento de uma tarifa externa comum e a adoção de uma política comercial comum em relação a terceiros Estados ou agrupamentos de Estados e a coordenação de posições em foros econômico-comerciais regionais e internacionais;
>
> A coordenação de políticas macroeconômicas e setoriais entre os Estados Partes - de comércio exterior, agrícola, industrial, fiscal, monetária, cambial e de capitais, de serviços, alfandegária, de transportes e comunicações e outras que se acordem -, a fim de assegurar condições adequadas de concorrência entre os Estados Partes; e
>
> *O compromisso dos Estados Partes de harmonizar suas legislações, nas áreas pertinentes, para lograr o fortalecimento do processo de integração.*

Concretamente, o que se observa é que os avanços na área de coordenação macroeconômica – políticas monetária, cambial e fiscal – praticamente não foram além de procedimentos burocráticos de harmonização de estatísticas, dos encontros bianuais do Conselho do Mercado Comum (CMC), além da Reunião de Ministros de Economia e Presidentes de Bancos Centrais (RMEPBC), cujos encontros ocorrem também duas vezes por ano e que tem a si vinculado o Grupo de Monitoramento Macroeconômico (GMM), encarregado dos estudos e propostas relativos à coordenação macroeconômica do MERCOSUL.

A integração dos mercados financeiros também não prosperou " não se conseguiram estabelecer regras comuns ", e mesmo que se lograsse regulamentação única, restaria o problema da supervisão e da fiscalização do cumprimento das normas.

Poderia o Banco Central do Brasil, por exemplo, estender a sua fiscalização sobre a sede de um banco situada em outro Estado Parte, mas com rede de dependências e forte atuação em território brasileiro? Certamente, não. Dependeria de acordos, convênios de cooperação e burocracias diversas.

No âmbito do *clearing* regional – o Convênio de Créditos Recíprocos (CCR) – observou-se retrocesso, parte em decorrência da evolução mesma das práticas de mercado e da abundância de liquidez internacional, mas em parte devido a decisões de Bancos Centrais do próprio MERCOSUL, como o Banco Central do Brasil e o da Argentina. Embora essas ações já tenham sido em grande medida revertidas, restam ainda aperfeiçoamentos que, se introduzidos, poderiam contribuir para o crescimento do comércio intra-regional.

Quanto aos chamados fundos comuns – fundos financeiros de desenvolvimento – a idéia do Banco de Desenvolvimento do MERCOSUL que esteve na agenda do MERCOSUL em meados da década de 1990, perdeu *momentum*. Em 19 de janeiro de 2006, entretanto, o assunto voltou à baila, em encontro realizado em Brasília, entre o Presidente Lula e os Presidentes da Argentina e da Venezuela, quando foi debatida a criação de um banco de desenvolvimento para a América do Sul. Seria o Banco do Sul, que poderia resultar da transformação da Corporação Andina de Fomento (CAF) em um banco da América do Sul, inclusive com sua fusão com o Fundo Financeiro para o Desenvolvimento da Bacia do Prata (FONPLATA), ou ser uma instituição totalmente nova.

Tudo isso, e as controvérsias e desencontros, freqüentes dos últimos anos, entre os Governos da Argentina e do Brasil estão a indicar ser particularmente oportuna uma avaliação da experiência do MERCOSUL nesses primeiros 15 anos. Para esse efeito seria essencial a compreensão das circunstâncias que condicionaram a evolução das economias da Argentina e do Brasil ao longo da década de 1990. Entendemos que elementos conjunturais desse período ajudam a explicar parcela relevante das dificuldades de coordenação macroeconômica encontradas até agora, e, mesmo, do "acelerado progresso" inicial do comércio intra-regional, seguido das perplexidades posteriores.

Além disso, o momento é igualmente propício a uma reflexão sobre as motivações básicas do MERCOSUL, tendo em conta a sua natureza dual – simultaneamente econômica e política. A falta de um entendimento do verdadeiro escopo do MERCOSUL, principalmente do lado brasileiro, pode também estar por trás de parte dos contenciosos bilaterais. Muitos economistas brasileiros enxergam o MERCOSUL simplesmente como um exercício de liberalização comercial, sem outras variáveis a serem tomadas em consideração. Entretanto, o MERCOSUL é mais que liberalização comercial, e, ainda que visto sob este prisma, deveria ser encarado como um caso especial de liberalização.

Assim sendo, a avaliação que faremos desses quinze anos de MERCOSUL, levará em conta os desdobramentos a que estiveram sujeitas as duas principais economias regionais, além de ter presente uma visão de conjunto dos objetivos do MERCOSUL.

Também será objeto de consideração a integração dos mercados financeiros e sua internacionalização. Nesse caso, tendo presente os efeitos do aumento da liquidez internacional e dos fluxos de capitais entre todos os países, a par do enfraquecimento dos velhos regimes de controles cambiais. Em resumo, ao passar em revista o que foi alcançado pelo MERCOSUL nesse seu primeiro período de vida, é importante ter o olhar de 2006, e não a visão do mundo de 1991.

Coordenação macroeconômica e moeda única no MERCOSUL

No seu sentido mais singelo, a coordenação macroeconômica objetivaria evitar ciclotimias no comércio intra-regional. De fato, corresponderia simplesmente à prática, por cada um dos Estados Partes, de políticas prudentes e corretas, que atenuassem as flutuações da atividade econômica em cada um dos países da região. Com isso se neutralizariam as ciclotimias nos movimentos de exportação e importação de bens e serviços, que têm tradicionalmente caracterizado as transações no âmbito do MERCOSUL.

Inconsistências temporais das políticas macroeconômicas, ora na Argentina, ora no Brasil, historicamente determinaram desequilíbrios que acabavam tendo que ser revertidos mais cedo ou mais tarde, quando se esgotavam as possibilidades de financiamento externo. O desenlace desses ciclos de políticas econômicas era sempre doloroso, cercado de crises políticas, com toda a sua carga de frustrações e prejuízos para as partes envolvidas.

Nessa linha de raciocínio, distintos regimes cambiais, de taxas fixas ou de taxas flutuantes, poderiam, em tese, conviver entre Estados Membros de uma mesma zona de livre comércio ou união aduaneira, sendo compatíveis com a idéia de coordenação macroeconômica, desde que houvesse coerência de comportamento de cada Governo com o seu respectivo regime cambial.

Ou seja, desde que o país com um regime de câmbio fixo, por exemplo,

(a) não o transformasse simplesmente em um sistema de tabelamento de taxa de câmbio, patrocinado por fluxos transitórios de capitais, e,

(b) assegurasse a requerida flexibilidade de preços e de salários, para os ajustes reclamados por eventuais assimetrias na evolução das produtividades nacionais ou por oscilações nas percepções de risco dos mercados financeiros.

Em oposição à sua desvantagem essencial de rigidez, os regimes de câmbio fixo têm em seu favor o automatismo dos ajustes, sem a discricionariedade característica dos sistemas de câmbio flutuante. Mas principalmente têm a vantagem da garantia da taxa de câmbio nominal, retirando o elemento de risco de câmbio das transações comerciais internacionais. Conceitualmente, o *hedge* gratuito oferecido pela sistemática do câmbio fixo torna as transações internacionais equivalentes às transações nacionais, contribuindo para a expansão do comércio internacional.

Nesse sentido, a idéia da moeda única favorece o desenvolvimento do comércio intra-regional. Desaparecendo o risco cambial, o comércio fica mais simples e mais barato. Mesmo com coordenação entre os países, os bancos centrais dificilmente conseguem evitar oscilações da taxa de câmbio em regimes de câmbio flutuante, inclusive devido aos *random walks* dos mercados. Além disso, do ponto de vista de importadores, exportadores e outros participantes do mercado de câmbio, não há qualquer garantia de que as variações cambiais se comportarão dessa ou daquela maneira, nem de que os bancos centrais irão intervir, e se intervierem, como intervirão; com que profundidade, em que momento.

O regime de flutuação em bandas procura conciliar as vantagens dos dois regimes. Entretanto, corre o risco de ficar com o pior de cada um – a rigidez do câmbio fixo, se a banda for muito estreita, ou as oscilações incertas do câmbio flutuante, se a banda for larga. É claro que exportadores, importadores, etc., podem usar os mercados de futuros para fazer o *hedge* de suas transações internacionais, mas isto encarece as operações.

Em suma, um processo de coordenação macroeconômica com câmbio flutuante ajuda a propiciar condições favoráveis à expansão do comércio, mas fica longe da eficiência da moeda única.

Se, entretanto, a coordenação macroeconômica é vista como algo mais profundo, como instrumento de fixação nominal das taxas de câmbio intra-regionais e, portanto, como forma de pavimentar o caminho para a instituição de uma moeda única, então os regimes cambiais teriam, obviamente, que ser uniformes. Um processo dessa ordem poderia começar como na Europa, com sistemas de bandas, onde as moedas intra-regionais oscilariam entre si dentro de determinadas bandas, e, no seu conjunto, variariam em relação às moedas de fora da região (a famosa serpente). Depois desse período de transição, com as bandas, seriam estabelecidas paridades fixas entre as moedas dos Estados Partes, e o passo final seria a instituição da moeda única.

Seria a moeda única o objetivo dos Estados Partes no MERCOSUL? Não parece provável. Isto requereria em primeiro lugar, e como condição precedente, forte disciplina fiscal conjunta, além da submissão a uma autoridade monetária supranacional que decidiria sobre taxas de juros, reservas bancárias e eventuais intervenções no mercado de câmbio (supondo-se que o regime cambial da moeda única fosse de câmbio flutuante).

Nessas circunstâncias seria necessário estabelecer-se metas de inflação para a moeda comum, ainda que não de forma explícita e, obviamente, administrar o sempre difícil *trade off* de curto prazo entre inflação e crescimento.

Estas considerações conduzem à questão do processo de escolha dos dirigentes do Banco Central supranacional e aos temas de supervisão bancária e de administração da política de emprestador de última instância do Banco Central.

No Brasil, por exemplo, os dirigentes do Banco Central são demissíveis *ad nutum* pelo Presidente da República. A Argentina ensaiou a concessão de independência a seu Banco Central durante o regime de convertibilidade do peso, abandonada junto com o colapso daquele regime.

Existe, no Brasil, uma corrente política que advoga a instituição de mandatos para os Diretores e para o Presidente do Banco Central, cuja interrupção só poderia se dar por razões fundamentadas e com a aquiescência do Senado Federal. Por outro lado, há os que defendem o *status quo*.

No plano nacional, podem haver razões para sonegar tal independência ao Banco Central, representada pelos mandatos da Diretoria não coincidentes, evidentemente, com o mandato do Presidente da República. Já no caso de um Banco Central supranacional a independência parece imprescindível. Nessa hipótese, qual seria, por exemplo, o foro para julgar um hipotético processo de cassação de mandato de um Presidente ou Diretor do Banco Central?

Todas essas parecem questões até fora de propósito quando se pensa em termos de Europa. Porém quando se olham os países do MERCOSUL, com suas dicotomias, desigualdades, reduzidas taxas de poupança, demandas insatisfeitas e carências de toda sorte, elas fazem sentido. Haveria coesão social suficiente para gerar um consenso básico em torno de questões basilares de política econômica, tais como responsabilidade fiscal, importância da estabilidade monetária, e renúncia a intervenções diretas no domínio econômico, tais como tabelamentos de preços, restrições a exportações, ou imposição de controles cambiais?

A vontade política de construir a união monetária superaria o desejo de preservar a independência monetária nacional? Seria maior que os anseios de decidir de forma autônoma as políticas de juros, de câmbio e de crédito? Os benefícios da moeda única justificariam a abdicação da faculdade de decidir monocraticamente entre maior crescimento a curto prazo, porém com riscos de taxas de inflação mais elevadas, ou os bônus de longo prazo da estabilidade monetária, porém suportando um nível de atividade econômica mais fraco no futuro imediato?

Olhando a questão sob outro prisma, suponhamos, por exemplo, que um banco estatal entrasse em dificuldades devido a excesso de exposição junto ao seu Governo Nacional. Esse Estado Nacional, sob condições de moeda única, já não teria mais poder emissor. O que fazer então? Deixar o banco quebrar? Decretar uma intervenção? Como? Quais seriam os poderes desse Banco Central? Haveria uma autoridade de fiscalização bancária separada do Banco Central comum da região?

O Brasil enfrentou, como se sabe, sérios problemas com os bancos estaduais durante as décadas de 1980 e 1990. Em grande medida, a raiz das dificuldades daqueles bancos se encontrava na resistência oferecida pelos governos dos Estados aos programas de austeridade patrocinados pelo Governo Federal e destinados a restabelecer os equilíbrios interno e externo da economia. Esta questão foi basicamente resolvida com as privatizações e liquidações ordinárias da grande maioria desses bancos estaduais. Entretanto, a solução envolveu considerável custo político, e o País se digladiou durante uma década e meia com o problema, convivendo com uma situação de crise permanente daquelas instituições.

Estariam Brasil e Argentina, as economias dominantes do MERCOSUL, em condições de encarar a possibilidade virtual de ter que enfrentar problemas de tal gravidade com seus bancos estatais nacionais? Tudo leva a crer que não. O MERCOSUL não parece maduro, ainda, para trilhar o caminho da moeda única.

Muito menos estaria em 1991. Contudo há uma diferença fundamental entre 1991 e 2006. Senão, vejamos.

O MERCOSUL foi lançado num momento que tornaria a coordenação macroeconômica complicada, independentemente de quaisquer outras considerações.

Ainda que se enxergasse a coordenação macroeconômica em sua versão fraca, isto é, apenas como um processo destinado a atenuar as oscilações cíclicas de cada economia e, por conseguinte, de evitar ao máximo as ciclotimias nas transações intra-regionais, mesmo assim esses primeiros 15 anos não foram favoráveis à coordenação macroeconômica.

A década de 1990 foi um período peculiar. Ainda no início de 1991, Argentina e Brasil, as duas economias de maiores dimensões do MERCOSUL viviam situações hiperinflacionárias. Vieram, então, os Planos de Estabilização. Primeiro o Plano de Convertibilidade na Argentina, em 1º//4/1991, e, posteriormente, o Plano Real, no Brasil, em 1º/7/1994.

Esses Planos estabeleceram âncoras cambiais, viabilizadas pelos generosos fluxos de capitais que haviam voltado a irrigar as economias latino-americanas. Apreciações cambiais foram o denominador comum, em ciclos não coincidentes na Argentina e no Brasil. Era difícil, se não impraticável, coordenar as políticas macroeconômicas em tais circunstâncias, e, principalmente, coordenar as saídas das armadilhas dos regimes cambiais de taxas fixas, ou semifixas no caso brasileiro.

Agora, passadas as crises das saídas dos regimes de rigidez cambial, entra-se numa fase de maior normalidade, com câmbio flutuante em ambas as economias e queda de prestígio dos projetos macroeconômicos mirabolantes, de resultados de curto prazo. O quadro é de inflação baixa e recuperação econômica, tanto no Brasil como na Argentina. Abre-se, então, uma possibilidade nova e promissora de diálogo entre os Ministros da Fazenda do Brasil, e da Economia, da Argentina, com vistas ao início de um processo de coordenação das políticas macroeconômicas.

A estabilização monetária argentina precedeu a brasileira em três anos, período em que o Brasil, ainda em hiperinflação, conviveu com uma Argentina de estabilidade monetária. A coordenação era evidentemente impossível.

A partir de 1º/7/1994 passa-se a ter moeda estável em ambos os países, porém com desequilíbrios de balanço de pagamentos e taxas de juros muito elevadas no Brasil. O Plano Real propiciara uma sobrevida ao Plano de Convertibilidade, mas a estabilidade nas duas economias resultava mais da transferência dos conflitos distributivos para o balanço de pagamentos, do que de seu controle e encaminhamento das respectivas soluções.

A Argentina se tornara em grande medida refém das exportações para o Brasil, que aumentaram extraordinariamente de 1993 para 1996, muito em função da valorização da taxa de câmbio no Brasil e do *boom* provocado pela eliminação do imposto inflacionário.

O mercado argentino continuava importante para o Brasil, mas não tinha a importância do mercado brasileiro para a Argentina. Como a sustentação do Plano de Convertibilidade ficara dependente da demanda brasileira e do financiamento externo, e o regime cambial de taxas semifixas do Plano Real era mais e mais refém do mesmo financiamento externo, a expansão inicial do MERCOSUL fonte de tantas esperanças e expectativas, era, em grande parte, resultante de um ciclo de euforia de financiamento externo.

Sem dúvida, a liberalização comercial explicava também a expansão do intercâmbio intra-regional, mas havia um *overshooting* decorrente das circunstâncias dos planos de estabilização associados à liquidez internacional abundante.

As dificuldades de sair das armadilhas do câmbio fixo eram evidentes e não havia como coordenar essa saída entre os dois países. O Brasil saiu antes; a Argentina ficou sem a bengala e os fluxos de capitais escassearam. O colapso veio três anos depois que o Brasil deixou o câmbio flutuar.

O intercâmbio se reduziu dramaticamente (Tabela I), mas depois das crises as economias vão paulatinamente voltando à normalidade, sob regimes de câmbio flutuante. Apresenta-se agora uma oportunidade de coordenação macroeconômica. Não é trivial, mas não temos nem hiperinflação, nem tabelamentos de câmbio.

Depois de uma fase, relativamente curta, em 2002, de excessiva desvalorização, o real se apreciou significativamente e as reclamações argentinas das exportações brasileiras diminuíram. Porém, é importante sublinhar que essa valorização é fruto das forças de mercado e não artificial (embora alguns culpem os juros altos fixados pelo COPOM).

Logo, há um espaço para estabelecer-se um diálogo permanente entre as autoridades responsáveis pela política macroeconômica na Argentina e no Brasil. Se a janela de oportunidade vai ser aproveitada é uma questão em aberto, mas o que é fora de dúvida é que nunca se ofereceu antes, desde que iniciada a aproximação Brasil-Argentina no final de 1985, momento mais propício para iniciar-se uma coordenação macroeconômica efetiva. Não se trataria ainda, é claro, de moeda única, mas de monitorar em conjunto os ciclos econômicos de modo a evitar as ciclotimias das transações entre as duas economias e, portanto, dentro do MERCOSUL.

O ingresso da Venezuela traz um ingrediente novo a essa coordenação, principalmente pela sua estrutura econômica muito dependente do petróleo e por uma orientação de política econômica menos comprometida com os princípios de uma economia de mercado. Trata-se de um desafio novo, que deveria ser enfrentado desde logo, ainda neste primeiro momento de adesão da Venezuela ao MERCOSUL.

A Construção da *Clearing house* do bloco

As Seções III, IV e V, a seguir, representam um resumo, com alterações, de uma parte do artigo preparado pelo autor para a Fundação Alexandre de Gusmão (FUNAG), em outubro/2005: *Cooperação Financeira Argentina, Brasil e Venezuela – Problemas e Perspectivas*, ainda não publicado. Agradeço à Fundação e particularmente à sua Presidente, Embaixadora Maria Stela Pompeu Brasil Frota, a autorização para utilizar o material.

Antecedentes

Os convênios bilaterais de comércio e pagamentos foram desenvolvidos de forma pioneira na Alemanha, em 1934, pelo Dr. Hjalmar Schacht, então acumulando a Presidência do Reichsbank e o Ministério da Economia daquele país. É ele quem relata em seu livro de memórias[3]: "*...Nos contratos comerciais com uma série de países estrangeiros as compras alemãs foram creditadas em contas de compensação nos respectivos países e deixou-se a critério destes utilizarem esses créditos novamente para compras no mercado alemão. Esse sistema foi ampliado especialmente com os países balcânicos e sul-americanos. Na primavera de 1938 tínhamos esses contratos de compensação com nada menos que 25 países, de forma que mais da metade do comércio exterior alemão acontecia por esses canais. Através desse sistema de comércio bilateral conseguiu-se atender à demanda alemã de matérias-primas e alimentos.*"

O Brasil usou esses mecanismos de convênios de compensação até bastante tempo depois de terminada a Guerra. Isto nada obstante, ao final dos anos 70 o Brasil mantinha convênios bilaterais de comércio e pagamentos apenas com um reduzido grupo de países do leste europeu – Alemanha Oriental, Bulgária, Hungria, Romênia, e Polônia. Ao longo da década de 80 o Banco Central foi acabando com esses convênios, restando apenas o da Hungria, aliás, já denunciado, devendo ser encerrado em 2007.

Os convênios de comércio e pagamentos foram importantes nas décadas de 1930 e 1940, quando a liquidez internacional era escassa e a demanda internacional fraca. O crédito externo tornara-se praticamente inexistente, restringindo-se a linhas comerciais de curto prazo. Os países menos desenvolvidos estavam endividados. Os preços das suas *commodities* de exportação estavam deprimidos em conseqüência da crise de 1930. A própria Europa e em especial a Alemanha enfrentava igualmente dificuldades com dívidas externas. Todos precisavam exportar, inclusive para gerar renda com vistas a ativar o consumo interno. Importar significava um vazamento no circuito da renda e prejudicava a demanda agregada. A década de 30 assistiu ao círculo vicioso das desvalorizações cambiais competitivas.

[3] Hjalmar Schacht, (1999), pp. 398-399.

Nesse quadro, os convênios representaram uma inovação engenhosa. Vinculavam importações com exportações utilizando contas gráficas de compensação, de modo a propiciar crédito e liquidez para o comércio internacional, garantindo ao mesmo tempo o equilíbrio dos fluxos de comércio. E mais ainda, eles funcionavam como um seguro contra riscos soberanos, ou seja, riscos de transferência das divisas no pagamento das exportações, coisa da maior importância na década de 30 com tantos países endividados e com dificuldades de balanço de pagamentos.

Uma vez cursadas as exportações nos convênios bilaterais, o banco centralizador do convênio no país do importador assegurava o crédito a favor do centralizador no país do exportador. E era do interesse deste último estimular importações daquele país, de forma a dar liquidez a seus créditos.

A sistemática operacional dos convênios bilaterais administrados pelo Banco Central do Brasil na década de 80, bem como do Convênio de Créditos Recíprocos – CCR, convênio multilateral de pagamentos dos países da ALADI eliminava igualmente os riscos comerciais. Para que uma importação fosse cursada num desses convênios tinha que ser emitida uma carta de crédito por um banco credenciado pelo Banco Central do país do importador ou pelo banco centralizador do convênio nos países do Leste Europeu. Nesse caso, em geral eram os bancos de comércio exterior dos regimes comunistas de economias planificadas e estatizadas daqueles países. Uma vez emitida, a carta de crédito era honrada pelo centralizador do convênio, ainda que o importador e o banco emitente da carta de crédito inadimplissem. Ou seja, o centralizador do exportador era creditado em qualquer circunstância[4].

Dessa forma, os convênios são importantes instrumentos de redução de riscos do setor privado no comércio internacional.

Superados todos esses problemas com a prosperidade mundial do pós-guerra, com a expansão do comércio internacional sob o signo do multilateralismo espelhado no GATT[5], e com o desenvolvimento do mercado financeiro internacional, mediante a criação dos Eurodólares, os convênios bilaterais de pagamentos perderam sentido.

Tomando a experiência brasileira, por exemplo, não havia muito que importar dos países do leste europeu, de modo que os créditos brasileiros acabavam sem liquidez e tinham que ser pagos em divisas, porém com deságios. O esquema estava virando uma forma de subsidiar exportações que não precisavam de subsídio e, ademais, sem nenhuma previsão orçamentária. O subsídio saía do Banco Central, da sua faculdade de emissão monetária para compra de divisas. Os limites eram estabelecidos em função dos tetos de créditos negociados pelo Banco

[4] Não se fez pesquisa histórica para confirmar que os convênios bilaterais das décadas de 30, 40 e 50 obedeciam a essa mesma sistemática no que concerne aos riscos comerciais, embora tudo indique que sim.

[5] GATT: General Agreement on Tariffs and Trade.

Central e demais autoridades do Governo Brasileiro[6] no âmbito dos próprios acordos internacionais.

O convênio de pagamentos e créditos recíprocos da ALADI - CCR

Os principais problemas das políticas de apoio às atividades econômicas se ligam aos incentivos perversos embutidos nessas práticas. Trata-se dos efeitos não intencionais. Por isso que as ações do Estado devem se orientar de forma que o erário não acabe simplesmente patrocinando benefícios privados gratuitos, e que a livre concorrência seja sempre o elemento fundamental a orientar a alocação dos recursos segundo os sinais emitidos pelo sistema de preços.

Como se viu acima, os convênios bilaterais de comércio e pagamentos que foram instrumentos de criação de comércio internacional, propiciando liquidez e crédito num mundo absolutamente carente desses ingredientes, além de mecanismos eficazes de eliminação de riscos, estavam se transformando na década de 80 em meros instrumentos de subsídios privados, praticamente sem propósito de política econômica. Ou seja, o erário estava patrocinando benefícios privados, e os convênios tinham que ser extintos.

Entretanto, o CCR não pode de forma alguma ser encarado da mesma forma que aqueles convênios bilaterais com países do Leste Europeu. Antes de tudo o Brasil não tem nem nunca teve qualquer processo de integração econômica com eles. Estão fisicamente distantes do Brasil e vivendo em outra órbita econômica.

No caso do CCR, ao contrário, o Brasil tem interesses políticos vitais assim como interesses econômicos importantes de longo prazo. A integração econômica da América do Sul é um projeto antigo que une os países do Continente. Em fevereiro de 1960 foi criada a ALALC (Associação Latino-Americana de Livre Comércio) com o objetivo de eliminar o máximo possível de barreiras comerciais entre os países sul-americanos mais o México, até 1980. Em agosto de 1980, esgotado o prazo da ALALC, foi instituída em substituição a ela e para dar continuidade ao processo de integração comercial dos países membros, a ALADI (Associação Latino-Americana de Integração).

A Comunidade Andina, unindo Bolívia, Peru, Equador, Colômbia e Venezuela foi criada em maio de 1969, pelo Tratado de Cartagena. O Chile chegou a integrá-la, mas desligou-se em 1976. O MERCOSUL vem mais tarde, em março de 1991. Finalmente, já existe um tratado de livre comércio entre o MERCOSUL e a Comunidade Andina, celebrado em outubro de 2004.

Em dezembro de 2004, por ocasião da 3ª Cúpula Sul-Americana realizada em Cuzco, foi constituída a Comunidade Sul-Americana de Nações (CSN ou

[6] O órgão de coordenação do Governo brasileiro nas questões do comércio com o leste da Europa era o COLESTE (Grupo de Coordenação do Comércio com os Países Socialistas da Europa), criado em dezembro de 1962 e vinculado ao Itamaraty.

CASA), com propósitos ambiciosos de longo prazo, vislumbrando uma integração plena, nas linhas da própria União Européia.

Portanto, o CCR é um instrumento de cooperação financeira multilateral que reúne os países sul-americanos (exceto Suriname e Guiana) mais o México e a República Dominicana. Elimina riscos dos exportadores, economiza divisas, provê crédito e liquidez para o comércio inter-regional.

Dadas as relações políticas e econômicas entre os diversos países signatários do CCR, e, principalmente, o fato de os centralizadores do Convênio serem os respectivos bancos centrais, os créditos dentro do Convênio têm *status*, na prática, de créditos privilegiados, *status* este confirmado pela prática de mais de 25 anos.

Durante a década de 80 o Convênio teve um papel da maior relevância para todos os países. O período era de absoluta escassez de divisas na América Latina. Foram os anos da grande crise da dívida externa que eclodiu com a moratória mexicana de agosto de 1982, na esteira da Guerra das Malvinas. Todos estavam às voltas com renegociações de dívida, e dificuldades de balanço de pagamentos. Não havia, por exemplo, linhas voluntárias de créditos comerciais de curto prazo. A disponibilidade dessas linhas dependia dos acordos de reestruturação das dívidas externas dos países junto aos bancos internacionais. O CCR teve importância crucial como instrumento de economia de divisas e crédito.

O Brasil, por exemplo, se beneficiou das importações de petróleo da Venezuela que aumentaram no período, substituindo fornecedores hesitantes diante da penúria de divisas. Inclusive aumentaram-se os limites de crédito recíproco.

Nas circunstâncias daquela década é natural que tenha havido vários pedidos de refinanciamento das compensações quadrimestrais. Mas o que é importante sublinhar é que esses refinanciamentos ocorreram concentradamente nos anos 80 exatamente devido à crise financeira que a região atravessava. Nunca esses refinanciamentos se transformaram em créditos incobráveis ou foram remetidos ao Clube de Paris. Conforme relata o Banco Central (1985), os refinanciamentos se davam à taxa *prime* com base no Acordo de São Domingos, instrumento no qual se estabeleciam as regras para refinanciamentos dos déficits.[7]

Em fins de 1981, dadas as dificuldades crescentes de balanço de pagamentos da região os países acordaram modificações no Acordo de São Domingos ampliando o seu alcance, de forma a ir além dos refinanciamentos em até um ano de saldos das compensações. Criou-se um segundo mecanismo de crédito de médio prazo para déficits globais de balanço de pagamentos, e um terceiro para situações de iliquidez provocadas por catástrofes da natureza. O referido

[7] Banco Central do Brasil (2005) se refere a taxa de juros subsidiada nos refinanciamentos do CCR. Contudo, a taxa *prime* referida em Banco Central do Brasil (1985) p. 87 não representaria juros subsidiados. O autor que serviu na Área Externa do Banco Central de 1979 a 1988 não se recorda de taxas subsidiadas nos refinanciamentos do CCR. Entretanto, apenas revisitando a documentação da época se poderia esclarecer a questão.

relatório do Banco Central (1985) não informa as taxas de juros praticadas nessa rodada de ampliação do Acordo de São Domingos, de 1981.

Hoje, no caso de alguma inadimplência por ocasião da compensação multilateral quadrimestral, o CCR prevê o acionamento do PAP – Programa Automático de Pagamento –, mecanismo que estabelece um parcelamento desse valor em quatro prestações mensais, de forma a evitar distúrbios no Convênio[8].

De acordo ainda com o mencionado relatório do Banco Central (1985), até o final de 1984 o primeiro mecanismo (refinanciamento de saldos de compensações) teria sido "utilizado em 24 oportunidades" (*sic*), o que é muito mais que o apontado na Tabela II, conforme Banco Central (2005).

Também não se investigou essa contradição, mas é certo que a necessidade de refinanciamentos se concentra na década de 80. O Banco Central (1985) diz textualmente (p. 88): "*A crise de liquidez que, de forma generalizada, atingiu os países da América Latina a partir do 2º semestre de 1982, repercutiu negativamente sobre o funcionamento do Convênio de Créditos Recíprocos e do Acordo de São domingos. Tornaram-se rotineiras as exclusões de bancos centrais das compensações, bem como se amiudaram os pedidos de recursos ao amparo do Acordo de São Domingos*".

Tabela II

Não pagamentos de compensações do CCR	
Período	**País**
2º Quadrimestre de 1979	República Dominicana
2º Quadrimestre de 1981	Bolívia
3º Quadrimestre de 1982	Argentina
1º Quadrimestre de 1983	República Dominicana
3º Quadrimestre de 1983	República Dominicana
1º Quadrimestre de 1984	Equador/República Dominicana
1º Quadrimestre de 1986	Equador
2º Quadrimestre de 1986	Equador
2º Quadrimestre de 1987	Equador
3º Quadrimestre de 1987	Peru
1º Quadrimestre de 1989	Equador
2º Quadrimestre de 1989	República Dominicana
3º Quadrimestre de 1989	República Dominicana
1º Quadrimestre de 1990	Peru / República Dominicana
2º Quadrimestre de 1990	República Dominicana

Fonte: Secretaria Geral da ALADI. Elaboração: Banco Central do Brasil – Departamento de Dívida Externa e de Relações Internacionais (DERIN).

[8] Conforme Banco Central do Brasil (2005).

Os bancos centrais atribuíam limites de créditos recíprocos bilateralmente, com base em análises de risco e no volume de comércio. Não se acumulavam créditos ilimitados até as compensações.

Na década de 90 o CCR entrou em descenso. A abundância de liquidez e de crédito subtraiu grande parte do interesse no CCR. O risco soberano também se reduziu, embora tenha havido crises de pagamentos externos no Equador e na Argentina.

Outros fatores que contribuíram para diminuir a importância do CCR foram:

i) O aumento da integração do sistema financeiro da região com sua internacionalização. Tornaram-se mais comuns operações que são cursadas no mesmo banco nas duas pontas, de exportação e de importação;

ii) Maiores facilidades de comunicação e obtenção de informações;

iii) Fim da obrigatoriedade do curso das operações por intermédio do Convênio que existia na década de 80.

A Tabela III e o Gráfico I ilustram a queda de utilização do CCR. A proporção entre as operações cursadas no CCR e o comércio intra-regional, que alcançou o pico de 90% em 1989, saindo de 73%, em 1982, entra em queda livre a partir de 1990, descendo até 1,6% em 2003, e 3,9% em 2004.

O comércio intra-ALADI continuou crescendo durante os anos 90 e início da primeira década do século XXI, ao tempo em que despencava o montante das transações cursadas no CCR (Gráfico I).

Gráfico I

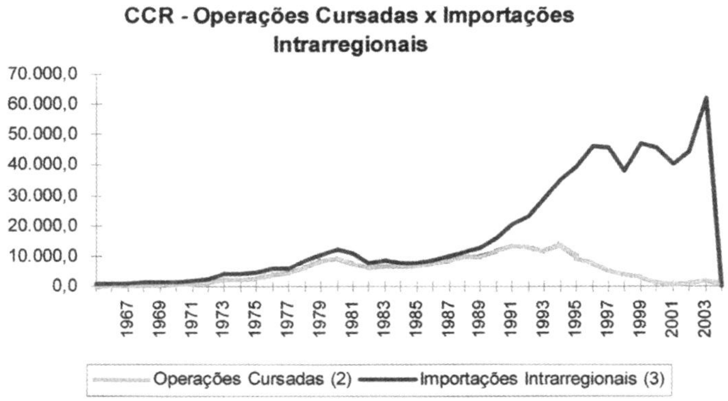

Fonte: Banco Central do Brasil (Direx/Derin), 2005.

Isto significa que a extinção da obrigação do curso das transações pelo Convênio em nada prejudicou os fluxos de comércio. Por conseguinte, este tipo de mecanismo de cooperação financeira, que teve importância capital para o conjunto dos países, inclusive, sublinhe-se, para o Brasil, na década de 80, perdeu, em parte, a sua relevância.

Os bancos centrais como centralizadores do CCR

Paralelamente, no Brasil, mas também em outros países, os bancos centrais começaram a se preocupar com riscos internos e externos do CCR. Não faria parte das funções de Banco Central bancar riscos do comércio exterior.

Numa visão clássica, bancos centrais devem cuidar da preservação do valor da moeda, perseguindo o equilíbrio interno e externo da economia de modo a minimizar as flutuações e as turbulências dos ciclos de negócios.

Nessa linha de raciocínio, discute-se até se a supervisão bancária não deveria ser atribuída a alguma outra instituição, saindo do seu escopo de atuação.

Menos ainda lhes caberia estimular exportações, ou cuidar de integração continental. Isto seria papel de bancos nacionais de desenvolvimento e bancos de comércio exterior

Da mesma forma que poderia haver conflito de interesse entre a atividade de zelar pela estabilidade monetária e a de fiscalizar o sistema bancário, também se configuraria em tese conflito de interesse na administração do Convênio de Créditos Recíprocos. Não pelo fato de que o Banco Central aí corre riscos. Ele enfrenta riscos na administração das reservas internacionais, em operações de *hedge* cambial, de redesconto, na gestão do meio circulante, etc..

O Banco Central, no caso, corre o risco de crédito dos bancos centrais dos outros países, o qual é menor que o risco soberano propriamente dito, convém sublinhar. Contudo, ele está em posição privilegiada para avaliar tal risco da maneira mais acurada possível e esta atividade é inerente e própria às suas funções de administrador das reservas oficiais de divisas.

O segundo risco que ele tem que enfrentar é o risco do seu próprio sistema bancário, uma vez que o Banco Central garante implicitamente as cartas de crédito emitidas pelos bancos credenciados a favor dos importadores sob a égide do CCR. Houve casos em que bancos que haviam emitido cartas de crédito foram liquidados e o Banco Central ficou com o prejuízo. Na melhor das hipóteses conseguiu receber com demora e defasagem de valor.

Este problema encerra, em primeiro lugar, uma questão de ordem administrativa. Dentro do Banco Central, a Diretoria de Assuntos Internacionais deveria:

(a) manter uma interlocução permanente com a Diretoria de Fiscalização, de modo a manter atualizados os limites de emissão de cartas de crédito dos bancos credenciados, e,

(b) ao mesmo tempo, desenvolver um gerenciamento mais ágil do sistema, de tal sorte a reduzir preventivamente aqueles limites, em função de determinados sinais da área de fiscalização.

Até aí se trataria de um mero problema de organização interna do Banco Central, cuja solução seria trivial. A questão de fato delicada reside em que um movimento restritivo do Banco Central no tocante aos limites para um determinado banco emitir cartas de crédito no âmbito do CCR poderia gerar desconfianças no mercado, provocar retiradas de depósitos, fuga de clientes, etc., e contribuir para colocar um banco em situação de iliquidez. E o Banco Central poderia ser responsabilizado por isso.

Aí, sim, isto é, na absorção do risco comercial, pode existir um conflito de interesses, entre as preocupações do Banco Central, enquanto órgão público, com a higidez dos seus créditos contra terceiros (bancos autorizados a operar no CCR), e a suas preocupações com o equilíbrio do sistema bancário como um todo.

Não existe talvez recomendação precisa para essa questão. Trata-se de arte mais que ciência. Porém o Banco Central encontrou uma solução que aparentemente resolve a questão. A Medida Provisória 142, de 02/12/2003, transformada na lei 10.844, de 04/03/2004, determinou que os créditos do Banco Central do Brasil contra instituição financeira credenciada a operar no CCR não serão alcançados por intervenção na instituição financeira credenciada, liquidação extrajudicial ou falência, não integrando a massa falida, nem tendo seu pagamento obstado pela suspensão da fluência do prazo das obrigações da instituição em regime especial.

Se essa lei passar no teste da prática judiciária, o problema estará de fato resolvido. Aliás, com base nessa lei o Banco Central revogou a exigência de pagamento antecipado das importações em 04/12//2003, que havia sido instituída em maio de 2000, por intermédio da Circular 2.982.

Solucionada tal questão, seria de todo conveniente que os bancos centrais continuassem como centralizadores do CCR[9], uma vez que são os gestores das reservas internacionais dos países, o que confere credibilidade ao Convênio e certamente está por trás da *seniority* com que essas obrigações são tratadas. Não se trata de dívidas comerciais, trata-se de obrigações financeiras de bancos centrais para bancos centrais, que devem ser cumpridas com prioridade.

Retirar os bancos centrais do papel de centralizadores do Convênio comprometeria a credibilidade do sistema de pagamentos da ALADI. Embora a utilização do CCR tenha caído a uma fração insignificante do comércio intra-regional, os bancos centrais têm insistido em manter o sistema. Agem de forma prudente e correta.

Primeiro porque o sistema financeiro internacional continua centrado em moedas domésticas[10], o que é fonte de incertezas e volatilidades da liquidez internacional. Neste momento, ela é abundante. Contudo, essa abundância, assim como a atual fase de expansão econômica internacional parece repousar em desequilíbrios norte-americanos e chineses, principalmente, cuja forma de correção futura não é clara. Assim, a manutenção do CCR é importante como uma espécie de seguro contra a volatilidade dos fluxos internacionais de capitais, na hipótese, ainda que de certa forma remota, de dificuldades de crédito em decorrência de ajustes mais abruptos e turbulentos dos atuais desequilíbrios.

---

[9] Admite-se que o ponto poderia igualmente ser resolvido de forma análoga a esta, ou mesmo eventualmente de outras maneiras nos demais países.

[10] O Euro não é uma moeda doméstica, mas, como moeda regional mantém características de moeda doméstica para efeitos mundiais.

Segundo, porque, supondo-se que os países da América do Sul caminhem, mesmo que a longo prazo, para uma união monetária, o sistema de *clearing* do CCR pode ser uma base a ser usada para uma moeda de transição, uma moeda de conta, uma *basket currency*, de uso inicialmente intra-regional, mas com perspectivas de expansão. Algo como a *European Currency Unit* (ECU), ainda ao tempo de Comunidade Econômica Européia. Aliás, na década de 80 discutiu-se no seio da ALADI idéias de uma moeda de conta, a UMLA (Unidade Monetária Latino-Americana). Também no contexto dos entendimentos Brasil-Argentina que culminaram no Tratado de Assunção e no MERCOSUL debateu-se a criação de uma moeda de conta e de pagamentos bilaterais – o Gaúcho. Nenhuma das propostas prosperou.

O que mais poderia ser alegado? Que as exportações financiadas a longo prazo incorporam um risco ampliado, que pode surpreender os bancos centrais e particularmente o Banco Central do Brasil? Que sofreria e sofre pressões políticas para aceitar no Convênio exportações de bens de capital ou de serviços de engenharia financiadas em longo prazo, com risco maior?

Ora, o Banco Central, pelas funções que exerce, sofre pressões permanentes de todas as naturezas – para reduzir a taxa básica de juros, para tomar ou deixar de tomar providências na área de supervisão bancária, e assim por diante. Todo órgão público sofre pressões. A arte da administração pública consiste em manter as decisões rigorosamente dentro do melhor interesse público, explicando sempre, e com toda a transparência, os propósitos e razões de medidas tomadas e de decisões prolatadas.

Por conseguinte, pressões ele recebe de qualquer forma, e isto não constitui argumento para deixar de administrar os créditos recíprocos com os países da ALADI.

Se o problema está nas exportações financiadas, vejamos. Há uma defasagem entre o primeiro momento, da contratação das exportações e seu curso dentro do CCR, e o segundo momento, em que o respectivo valor será debitado à conta do banco central do importador. A linha de crédito recíproca só é afetada neste segundo momento, isto é, quando da liquidação das operações. Por conseguinte, o seu limite leva em conta apenas_transações liquidadas. Entretanto, o crédito de um banco central a outro inclui também o saldo das exportações já cursadas, mas ainda não liquidadas.

O CCR encerra um sistema de créditos recíprocos com tetos. Na sistemática operacional do CCR, os bancos centrais registram as exportações e outros créditos na chamada Conta "A" e as importações e outras despesas na Conta "B". O saldo resultante do balanceamento de ambas as contas reflete o crédito ou débito líquido de cada banco central. Este saldo está limitado ao teto da linha de crédito recíproca. Se no período entre duas compensações quadrimestrais o saldo líquido devedor de um banco central com outro ultrapassar o teto da respectiva linha de crédito, o banco central devedor deverá efetuar uma transferência antecipada de divisas a favor do credor.

Então, em tese, o Banco Central do Brasil, por exemplo, ao avençar o limite de crédito recíproco com um seu homólogo estaria tranqüilo de que aquele seria o seu teto de risco. Se este teto tiver sido determinado com acurácia, o risco assumido por ambas as partes seria um risco calculado, normal e certamente dentro dos princípios da boa técnica bancária.

Tabela III

CCR - Convênio de Pagamentos e Créditos Recíprocos ALADI

US$ milhões

Anos	Transf. Antecipadas (A)	Saldo das Compen-sações (B)	Divisas Transferidas[1] (C)	Operações Cursadas[2] (D)	Part. (%) (C/D)	Imp. Intra-regionais[3] (E)	Part. (%) (D/E)
1977	170,1	717,2	887,3	3.936,0	22,5%	5.962,0	66,0%
1978	55,7	1.079,2	1.134,9	4.456,7	25,5%	5.939,0	75,0%
1979	300,0	1.329,6	1.629,6	6.420,7	25,4%	8.671,0	74,0%
1980	681,9	1.338,6	2.020,5	8.642,6	23,4%	10.529,0	82,1%
1981	868,9	1.684,7	2.553,6	9.331,4	27,4%	12.199,0	76,5%
1982	632,9	1.611,9	2.244,8	7.769,7	28,9%	10.620,0	73,2%
1983	309,2	1.499,8	1.809,0	6.470,5	28,0%	7.698,0	84,1%
1984	155,0	1.896,8	2.051,8	6.775,9	30,3%	8.543,0	79,3%
1985	61,7	1.437,1	1.498,8	6.725,8	22,3%	7.533,0	89,3%
1986	13,7	1.052,6	1.066,3	6.672,6	16,0%	7.674,0	87,0%
1987	65,5	1.203,7	1.269,2	7.491,8	16,9%	8.496,0	88,2%
1988	61,0	1.397,0	1.458,0	8.752,6	16,7%	9.914,0	88,3%
1989	162,0	2.350,6	2.512,0	10.136,9	24,8%	11.147,0	90,9%
1990	472,4	2.996,6	3.469,0	10.019,6	34,6%	12.551,0	79,8%
1991	768,8	2.097,3	2.866,1	11.610,5	24,7%	15.715,0	73,9%
1992	2.346,9	1.498,4	3.845,3	13.772,2	27,9%	20.164,0	68,3%
1993	3.293,1	530,2	3.823,3	13.175,8	29,0%	22.935,0	57,4%
1994	3.473,4	363,1	3.836,5	11.721,1	32,7%	28.742,0	40,8%
1995	5.698,1	398,4	6.096,5	14.020,2	43,5%	35.078,0	40,0%
1996	3.887,0	289,8	4.176,8	9.621,3	43,4%	39.397,9	24,4%
1997	3.579,3	177,0	3.756,3	7.864,2	47,8%	46.062,2	17,1%
1998	2.503,1	151,9	2.655,0	5.570,2	47,7%	45.733,0	12,2%
1999	1.735,1	188,4	1.923,5	3.930,5	48,9%	37.989,5	10,3%
2000	1.541,5	119,9	1.661,4	3.265,9	50,9%	47.185,2	6,9%
2001	730,6	110,1	840,7	1.472,8	57,1%	45.818,4	3,2%
2002	523,6	136,6	660,2	917,9	71,9%	40.150,6	2,3%
2003	406,6	121,7	528,3	702,3	75,2%	44.034,1	1,6%
2004	1912,7	320,7	2.233,4	2.402,0	93,0%	61.826,2	3,9%
2005	838,1	133,3	971,4	1.023,8	94,9%	ND	ND
TOTAL	37.542,2		68.233,0	217.203	31,414%	682.125	31,692%

Notas e observações: (1) Entende-se por divisas transferidas a soma dos saldos das compensações multilaterais quadrimestrais com as transferências antecipadas mais ou menos os ajustes decorrentes de acordos e contratos bilaterais. (2) A partir de 1998 os dados das importações intra-regionais incluem a República Dominicana. (3) As estatísticas de 2004 são estimadas e as de 2005 correspondem ao período jan/abr. (4) A participação das operações cursadas no CCR nas importações intra-regionais deve ser olhada apenas como um indicador da importância relativa do CCR (col. D/E), porque, no Convênio, cursam, além de transações comerciais, também operações financeiras, que se referem a exportações e importações de períodos anteriores.

Fonte: Banco Central do Brasil – Derin -, com base em ALADI: *Estatística Histórica del Uso del Convênio,* para 1966 a 2004; para 2005, ALADI, *Convenio de Pagos y Créditos Recíprocos: Compensación Multilateral de Saldos (primeiro quadrimestre de 2005).*

Entretanto, isto só seria verdade se as exportações fossem contratadas, cursadas no Convênio e liquidadas pelo importador, tudo no mesmo instante de tempo. Mas as coisas não se passam assim. As exportações são contratadas para liquidação em diferentes prazos. A curto prazo, até um ano, ou a médio e longo prazo, acima de um ano.

Assim, a cada momento, o saldo econômico de créditos recíprocos é diferente do saldo contábil resultante do balanceamento das Contas "A" e "B". Se as operações que estejam, num dado momento, sendo contratadas para liquidação futura, refletirem o padrão histórico, em termos de saldos do comércio bilateral, não haverá surpresas nas Contas "A" e "B" e, por conseguinte, nos limites de créditos recíprocos mutuamente outorgados.

No entanto, se houver um descolamento desse padrão tradicional abre-se espaço para surpresas. Se, por exemplo, começam a crescer exportações brasileiras financiadas a médio e longo prazo para um determinado país, sem contrapartida no aumento das importações brasileiras, o endividamento efetivo deste país com o Brasil estará a aumentar sem reflexo imediato e visível nos saldos das Contas "A" e "B".

De repente as partes podem ser surpreendidas com um valor inesperadamente elevado a ser transferido antecipadamente, situação que eventualmente pode evoluir para pedidos de refinanciamento. Dessa forma, o Banco Central do Brasil, por exemplo, descobriria, tarde demais, que abrira um teto de crédito em favor de um homólogo seu significativamente maior do que o simples limite contábil do crédito recíproco.

Este é o perigo de gerar-se endividamento descontrolado. Então como lidar com este problema?

O princípio fundamental consistiria em que os limites de créditos recíprocos_mirassem os valores cursados e não os montantes liquidados. Se o limite fosse alcançado, três alternativas seriam contempladas:

i) Transferência antecipada do saldo devedor líquido do balanceamento das Contas "A" e "B" (se houver);

ii) Abatimento antecipado de parte ou do todo do saldo da Conta "B" do banco central que tiver batido no seu teto de endividamento, independentemente de o valor líquido do balanceamento das respectivas contas apresentar-se devedor ou credor;

iii) Finalmente, se nenhuma das opções acima for adotada, ou na eventualidade de mostrarem-se insuficientes, restaria a alternativa de permitir o curso de operações extra-teto no Convênio, mas sob a condição de que o pagamento efetivo ao exportador dessas novas transações aguardaria a respectiva liquidação no Convênio (como hoje faz o Banco Central do Brasil para as exportações financiadas acima de um ano);

iv) É claro que, à medida que se abrisse espaço na linha de crédito recíproco, as transações já cursadas com aquele condicionamento seriam promovidas ao *status* normal até o esgotamento do limite da linha.

Esse tratamento do problema pode ser mais eficiente que o procedimento atualmente adotado pelo Banco Central do Brasil, que condiciona a totalidade das exportações contratadas a prazo superior a um ano ao regime de só serem efetivamente pagas em reais depois de liquidadas no Convênio pelo banco central do importador. Entretanto, ao mesmo tempo, libera para curso no Convênio todo o universo das exportações de prazo inferior a um ano.

Tal tratamento diferenciado, paradoxalmente, discrimina contra as exportações financiadas a médio e longo prazo, onde, em geral estão as vendas de bens de capital e produtos de maior conteúdo tecnológico. Mais do que isso, talvez a principal razão, hoje, para se manter o CCR seja o barateamento dos financiamentos de importações intra-regionais. Na medida em que gozam das garantias dos bancos centrais, e as exportações regionais de cada país ficam implicitamente vinculadas às importações da área em função do *clearing*, os riscos caem de forma significativa. E este mecanismo beneficia as importações financiadas da área, isto é, da ALADI, aumentando, por conseguinte, a competitividade de exportações de bens de capital e de outros produtos manufaturados com conteúdo tecnológico mais elevado, provenientes de países da própria região, como, por exemplo, do Brasil.

Os países importadores de bens de capital, em contrapartida, se beneficiam de um acesso facilitado aos mercados dos países exportadores, na medida em que é do interesse desses últimos facilitar as compras daqueles, permitindo o aumento dos limites de financiamento e expansão de suas vendas.

Obrigatoriedade de curso das transações intra-regionais no CCR

A liberdade de escolha dos exportadores, importadores e outros agentes do mercado deveria permanecer – o Convênio deve ser atrativo para eles e não representar apenas mais uma obrigação no contexto dos famigerados controles cambiais. O CCR transforma riscos privados em riscos soberanos e os bancos centrais assumem esse risco, reduzindo custos do setor privado. As empresas podem usar ou não esse expediente. Se ele for útil elas o usarão; ao menos é isto que se espera da racionalidade econômica.

Economistas que estudam problemas do CCR argumentam que os riscos dos créditos recíprocos do Convênio são também reduzidos pela sua diluição no conjunto dos países participantes. Ao contrário dos convênios bilaterais de comércio e pagamentos com o Leste Europeu onde o risco se circunscrevia à contraparte, no CCR os países compensam déficits com alguns parceiros comerciais com superávits com outros.

Entretanto, se o CCR cair em desuso como parece estar ocorrendo, os riscos aumentam porque passam a ter caráter mais bilateral, sem o elemento difusor do risco característico do *clearing* entre o conjunto de países. Em outras palavras, com o sistema da compensação multilateral os superávits regionais são automaticamente vinculados aos déficits. Mas isso acontece se os 12 países cursarem o seu comércio inter-regional pelo Convênio. Caso contrário, a tendência seria de redução nos limites de créditos recíprocos, em função do aumento implícito do risco.

Um exemplo importante dessa ordem de problema seria representado pelas importações de petróleo da Venezuela que não são cursadas no CCR. Por quê? A Petrobras não tem interesse em cursar essas operações no CCR? A Venezuela colocaria alguma restrição?

Entre a liberdade de escolha e a indução ao não uso há uma diferença substancial. Desde 2000 o Brasil tomou uma série de medidas desestimuladoras do uso do Convênio. Nisso foi acompanhado ou seguiu outros países, como a Argentina. Caberia uma tentativa de acordo entre os participantes no sentido da não obrigatoriedade, mas com neutralidade. Para isso a medida basilar seria rever os limites de créditos recíprocos passando a considerar as transações cursadas, como sugerido acima, além, evidentemente, de se eliminarem todas as restrições eventualmente existentes ao curso de determinados produtos no Convênio.

Entretanto, em circunstâncias específicas, como no caso do petróleo da Venezuela ou do gás da Bolívia, o curso no CCR seria do maior interesse, tanto do Brasil – país importador – como dos exportadores, pelas razões colocadas acima. Nesses casos, caberia a intervenção do Governo nas decisões privadas pelas externalidades negativas eventualmente geradas em função de decisões orientadas exclusivamente pelo ponto de vista privado.

Uso das moedas nacionais nos pagamentos internacionais

Moedas nacionais são usadas para pagamentos internacionais quando têm conversibilidade, isto é, preencham as seguintes condições:

i) Sejam aceitas internacionalmente e de forma generalizada como meio de pagamento;

ii) Não haja restrições por parte do Governo do país emissor para sua livre circulação interfronteiras;

iii) Tenham liquidez, isto é, sejam negociadas normalmente e em volumes significativos nos mercados financeiros internacionais, de modo que tenham cotações conhecidas e claras, e, por conseguinte os *spreads* entre os preços de compra e venda sejam pequenos;

iv) E, por via de conseqüência, funcionem como reserva de valor.

Nem o real, nem o peso argentino, nem o peso uruguaio, nem o guarani, e, agora, nem o bolívar venezuelano têm características de moeda conversível. Assim, não se poderia cogitar, ainda, do uso dessas moedas para liquidação das exportações e importações intra-regionais.

Muitas vezes conjectura-se facilitar o uso, no comércio de varejo, de moedas dos países da América do Sul que fazem fronteira entre si. Isto pode ser feito e já o foi no passado, mediante acordos entre os bancos centrais respectivos, para proporcionar curso no CCR a cheques e outros documentos emitidos em cada uma das moedas, além de moeda manual propriamente dita[11].

O estabelecimento de acordos entre os bancos centrais no sentido de conferir liquidez a pagamentos efetuados em um país, com a moeda do outro, poderia ser útil para o chamado comércio de formigas (fronteiriço). Mas o que se estaria fazendo, de fato, seria facilitar a troca das moedas locais por dólares. Não seria propriamente o uso das moedas nas transações entre os países.

Atualmente, com o aperfeiçoamento dos instrumentos monetários, como o uso generalizado de cartões de crédito, as operações de câmbio se fazem de forma praticamente automática, não se acumulando mais no comércio de varejo, saldos ilíquidos em moedas nacionais dos países.

Além disso, cresceu nas últimas duas décadas a preocupação com o comércio de drogas consideradas ilegais, contrabando de armas, sonegação fiscal e, conseqüentemente, com lavagem de dinheiro. Assim, não seria mais possível simplesmente abrir-se espaço para dar liquidez a saldos de moeda manual cuja origem não pudesse ser devidamente esclarecida. Mesmo as transações cursadas por intermédio do sistema bancário são hoje objeto de escrutínio quando cruzam fronteiras.

Na verdade, o uso das moedas nacionais nas transações entre os países, seja no conjunto restrito do MERCOSUL, seja no espaço mais amplo da ALADI ou do CCR, passa pelo estabelecimento de taxas de câmbio fixas, ou de bandas, entre aquelas moedas, onde elas variassem em conjunto frente a moedas de reserva, tipo dólar. Foi a experiência da "serpente" européia com o ECU.

E é importante ter em mente que à época da "serpente" as moedas européias já gozavam de conversibilidade ampla – o marco, o franco suíço, o franco francês, etc., eram moedas de aceitação e conversibilidade generalizadas, o que não ocorre com com as moedas do MERCOSUL.

Mesmo assim, no marco da cooperação financeira entre os países do MERCOSUL, se poderia estudar meios de facilitar, no que coubesse, os pagamentos inter-fronteiras em moedas nacionais dos respectivos países. Inclusive o próprio recebimento de exportações nas moedas nacionais também poderia ser estudado, embora talvez viesse a exigir algumas reformas pontuais no mecanis-

[11] Na primeira metade da década de 80 houve um acordo entre os bancos centrais do Brasil e da Colômbia para cursar no CCR moeda manual comprada pelo Banco Central da Colômbia na região fronteiriça das cidades de Tabatinga e Letícia. O comércio varejista local estava acumulando cruzeiros em excesso, que não tinham liquidez.

mo do CCR. Eventualmente, ter-se-ia, além das Contas "A" e "B" denominadas em dólares, as Contas "A" e "B" denominadas nas moedas nacionais, com compensações específicas. Os saldos que remanescessem em mãos de cada banco central denominados em moedas dos demais países, entrariam então na compensação multilateral do CCR convertidos a dólares.

Seja como for, o tema é suficientemente complexo para exigir análises e estudos mais aprofundados.

Integração dos mercados financeiros

A integração dos mercados financeiros não apenas pode oferecer um escopo mais amplo para as empresas comerciais e industriais captarem recursos, mas também contribui para o próprio aprofundamento dos mercados financeiros, na medida em que lhes propicia um espaço mais amplo e maior densidade para suas operações.

Fundamentalmente o objetivo seria oferecer mercados financeiros ampliados às empresas que operam no espaço comum. Mas é preciso, como condição precedente, que haja mercados financeiros e de capitais estruturados que possam ser integrados. Isto requer políticas macroeconômicas que privilegiem o equilíbrio interno e externo das economias, de modo a preservar-se a estabilidade dos valores das moedas.

Uma vez consolidada a estabilidade monetária, criam-se as condições para o surgimento de aplicações financeiras de médio e mesmo de longo prazo, que o sistema bancário poderá reciclar em empréstimos de prazos mais alongados.

Todas as cinco economias do MERCOSUL têm mercados financeiros de pouca profundidade, baixos coeficientes de crédito bancário e mercados de capitais pouco desenvolvidos. O Brasil, por exemplo, ainda depende do BNDES para os empréstimos de prazos mais longos.

No momento, possivelmente o mercado financeiro mais bem estruturado é o brasileiro. A Argentina vem de um colapso financeiro no final de 2001 e início de 2002 cujas seqüelas ainda estão presentes. O Governo venezuelano tem tomado algumas medidas de intervenção direta no domínio econômico que militam contra a construção do clima de confiança necessário para que se caminhe no sentido de consolidar mercados financeiros capazes de canalizar a poupança para o investimento.

Exemplo disso foi uma iniciativa do Governo da Venezuela, de setembro de 2005[12], de colocar dois representantes oficiais nos Conselhos de Administração dos bancos privados. A providência vai, aliás, exatamente no sentido contrário das preocupações relacionadas a bancos de desenvolvimento de maneira geral. A rigor deveria ser o contrário % representantes do setor privado nos Conselhos de Administração dos bancos oficiais.

A integração dos mercados financeiros pode comportar o acesso a bolsas de valores para colocação de ações, emissões de bônus ou debêntures, além de facilidades para a instalação de bancos, suas subsidiárias e agências, e companhias de seguro e capitalização. Em resumo, maior abertura para serviços financeiros.

Na prática essa integração não prosperou. No que concerne à instalação de bancos, continuam as preocupações de cada país, e do Brasil em particular, de demandar o cumprimento de suas próprias legislações e exigências normativas.

[12] Cf. Folha de São Paulo, 05/09/2005, p. B6.

Por exemplo, a Constituição brasileira determina que a abertura de bancos estrangeiros seja autorizada caso-a-caso pelo Presidente da República. Os demais países reclamam uma mudança constitucional que eliminasse essa exigência para a região do MERCOSUL.

Além da estrutura normativa, há as questões de *enforcement* das normas, de fiscalização do sistema financeiro propriamente dito. No caso das seguradoras teria havido um começo mais ousado, mas as condições de acesso aos mercados da região continuam dependendo das legislações de cada país, não se tendo, igualmente, chegado a normas comuns. Os fundos de investimento inter-fronteiras também não prosperaram.

Hoje desapareceram as razões que possam ter justificado, no passado, os controles cambiais, que se tornaram até contraproducentes. A liquidez internacional é adequada, até abundante, e o comércio internacional é crescente. A integração financeira caminhou à frente da integração comercial. É uma realidade da globalização que transcende os limites do MERCOSUL.

Dessa forma, as preocupações com a integração financeira passaram à esfera prudencial e de repressão ao crime.

É interessante lembrar, nesse sentido, que já é possível às empresas latino-americanas captarem na Bolsa de Valores de Nova York, mediante os ADR (*American Depositary Receipts*). Hoje já há mais de 2000 ADR's registrados na Bolsa de Nova York, de mais de 50 países. Logo, não há por que empresas argentinas não possam lançar papéis na Bovespa, e empresas brasileiras na bolsa de Buenos Aires. Evidentemente, isto requereria a obediência aos padrões de exigências da CVM, no caso do mercado de capitais brasileiro, e da sua congênere argentina para o caso inverso. Nem existem razões, que não sejam de ordem prudencial, repetimos, para impedir que fundos de investimento do Brasil não possam aplicar recursos na Argentina, no Paraguai, no Uruguai ou na Venezuela, e vice-versa.

Da mesma forma, as questões do investimento direto também mudaram completamente de feição entre 1991 e 2006. Não se trata mais de estabelecer restrições, diretas ou indiretas (tributárias), à saída de dividendos ou repatriações dos valores do capital investido. Os investimentos externos diretos ou de portfólio são bem-vindos e ficou claro que dificultar a saída dos recursos só desestimula o ingresso.

Também cresceram os investimentos diretos intra-MERCOSUL, seja de empresas de capital brasileiro ou argentino, seja de empresas sediadas nos territórios desses países, mas de capital estrangeiro. E não se têm registros de dificuldades ou contenciosos relativos a esses investimentos.

Assim, o que se poderia discutir hoje seriam regras e princípios com vistas a regular eventuais concessões de incentivos ou benefícios fiscais para a localização dos projetos industriais ou comerciais resultantes de investimentos externos diretos.

Os fundos comuns e suas perspectivas

Independentemente de estudos visando a uma futura e hipotética união monetária, ou de aperfeiçoamentos no CCR e nas regras cambiais, ou ainda de uma pavimentação do terreno com vistas a uma integração dos mercados financeiros, a mais óbvia forma de cooperação financeira para o MERCOSUL seria a constituição de uma agência de fomento, tipo CAF (Corporação Andina de Fomento).

Uma "agência de fomento", mais do que um "banco de desenvolvimento", preservaria a sua natureza de entidade com vocação para o financiamento do desenvolvimento econômico regional. Seu foco seria o financiamento de projetos privados com forte conteúdo de externalidades positivas. Importante sublinhar, contudo, que, ao privilegiar empreendimentos que gerassem um volume mais expressivo de externalidades positivas, de forma alguma se abandonariam as preocupações permanentes com os retornos privados: a agência de fomento tem que gerar lucros para crescer e se expandir.

Ela não deveria estar interessada em maximizar lucros financeiros, o que não faria sentido. Seu objetivo seria maximizar retornos totais – sociais e privados – privilegiando os benefícios sociais sob a restrição de geração de retornos privados suficientes para manter a lucratividade e higidez da agência.

Uma típica agência de fomento não contamina suas atividades com operações de natureza bancária comercial. Essa mistura contribui para corroer a mística do desenvolvimento que, disseminada no *staff*, cria uma espécie de "blindagem" moral contra empréstimos que se oponham aos princípios da boa técnica bancária. Nas transações de caráter bancário propriamente dito, de curto prazo, de linhas comerciais, a visão do desenvolvimento econômico fica oculta, não é transparente. A diluição do compromisso com o desenvolvimento econômico regional enfraqueceria os princípios éticos institucionais e abriria eventualmente o caminho para o uso político da instituição financeira oficial, isto é, o seu "aparelhamento" – o grande perigo que se deve afastar.

A agência de fomento também deveria participar do financiamento de projetos de integração da infra-estrutura física da América do Sul. Não sozinha, mas em co-financiamentos com a CAF, com o BID, com o Banco Mundial e bancos privados.

Os financiamentos de infra-estrutura são concedidos diretamente a Governos, ou a entidades públicas. Mais recentemente surgiu o esquema das Parcerias Público-Privadas onde o tomador do empréstimo é uma empresa privada, ou um consórcio de empresas privadas, com a garantia do aluguel do empreendi-

[13] O Brasil detém ações da chamada Série C, que conferem poderes menores que as ações das Séries A e B, privativas dos Governos ou entidades públicas e privadas localizadas nos países da Comunidade Andina.

mento para o Governo, ou das rendas de uma subseqüente concessão de exploração (caso de rodovias, por exemplo).

É importante que fique claro que o risco de operações com Governos deve ser analisado e computado de forma realista conforme as circunstâncias – não é risco nulo. Ademais de órgão financiador de projetos, a agência de fomento seria também um *locus* de referência de estudos econômicos da região, e poderia funcionar também como uma agência de investimentos, encaminhando, orientando e atraindo projetos para a região.

Duas ordens de argumentos contrários se poderiam levantar em oposição à idéia de criar esta agência de fomento. Primeiro que seria duplicação de organismos. Mais uma estrutura burocrática seria criada para fazer o que a CAF, o BID e o Banco Mundial já estão fazendo. Segundo, os perigos do uso político da agência.

De fato não haveria duplicação. A CAF é um organismo da Comunidade Andina, da qual a Venezuela é membro, mas nem Argentina, nem Brasil, o são, embora o Brasil seja acionista da corporação[13]. Suas preocupações, enquanto banco de desenvolvimento, estão concentradas na região andina. Isto não quer dizer que não financie projetos fora daquela área, o que, aliás, ela faz, embora não como seu enfoque principal.

O BID é um organismo criado pelos Estados Unidos, sob sua liderança e que opera sob influência dominante do Governo norte-americano. É útil e presta serviços importantes à América Latina, porém:

i) A sua visão abarca todo o continente americano ao sul do Rio Grande; incorpora toda a América Latina e mais os países não latinos do Caribe. Contempla, portanto, uma diversidade de preocupações e interesses de espectro mais amplo, onde a região definida pelo Mercosul, embora importante, é apenas uma parte,

ii) Como não poderia deixar de ser, o BID é um organismo impregnado do viés norte-americano na sua forma de olhar o processo de desenvolvimento econômico, as prioridades e a filosofia das políticas econômicas, etc..

Não que esse viés norte-americano seja necessariamente nocivo. Há princípios de teoria e política econômica que são de aplicação universal. Mas não deixa de ser um viés que reflete interesses específicos, não necessariamente sempre coincidentes com os dos países do MERCOSUL.

Uma Agência Sul-Americana de Fomento poderia ser imaginada como embrião do futuro Banco de Desenvolvimento do MERCOSUL, idéia que chegou a ser debatida em meados da década de 90.

Como se sabe o FONPLATA não prosperou. Conforme dados do site do organismo, detém patrimônio de US$ 350 milhões, aproximadamente, distribuídos por US$ 200 milhões de empréstimos e US$ 150 milhões de liquidez. Aparentemente os seus ativos de liquidez são exagerados, ainda mais pelo fato de não trabalhar com captações de terceiros.

No futuro, poderia até haver uma fusão da Agência Sul-Americana de Fomento com a CAF, absorvendo o FONPLATA. A CAF hoje tem ativos totais de US$ 9,6 bilhões, o que equivaleria a alguma coisa entre a subsidiária do Citibank no Brasil e o banco Nossa Caixa, o banco estatal do Estado de São Paulo (considerando a taxa de câmbio de 31/12/04, data dos balanços, Tabela IV).

Tabela IV

ATIVOS TOTAIS

Dezembro 2004

	R$ milhões	*US$ milhões* *Taxa de câmbio de Venda* 31/12/2004 *R$ 2,6544/US$*	*US$ milhões* Taxa de câmbio de venda 30/09/2005 R$ 2,2222/US$
HSBC Brasil	34.374,8	12.950,1	15.468,8
Nossa Caixa	31.254,5	11.774,6	14.064,7
Citibank	21.957,1	8.272,0	9.880,8
Bankboston	21.181,1	7.979,6	9.531,6
BNDES	161.872,1	60.982,6	72.843,2
CAF		9.586,0	9.586,0
BID		67.364,0	67.364,0

Fontes: Valor 1000, "Maiores Empresas", Valor Econômico, edição 2005.
Banco Central do Brasil (taxas de câmbio); Ministério do Planejamento, Orçamento e Gestão " SEAIN (ativos do BID) e Informe Anual 2004 da CAF (ativos da CAF).

Tomando a taxa de câmbio de setembro de 2005, a CAF estaria no mesmo patamar de ativos totais da subsidiária do Citibank e 30% abaixo da Nossa Caixa. A CAF é uma instituição financeira pouco alavancada. Com patrimônio líquido de US$ 2,8 bilhões, tem uma carteira de empréstimos de US$ 6,9 bilhões (líquida de provisões) e liquidez total (incluindo títulos e valores mobiliários) de US$ 1,6 bilhões. As demais contas do ativo somam US$ 1 bilhão. O valor total dos ativos alcança US$ 9,6 bilhões, como referido acima.

Grosso modo, a Corporação estaria mais ou menos enquadrada nas regras de capitalização exigidas das agências de fomento brasileiras. Se aplicados à CAF os coeficientes de alavancagem estabelecidos para as agências de fomento brasileiras, ela poderia alcançar US$ 10 bilhões de ativos, ligeiramente acima do valor existente. Ou seja, comporta-se dentro dos parâmetros de prudência que se exige de uma instituição financeira voltada para o financiamento do desenvolvimento econômico.

Se a Agência Sul-Americana de Fomento fosse criada com US$ 5 bilhões de capital, por exemplo, poderia atingir US$ 18 bilhões de ativos. Considerando-se uma hipótese de fusão com a CAF, os ativos totais da instituição financeira resultante alcançariam US$ 28 bilhões, equivalentes a 42% do BID.

Além de preceitos rigorosos de alavancagem, também as regras de concentração para essa nova instituição financeira deveriam ser as mais severas, por país, por tomador e com uma limitação grande de financiamento do setor público. Por exemplo, os empréstimos do setor público, concedidos direta ou indiretamente, isto é, mesmo que deferidos ao setor privado, mas contando com garantias de Governo ou entidades públicas, não deveriam superar, como idéia preliminar, 40% do Patrimônio Líquido.

O objetivo desse tipo de limitação seria forçar a agência de fomento, na hipótese de financiamentos ao setor público, a montar preferencialmente operações de co-financiamento, dividindo o risco e a análise do risco com outras instituições financeiras multilaterais, com instituições de desenvolvimento dos próprios países e com bancos privados.

Finalmente, nunca se deve perder de vista que agências de fomento ou bancos de desenvolvimento são em princípio instituições passageiras. Ou, ao menos, os seus papéis se alterariam ao longo do processo de desenvolvimento econômico à medida que este fosse bem sucedido. O que importa de fato são políticas econômicas que preservem os equilíbrios macroeconômicos e criem os ambientes favoráveis ao aumento da poupança nacional e ao florescimento das atividades econômicas, dos investimentos e da iniciativa privada.

Instituições financeiras de desenvolvimento podem ajudar, mas é fundamental que não sejam pensadas como formas de compensação de políticas econômicas equivocadas que destroem a poupança de longo prazo e a estabilidade macroeconômica, fazendo desaparecer o crédito e impedindo o sistema bancário de desempenhar o seu papel de canalizar poupanças para investimentos.

É preciso que elas, as instituições financeiras de desenvolvimento, tenham sempre caráter complementar do setor privado, corrigindo falhas de mercado e não compensando externalidades negativas de políticas econômicas erradas.

***Carlos Eduardo Freitas**, economista, foi Diretor de Área Externa e a liquidações do Banco Central, integra a equipe do Valora, assessoria de negócios.*

Bibliografia

FREITAS, Carlos Eduardo de: "Coordenação de Políticas Macroeconômicas no MERCOSUL", Boletim de Conjuntura Internacional, n. 10, "novembro de 1994". Secretaria de Assuntos Internacionais (SEAIN) do Ministério do Planejamento, Orçamento de Gestão (trata-se de resumo de estudo preparado pelo autor para o Instituto de Pesquisa Econômica e Social Aplicada" IPEA ", Coordenadoria de Planejamento Macroeconômico " CPM, com apoio do Projeto PNUD, no âmbito do Subgrupo de Trabalho nº 10 do Grupo Mercado Comum do Mercosul " Coordenação de Políticas Macroeconômicas).

FREITAS, Carlos Eduardo de: "Cooperação Financeira Argentina, Brasil e Venezuela – Problemas e Perspectivas", mimeo. Brasília, "outubro/2005", Fundação Alexandre de Gusmão (FUNAG).

Banco Central do Brasil, "Convênio de Pagamentos e Créditos Recíprocos – CCR. O Brasil e o CCR". Departamento de Dívida Externa e de Relações Internacionais (Derin), Diretoria de Assuntos Internacionais (Direx), 2005 (site do Banco Central do Brasil).

Banco Central do Brasil, "Relatório do Setor Externo da Economia Brasileira 1979/1984", Diretoria da Área Externa, "fevereiro/85".

FREITAS, Carlos Eduardo de, "A Experiência Brasileira com Instituições Financeiras de Desenvol vimento". CEPAL, 2005 (documento em fase de revisão final, ainda não publicado).

Schacht, Hjalmar: "Setenta e Seis Anos de Minha Vida", Editora 34, 1999, São Paulo (tradução Tereza M. Souza de Castro).

MERCOSUL Político e Social: Integração ou Desintegração

Uziel Nogueira

MERCOSUL Político e Social: Integração ou Desintegração

MERCOSUL político e social: integração ou desintegração?

Resumo executivo

Este trabalho examina os aspectos políticos e sociais do Mercado Comum do Sul há 15 anos da assinatura do Tratado de Assunção (1991). O trabalho analisa a participação patronal-sindical, a integração política e a esfera de segurança e defesa. As principais conclusões são as seguintes:

Patronal-sindical.

O contexto regional aponta a uma maior cooperação patronal-sindical na área agro-pecuária devido a dois fatores. Primeiro, a agricultura argentina (semitropical) e a brasileira (tropical) são complementares. Segundo, as duas economias são extremamente competitivas nos mercados globais. Paraguai e Uruguai seguem a mesma lógica dos sócios maiores. Na área industrial ocorre o inverso. Brasil e Argentina produzem praticamente os mesmos produtos que, por sua vez, têm pouca competitividade nos mercados globais. As manufaturas argentinas e brasileiras lutam pelo mercado ampliado do MERCOSUL, fato que torna inevitável o conflito entre a Federação das Indústrias de São Paulo/Confederação Nacional das Indústrias (FIESP/CNI) e *Union Industrial Argentina* (UIA). Paraguai e Uruguai, com parques industriais menores e pouco sofisticados, têm pouca participação neste conflito. O aparecimento da China como potência exportadora de manufaturas pode servir de incentivo para uma maior cooperação patronal-sindical em nível regional e hemisférico. São analisados dois cenários:

(1) cooperação/integração MERCOSUL - Hemisférica, em que são criadas condições para convergência e cooperação patronal-sindical; (2) conflito/desintegração, em que são criados condições e incentivos para mais conflitos intrapaís e intrabloco.

Integração política.

O documento argumenta que a proposta de integração do Presidente Alfonsín ao Presidente Sarney (1985) tinha motivação política devido aos perigos na transição democrática argentina. Um trabalho do Banco Interamericano de Desenvolvimento e das Nações Unidas sobre a visão das elites latino-americanas mostra que, no caso do MERCOSUL, as mesmas pensam que o processo de integração é fundamental para reforçar o processo democrático. No caso das elites mexicanas ocorre o inverso. Elas pensam que a integração com os Estados Unidos não contribui para consolidar o processo democrático no país azteca. Desde a perspectiva das elites, a incorporação da Venezuela como membro pleno do Mercado Comum do Sul significa reforçar a democracia no país andino, por meio de eleições livres. O lançamento do parlamento do MERCOSUL é analisado desde a perspectiva do debate político-ideológico de como enfrentar o principal desafio ao processo democrático, isto é, a pobreza e a desigualdade social. De um lado, a revolução bolivariana do Presidente Hugo Chávez e, do outro, a estratégia gradual *soft* Lula-Ricardo Lagos.

Segurança e defesa.

A análise mostra que a criação do MERCOSUL e a absolescência da doutrina de segurança nacional (causada pelo final da guerra fria entre Estados Unidos e União Soviética) provocou uma situação inédita para as forças armadas na região, isto é, a perda de poder político, dinheiro e missão. A partir dos atentados de 11 de Setembro de 2001 em Washington e New York iniciou-se um debate em torno do papel das forças armadas sul-americanas no contexto da guerra contra o terrorismo islâmico. O debate envolve duas escolas do pensamento: a tradicional e a de segurança humana, discutida nas Nações Unidas. Para a liderança civil do MERCOSUL, a questão de segurança e defesa tornou-se um problema incômodo e intratável por várias razões, entre elas, o fato de gerar poucos votos nas eleições legislativas e presidenciais. Nenhum candidato a vereador, prefeito, governador, deputado, senador ou presidente na Argentina, no Brasil, no Paraguai e no Uruguai perdeu uma eleição devido a (in)segurança doméstica e/ou preocupação do eleitorado por uma hipotética invasão estrangeira ou medo de algum ataque terrorista. Em matéria de segurança e defesa, os países do MERCOSUL vivem o pior de dois mundos. Não têm uma força militar de dissuasão crível (caríssimo nos dias de hoje) e não conseguem garantir a segurança dos cidadãos contra o crime e a violência do narcotráfico.

Introdução

Que lugar ocupamos na economia global?

O principal objetivo do processo de integração na América Latina/Caribe é o desenvolvimento econômico e social que implica, neste início do século XXI, ser competitivo na economia global. Os países da região buscam integrar-se desde o período pós-colonial quando declararam independência de Portugal e Espanha. Para entender os aspectos da integração política, a participação patronal-sindical e a esfera de cooperação e defesa no MERCOSUL –temas centrais deste trabalho – é necessário, inicialmente, avaliar o quadro de situação atual do bloco. Para isto irei utilizar as estatísticas de 2005 do Fórum Econômico Mundial (FEM) como aproximação (proxy). O índice de competitividade de negócios (ICN) classifica 116 economias de acordo com seu grau de competitividade global.[1] Assim, os Estados Unidos são a economia mais competitiva do planeta enquanto o Paraguai é a menos competitiva. Como metodologia irei agrupar os países por esquema de integração: NAFTA, UE, Bloco Asiático e MERCOSUL.

Índice de Competitividade de Negócios (ICN)

NAFTA		União Européia		Bloco Asiático[2]		Mercosul	
Estados Unidos	1	Finlândia	2	Japão	8	Chile	29
Canadá	13	Alemanha	3	Singapura	5	Brasil	49
México	60	Dinamarca	4	Taiwan	14	Argentina	64
		Inglaterra	6	Austrália	15	Uruguai	70
		Suíça	7	Nova Zelândia	18	Venezuela	92
		Holanda	9	Hong Kong	20	Bolívia	113
		Áustria	10	Malásia	23	Paraguai	114
		França	11	Coréia	24		
		Suécia	12	Índia	31		
		Bélgica	16	Tailândia	37		
		Islândia	17	China	57		
		Irlanda	19				
		Noruega	21				
		Espanha	25				
		Portugal	30				
		Itália	38				
		Grécia	40				

Como ocorre nos casos de estatísticas comparativas internacionais, existe um debate entre os especialistas sobre os resultados da metodologia FEM. Alguns economistas questionam, por exemplo, o fato de Portugal (30) ter uma

[1] Informações sobre a metodologia empregada podem ser encontradas no seguinte website da organização.

[2] Na Ásia não existe um acordo de integração similar ao NAFTA, à União Européia ou ao MERCOSUL. Os países estão agrupados por sua localização geográfica. Austrália, Nova Zelândia e Singapura, por exemplo, têm acordos de livre comércio com os Estados Unidos.

melhor classificação que a China (57). Afinal de contas, não existe grande temor mundial por uma invasão de manufaturas portuguesas no futuro imediato. Para o cidadão comum, existe uma maneira de interpretar o quadro acima. Se ao leitor fosse oferecido a oportunidade de imigrar ou enviar seus filhos para estudar, qual seria o pais de escolha nos quatro esquemas de integração acima?

Do quadro acima podemos ressaltar cinco importantes conclusões. Primeiro, apesar do acordo de livre comércio com os Estados Unidos e Canadá, a economia mexicana (60) não melhorou sua competitividade global. O quadro de pobreza e desigualdade continua inalterado e aumentou a insegurança e a criminalidade nos centros urbanos. As estatísticas indicam que aumentou o número de mexicanos que buscam ingressar (ilegalmente) nos Estados Unidos depois da entrada em vigor da área de livre comércio em 1994. Portanto, integrar-se a economias avançadas não significa, necessariamente, encontrar o caminho para o progresso econômico e o bem-estar social.

Segundo, a economia chilena (29) ocupa a melhor classificação latino-americana devido as reformas econômicas dos anos setenta. Tais reformas incluíram uma forte redução nas tarifas de importação, políticas agressivas de atração de investimento estrangeiro direto, equilíbrio fiscal e política monetária que controlou a inflação e manteve um peso competitivo para promover exportações. Importante notar que estas reformas eram incompatíveis, naquele momento, com as regras do Pacto Andino, da qual Chile era um membro fundador. Assim, o governo chileno tomou a difícil decisão política de abandonar o Pacto Andino e implementar uma estratégia de inserção global baseada em acordos de livre comércio.

Terceiro, fracassou - até o momento - a idéia do MERCOSUL como plataforma para competir internacionalmente. A classificação acima demonstra que é pouco relevante o fato de o Brasil (49) ser a décima economia mundial em tamanho. Chama atenção a baixa qualificação da China (57) e da Índia (31), nossos principais competidores comerciais. Se está difícil competir com os dois países no momento, como será a situação em poucos anos quando as duas economias estarão no grupo das mais competitivas? A história econômica demonstra que quando uma economia do porte da chinesa e da indiana adquire competitividade global, dificilmente pode ser superada por outras que ficaram para trás.

Quarto, existe uma forte correlação entre competitividade econômica e segurança e defesa. Como podemos observar no quadro anterior, os países mais competitivos em cada bloco, Estados Unidos (1), Alemanha (3), Japão (8) e Chile (29) são países com forte poder e/ou capacidade militar e seus habitantes vivem com maior segurança que os demais. Quando terminar o programa de rearmamento chileno — apoiado pelos Estados Unidos – o país transandino terá as forças armadas melhor equipadas e treinadas do Cone Sul, fator decisivo nas disputas territoriais que este país mantém com Bolívia e Peru.

Quinto, existe uma estreita relação entre competitividade econômica e percepção de corrupção. De acordo com o último informe de Transparência Internacional, os dez países menos corruptos no mundo seriam Islândia, Finlândia, Nova Zelândia, Dinamarca, Singapura, Suécia, Suíça, Noruega, Austrália e Áustria. No caso do Mercosul, Chile tem a melhor classificação e Paraguai a pior.

MERCOSUL: debilidades e fortalezas

Na seção anterior ficou demonstrado o (péssimo) quadro de situação das economias do MERCOSUL no contexto global. A seguir, irei revisar algumas razões que explicam esta baixa competitividade, incluindo as várias debilidades e algumas fortalezas do processo de integração. Desde minha perspectiva, o processo de integração apresenta quatro grandes debilidades: (a) Jurídico-Institucional; (b) Visão das Elites; (c) Estratégia de Inserção no Comércio (dinâmico) Global; (d) Assimetrias Econômicas.

(a) Estrutura jurídico-institucional

Existe um divórcio entre o projeto teórico de criação do MERCOSUL e a prática. Trata-se de um processo de integração que, embora tenha a União Européia como modelo jurídico-institucional, a prática diária o distancia do objetivo de consolidar uma união aduaneira, primeira etapa do processo. Atingir o estágio final de um mercado comum e de uma união monetária é mais desejo que realidade. Tampouco o bloco funciona como uma área de livre comércio, ao estilo NAFTA. Falta rigor e disciplina na aplicação dos regulamentos adotados em nível comunitário em que três quartas partes das resoluções adotadas pelo grupo mercado comum (GMC) nunca foram incorporadas às legislações dos quatro países membros. Naturalmente, não existem incentivos e/ou punição para que cada país adote as resoluções comunitárias. Apesar da existência de um mecanismo de solução de controvérsias comunitário (Protocolo de Olivos) foi criado um novo mecanismo bilateral entre Argentina e Brasil por meio do mecanismo de adaptação competitivo (MAC).

(b) Visão das elites

Setores importantes da elite política, empresarial, diplomática e acadêmica nos quatro países não acreditam na viabilidade do projeto de integração. No pensamento deste grupo, a integração entre países pobres está fadada ao fracasso, pois não se conhece nenhum exemplo de sucesso de integração entre países em desenvolvimento. Argumenta-se que somente integração com economias avançadas garante estabilidade macroeconômica e mercado com alto poder aquisitivo para beneficiar países em desenvolvimento. Esta visão perdeu o brilho acadêmico e midiático, devido ao pobre desempenho da economia mexicana na área de livre comércio com Estados Unidos e Canadá.

(c) Estratégia de inserção no comércio dinâmico global

Argentina e Brasil não encontraram o caminho para uma inserção nas áreas dinâmicas do comércio internacional, dominadas por bens industriais com alto valor agregado. Nos dois países, as reformas econômicas foram insuficientes e/ou inadequadas para uma inserção competitiva nos setores dinâmicos do comércio global. No caso brasileiro, falta algum tempo para melhorar o desempenho das manufaturas industriais mais sofisticada. Inclusive na área de manufaturas tradicionais, na qual o país sempre competiu com sucesso, a de sapatos, roupas, têxteis, automóveis, máquinas, produtos químicos e siderúrgicos, nossas exportações estão perdendo *market share* nos Estados Unidos e na União Européia para produtos chineses e indianos.

(d) Assimetrias econômicas

A questão de assimetrias surgiu na integração européia, no final dos anos 50, em função das diferenças de desenvolvimento entre Alemanha, França, Inglaterra (mais avançadas e mais ricas) e Espanha, Portugal e Grécia (menos avançadas e mais pobres). Assim, foi criado um fundo de ajustamento estrutural (FAE) que permitiu a Portugal, Espanha, Grécia e Irlanda, atingir níveis de renda per capita similar aos sócios mais ricos. No MERCOSUL, como não havia dinheiro argentino ou brasileiro para ajudar Paraguai e Uruguai, o princípio de assimetria e tratamento preferencial não foi reconhecido. No Tratado de Assunção, os quatro estados partes têm os mesmos direitos e obrigações. Depois de vários anos de discussão, foram criados recentemente dois instrumentos para resolver e/ou diminuir as assimetrias no bloco. O fundo para convergência estrutural em dezembro 2005, e o mecanismo de adaptação competitivo entre Brasil e Argentina em fevereiro de 2006. O fundo de convergência estrutural terá uma quantia inicial de US$100 milhões, a ser integrado em três anos pelo Brasil (75%) e Argentina (25%) com o propósito de financiar projetos de infra-estrutura no Paraguai e Uruguai. Levará algum tempo para sua implementação.

Quanto ao mecanismo de ajuste competitivo, seu propósito e proteger setores/empresas não competitivas no comércio bilateral Argentina-Brasil. Do ponto de vista argentino — autor da proposta — este mecanismo de salvaguardas tem os seguintes objetivos: (a) proteger seu setor industrial, menos competitivo, das importações (mais competitivas) brasileiras; (b) atrair investimento direto de empresas brasileiras e/ou transnacionais ameaçadas com restrição de comércio devido a aplicação do MAC; (c) ganhar competitividade industrial e promover exportações a terceiros mercados. Uma coisa é certa, a introdução deste mecanismo diminui (ainda mais) a competitividade sistêmica de várias cadeias produtivas do MERCOSUL = difícil competir com importações chinesas-indianas = maior protecionismo.

MERCOSUL: *only game in town*

A análise anterior mostrou as várias debilidades do processo de integração, algumas de ordem político-institucional-cultural e outras de ordem econômica e comercial. Porém, apesar dos vários anúncios de morte anunciada, o Mercado Comum do Sul continua vivo e em processo de expansão com a incorporação da Venezuela, e possivelmente da Bolívia como membros plenos. Como se explica isto? Creio que quatro fatores explicam esta realidade.

1) A debilidade jurídica-institucional demonstra ser uma vantagem devido às constantes crises políticas e econômicas nos quatro países. Se houvesse rigidez institucional, o MERCOSUL teria colapsado há muito tempo. A flexibilidade jurídica - reflexo da cultura portuguesa e da espanhola do 'jeitinho' ou de '*buscar la vuelta*' - funciona como um 'amortecedor' nos momentos de crise como ficou demonstrado na desvalorização do Real e com o final da conversibilidade em 2001. Esta flexibilidade, certamente, irá ajudar na busca de uma solução equitativa para o conflito argentino-uruguaio causado pela construção de duas fábricas de celulose em Fray Bentos.

2) O impasse nas negociações OMC-Doha e MERCOSUL-ALCA e MERCOSUL-UE. Os governos norte-americanos e europeu dizem que somente aceitam negociar a liberalização do mercado agrícola (leia-se redução de subsídios e melhor acesso de mercado) no contexto multilateral da OMC. Portanto, o atual impasse da Rodada OMC-Doha também significa impasse nas negociações MERCOSUL-ALCA-UE.

3) A forte demanda da China-Índia por *commodities* como alimentos, petróleo e minerais -base de exportação do MERCOSUL - fortalece o bloco porque garante um fluxo contínuo de divisas nos próximos anos e década. Ou seja,

a China demanda grandes quantidades de *commodities* como soja e alimentos, produtos que sofrem maior restrição de ingresso nos mercados europeu e norte-americano.

4) A incorporação da Venezuela significa que a integração energética (petróleo e gás natural) irá dominar a agenda interna do bloco enquanto o país for governado pelo Presidente Hugo Chávez. Trata-se de uma economia exportadora de petróleo que complementa a brasileira e a argentina de agro-pecuária e manufaturas. Finalmente, parte da renda extraordinária dos altos preços do petróleo poderá ser utilizada para capitalizar o fundo de convergência estrutural do MERCOSUL, beneficiando Paraguai, Uruguai e Bolívia no caso deste último país incorporar-se como membro pleno.

Participação patronal – sindical, integração política e segurança – defesa

Participação patronal-sindical: cooperação ou conflito?

Devo esclarecer que utilizo a expressão patronal-sindical como sendo duas caras da mesma moeda. Num processo de integração, os sindicatos de cada país apóiam a posição patronal quando a mesma significa geração de empregos e oposição quando significa perda de emprego. No momento de conflito comercial e/ou luta pela atração de investimentos, a CUT apóia a CNI/FIESP, enquanto a CGT apóia a UIA. O mesmo ocorre com as organizações sindicais no Uruguai e no Paraguai.

Para entender a lógica da participação patronal-sindical é necessário rever um conceito econômico. Qualquer projeto de integração - união aduaneira ou área de livre comércio - gera ganhadores e perdedores. Quanto mais livre o comércio, maior o efeito (positivo ou negativo) para empresas e/ou setores dos países integrados. Embora a teoria econômica diga que o resultado final da integração comercial é positivo para o bem-estar de todos países envolvidos, a praxis política indica que é necessário compensar os setores perdedores. Para aprovar o NAFTA em 1994, por exemplo, o congresso norte-americano exigiu do executivo a criação de um fundo especial com milhões de dólares para reestruturar e modernizar empresas e retreinar trabalhadores que fossem afetados pela competição mexicana, principalmente na área de roupas e têxteis.

No que diz respeito ao MERCOSUL há duas situações distintas quando se trata dos setores industrial e agro-pecuário. No agro-pecuário as condições são propícias para uma maior cooperação e uma menor conflitividade entre as classes patronais-sindicais dos quatro países. Isto se explica por dois fatores: primeiro, Brasil (agricultura tropical) e Argentina (agricultura semitropical) são economias complementares. É difícil para o agricultor brasileiro produzir trigo a preços competitivos com o argentino, e difícil para o produtor argentino produzir açúcar ou álcool anidro a preços competitivos com o brasileiro. Isto explica, por exemplo, a exclusão do setor de cana de açúcar da liberalização comercial entre os dois países.

Segundo, os dois países possuem um setor agrícola eficiente e competitivo em nível global. Paraguai (agricultura tropical) e Uruguai (agricultura semitropical) com menor escala de produção seguem a mesma lógica brasileiro-argentina. Portanto, na área agro-pecuária as condições existentes promovem maior convergência em nível patronal-sindical. A entrada da Venezuela irá criar uma nova dinâmica porque sua agricultura é menos competitiva do que a dos outros quatro parceiros. Certamente, as entidades patronais-sindicais venezuelanas farão sentir suas preocupações a partir de agora.

No setor industrial não existem grandes complementariedades entre Argentina e Brasil. Como não há dinheiro público para compensar setores perdedores, é inevitável o conflito entre FIESP/CNI e *Union Industrial* (UIA). A negociação comercial externa (ALCA-UE-OMC) é a única situação que gera incentivos para a cooperação e a convergência patronais-sindicais. Argentina e Brasil produzem a mesma gama de bens de consumo duráveis, como automóveis, máquinas agrícolas, eletrônicos, eletrodomésticos, calçados, roupas, siderúrgicos, papel, alimentos, etc. O fator decisivo que gera conflito é a baixa competitividade destas manufaturas nos mercados globais, incluindo as produzidas por empresas multinacionais. Ou seja, os empresários industriais competem pelo mercado ampliado do MERCOSUL devido à pouca competitividade de seus produtos em terceiros mercados.

No caso argentino, a maior parte da produção é vendida no mercado doméstico e um pequeno excedente exportado para os países vizinhos. No caso brasileiro, dotado de um parque industrial mais sofisticado, com uma economia de escala e certa competitividade, uma parte importante da produção é exportada para os mercados globais. Porém, nos momentos de ciclos econômicos divergentes (economia brasileira crescendo pouco e argentina crescendo muito) e/ou perda de competitividade em terceiros mercados, parte importante do excedente industrial brasileiro é enviado ao mercado argentino. Esta situação provoca tensão bilateral e produz uma externalidade estrutural (negativa) para o Paraguai e o Uruguai porque restringe o investimento nos seus respectivos parques industriais, de escala reduzida e menos sofisticados que os existentes nos dois sócios maiores. Ou seja, se for deixado às forças de mercado, dificilmente Paraguai e Uruguai terão algum dia um parque industrial moderno.

China: Incentivo para cooperação patronal/sindical?

O aparecimento da China serve de incentivo para maiores cooperação e convergência patronal-sindical. O surgimento do gigante asiático como potência exportadora de manufaturas está provocando um 'tsunami' em níveis global e hemisfério. Apesar de pouco tempo, a presença chinesa provocou ganhadores (MERCOSUL) e perdedores (México). O México tem sido perdedor por duas razões. Suas manufaturas industriais perdem espaço rapidamente para as chinesas nos Estados Unidos, seu principal mercado comprador. México mantém um crescente déficit comercial com o gigante asiático que atingiu US$ 15 bilhões em 2005. Para complicar, o déficit comercial tem características de estrutural. A economia mexicana demanda crescentes produtos industriais chineses, mas, ao mesmo tempo, não gera produtos demandados por aquele país, principalmente *commodities*. Assim, o México tornou-se a primeira fatalidade latino-americana da competição chinesa, fato que explica a insistência do Presidente Vicente Fox de continuar com as negociações de uma área de livre comércio hemisférica. Na visão mexicana, somente uma integração industrial hemisférica - que inclua Estados Unidos e Canadá - será capaz de competir com a China e a Índia nas próximas décadas.

No MERCOSUL, Brasil, Argentina, Uruguai, Paraguai, Bolívia, Chile e Venezuela têm sido (até o momento) ganhadores devido à voracidade chinesa por soja, alimentos, petróleo e cobre que atingiram preços recordes nos últimos vinte anos. Porém, o superávit comercial diminui a cada ano e, mantida a tendência, a balança comercial MERCOSUL-China irá tornar-se deficitária em algum tempo. Adicionalmente, os produtos chineses e indianos deslocam, rapidamente, as manufaturas brasileiras nos mercados mais ricos, como o europeu e o norte-americano. Desta maneira, o surgimento da forte competição chinesa coloca o setor patronal-sindical diante de dois cenários com as seguintes características:

I. Cooperação/integração MERCOSUL-hemisférico

Liderança política-empresarial regional decide por postura ofensiva na estratégia de inserção nas áreas dinâmicas do comércio global. São implementadas rápidas e efetivas medidas para melhorar a competitividade industrial, incluindo a aceleração do processo de integração das cadeias produtivas em nível intrabloco. E retomado, com vigor, as negociações para o estabelecimento de uma área de livre comércio com os Estados Unidos e a União Européia. O cenário cria condições e incentivos para uma convergência e uma cooperação patronal-sindical em níveis intrabloco e hemisférico.

II. Conflito/desintegração

Liderança política-empresarial continua com postura defensiva na estratégia de inserção nas áreas dinâmicas do comércio global. Escasso progresso para melhorar a competitividade industrial e pouco avanço na integração das cadeias produtivas. Mantido o comércio regulado no setor automotivo e excluído o setor açucareiro do livre comércio. Vários setores recorrem ao mecanismo de adaptação competitivo (MAC) como forma de proteção. Continuam bloqueadas as negociações comerciais com os Estados Unidos e a União Européia. Cenário cria condições e incentivos para maior conflitividade intrapaís e intrabloco. Cooperação patronal-sindical brasileira é testada quando empresas brasileiras ou multinacionais decidem transferir fábricas para a Argentina devido à apreciação do Real e à ameaça de aplicação do MAC.

Os cenários acima servem como uma maneira de organizar o pensamento analítico. Ao final, a realidade sempre fica entre os dois extremos. Prosseguindo com o exercício, qual dos dois cenários tem maior probalidade de ocorrer? Ou seja, qual dos dois cenários aumenta as chances de reeleição do Presidente Lula em 2006 e Nestor Kirchner em 2007? Nos dois países, os presidentes têm um extraordinário poder para acelerar e/ou travar iniciativas de integração e negociação comercial. No primeiro cenário - cooperação/integração MERCOSUL Hemisférico - o comportamento presidencial e o *risk-averse*, vis-a-vis o resto do mundo. A negociação com Estados Unidos e União Européia cria setores perdedores que afetam a possibilidade de reeleição dos dois presidentes. Uma área de livre comércio com as duas potências favorece o mais eficiente setor agro-pecuário que, porém, tem a desvantagem política de estar localizado em zonas rurais com poucos votos. Por outro lado, gera perdedores em importantes segmentos do setor industrial e de serviços que, porém, tem a vantagem política de estar localizado em áreas urbanas, com milhões de eleitores bem informados. No caso brasileiro, um acordo com os Estados Unidos e com a União Européia implica que os banqueiros nacionais terão de enfrentar a competição do setor financeiro das duas potências econômicas.

No segundo cenário - conflito/desintegração - o comportamento dos dois presidentes tem alguma variação. Para o presidente Nestor Kirchner, proteger o (pouco) competitivo setor industrial da competição brasileira e externa significa garantia de votos para a reeleição em 2007. Para o presidente Lula, a maior preocupação é proteger o setor industrial da competição externa (principalmente chinesa), pois sabe que a indústria nacional é mais competitiva do que a argentina. Este quadro explica, por exemplo, a lógica política da introdução do mecanismo de adaptação competitivo que obriga a FIESP/CNI-UIA a uma negociação direta. Ou seja, terminou a etapa na qual o conflito comercial bilateral era resolvido por meio de chamadas telefônicas entre o Palácio do Planalto - Casa Rosada + Itamaraty - Palácio de San Martin.

Democracia: gênesis criação do MERCOSUL

Quando o Presidente Raul Alfonsín propôs a idéia de integração ao Presidente José Sarney (1985), sua preocupação era política. Como primeiro presidente eleito depois de um longo período de ditadura militar (1976-1983), Alfonsín sentia que o nascente processo democrático corria perigo. A integração com o Brasil foi concebida como um instrumento para garantir o incipiente e frágil processo democrático. Esta preocupação explica a escolha do modelo europeu de integração profundo com organismos supranacionais e parlamento. Intuitivamente, o Presidente Alfonsín e seus colaboradores pensavam que o esquema de integração via área de livre comércio não garantia o processo democrático. O instinto político (correto) do Presidente Alfonsín ficou comprovado pelo estudo inédito BID/INTAL/PNUD de 2001.[3] Este estudo mostra que 72% das elites no MERCOSUL acreditam que a integração é fundamental para a

[3] "América Latina a principios del siglo XXI: Integración, Identidad y Globalización." Diego Achard, Juan Ignacio Garcias Peluffo e Luis Eduardo Gonzalez. PNUD/BID-INTAL. Buenos Aires, Diciembre, 2001.

consolidação do processo democrático. Em contraste, as elites mexicanas não pensam o mesmo do processo de integração – área de livre comércio - com Estados Unidos e Canadá. Segundo os autores da pesquisa "*El juicio menos entusiasta es el de los mexicanos (46% de acuerdo, 35% en desacuerdo). Parece razonable aceptar que en América Latina, cuanto mas al Norte se este, mayor es la probabilidad de pensar a EE.UU como una referencia concreta de integración. Lo que sugieren los resultados es que cuanto mayor sea la probabilidad de pensar a EE.UU como referencia concreta de la integración (-i.e., cuanto mayor sea la cercania a este pais) menor es el entusiasmo sobre la potencialidad democratizadoras de la integración (pagina 37).*"

"La integración es fundamental para la consolidación de la democracia en América latina, según acuerdos subregionales

Encuesta IIG, ponderada, porcentajes

	México/Tratado Libre Comercio TLCAN	Mercado Común Centroamericano MCCA	Comunidad Andina CAN	Chile	Mercado Común del Sur MERCOSUR	TODOS
De acuerdo	46	54	65	68	72	64
Ni acuerdo, ni desacuerdo	19	19	18	14	11	14
En desacuerdo	35	26	16	18	16	21
No sabe	0	1	1	0	1	1
TOTAL	100	100	100	100	100	100

La "profundización" del MERCOSUR: las metas políticas de sus elites en 1992-93 y 1999

Encuesta IIG ponderada y base de datos BID-INTAL, porcentajes

	Argentina		Brasil		MERCOSUR (*)	
En lo político, la meta del MERCOSUR debería ser...	1992-1993	1999	1992-1993	1999	1992-1993	1999
Regirse por órganos en los que cada país miembro tiene capacidad de veto	45	25	45	44	45	38
Transferir algunas decisiones a un órgano comunitario capaz de decidir por mayorías	43	53	39	43	40	46
Establecer una confederación de estados independientes con órganos de gobierno confederales, o establecer un Estado Federal	8	20	12	8	11	12
No sabe	4	2	4	5	4	4
TOTAL	100	100	100	100	100	100

(*) Los datos de las elites paraguayas y uruguayas no se discriminan porque en 1999 incluyen sólo 25 encuestas en cada país. El total MERCOSUR para 1992-1993 está calculado con la misma ponderación de 1999.

Outro resultado interessante surge na questão das metas políticas de aprofundamento do MERCOSUL, onde a maioria dos entrevistados pensa que se deveria avançar para uma estrutura política com organismos supranacionais na qual os países tenham capacidade de veto e/ou transferir algumas decisões para um organismo comunitário com capacidade de decidir pela maioria. Esta pesquisa tem uma importante implicação para a situação do momento, ou seja, a incorporação da Venezuela como membro pleno do MERCOSUL. Segundo os Presidentes Lula e Kirchner, a incorporação venezuelana reforça o processo democrático no país andino ou, colocando o argumento de outra maneira, a democracia venezuelana corre maior perigo no caso de alguma tentativa de isolamento do governo de Hugo Chávez. No contexto regional, MERCOSUL é o único instrumento que garante a manutenção de eleições livres no país andino. A questão venezuelana coincide com o lançamento do parlamento do MERCOSUL, onde será debatido o processo democrático e os direitos humanos na região. A seguir, uma breve descrição do parlamento e o debate sobre a pobreza e desigualdade.

Parlamento do MERCOSUL

O acordo fundacional do MERCOSUL -Tratado de Assunção de março de 1991- contempla a integração política e a participação da sociedade civil. Assim, foi criada a comissão parlamentar conjunta, ocupando uma posição hierárquica similar ao do conselho mercado comum, autoridade máxima de decisão no bloco. Na última reunião presidencial de 9 de dezembro de 2005 foi aprovado o protocolo constitutivo do parlamento MERCOSUL. Nesta oportunidade, Carlos "Chacho" Álvarez (ex-vice presidente de Fernando de la Rua) foi nomeado titular da comissão de representantes permanentes do MERCOSUL. "Chacho" Álvarez propõe uma série de iniciativas para o fortalecimento institucional do bloco, similar ao modelo europeu. Entre as propostas, encontra-se a criação de um instituto social, uma escola de administração pública, um observatório energético e de organismos vinculados ao desenvolvimento de um plano estratégico de fronteiras. O parlamento substitui a comissão parlamentar conjunta com atuação independente e autônoma na estrutura institucional do bloco. Será um órgão unicameral integrado por representantes eleitos por sufrágio universal, de acordo com a legislação de cada país membro. O parlamento deverá ser inaugurado no 31 de dezembro de 2006.

As principais atribuições do parlamento serão as seguintes: (a) velar pelas normas do bloco e preservar o regime democrático; (b) publicar anualmente um relatório sobre a situação dos direitos humanos nos países membros; (c) elaborar ditames sobre projetos e normas do MERCOSUL que requerem aprovação legislativa nos Estados-Partes, num prazo de noventa dias após a realização da consulta; (d) receber informes sobre a execução do orçamento da secretaria técnica do MERCOSUL; (e) elaborar e aprovar seu orçamento e informar a execução do mesmo ao conselho mercado comum. O orçamento será financiado com contribuições dos estados membros em função do produto interno bruto e dos orçamentos nacionais. Os parlamentares e seus suplentes serão eleitos por quatro anos e com direito à reeleição.

Parlamento MERCOSUL: duas visões sobre a pobreza e a desigualdade

Sendo reeleito o Presidente Hugo Chávez em dezembro de 2006 - as pesquisas eleitorais assim o indicam - irá ocorrer um interessante debate político-ideológico no parlamento do MERCOSUL quanto a como enfrentar o principal desafio ao processo democrático, isto é, a pobreza e a desigualdade social. De um lado, a revolução bolivariana de eliminar a pobreza e a desigualdade por meio de programas massivos de educação e saúde aos setores mais pobres da população, utilizando recursos da renda petroleira em mãos do estado. De acordo com os críticos, este enfoque provoca polarização entre a maioria pobre e a minoria rica da população, interfere na economia de mercado e na propriedade privada. Do outro, o enfoque dos governos Lula-Ricardo Lagos de combater a pobreza e a desigualdade por meio de políticas sociais gradativas *soft* de transferência de renda que não provocam conflito entre ricos e pobres e não interferem na economia de mercado e na propriedade privada.

Os que apóiam o presidente venezuelano irão argumentar que o enfoque gradual chileno-brasileiro está fadado ao fracasso porque - excetuando Cuba de Fidel Castro e a Argentina de Domingo Perón - nenhum governo latino-americano conseguiu eliminar a pobreza e a desigualdade desde o período pós-colonial. Serão utilizados argumentos do último informe do Banco Mundial[4] no qual são apresentadas duas importantes conclusões. Primeiro, a América Latina tem que reduzir a pobreza rapidamente para poder crescer. Ou seja, está desacreditada a antiga idéia de crescer primeiro e distribuir depois. Segundo, os programas de transferência de renda têm efeito marginal sobre a desigualdade porque políticas econômicas, como tributação regressiva, política macro que favorece o setor financeiro em detrimento do produtivo, e falta de acesso à educação e à saúde de boa qualidade para os mais pobres têm um maior peso.

Os críticos da revolução bolivariana irão argumentar que embora havendo (algum) sucesso na eliminação da pobreza e na redução da desigualdade social, a utilização do conflito social como instrumento político e a intervenção na economia de mercado e na propriedade privada é antidemocrática e inaceitável, principalmente para o governo norte-americano. E, se der certo a revolução bolivariana? Alguns analistas pensam que o presidente Chávez tem alguns fatores que o favorecem. Primeiro, um fluxo de milhões de petrodólares sob controle do executivo. Segundo, o apoio eficiente de especialistas cubanos na área de saúde e de educação básica. Terceiro, a determinação do presidente venezuelano de com-

[4] Informe pode ser encontrado no website da organização (www.worldabank.org/reference)

bater a corrupção pública, em que dinheiro para programas sociais nunca chegou aos mais pobres.

Esfera de segurança e defesa:

No capítulo dedicado à integração política foi mencionada a questão militar como o centro da proposta integradora Alfonsín-Sarney na segunda metade dos anos 80. Naqueles anos foram tomadas medidas de descompressão e de confiança, como a inspeção mútua dos programas nucleares de ambos os países e, eliminada da teoria de defesa nacional a hipótese de conflito bélico entre os dois países. Desta maneira, a criação do MERCOSUL, combinada com a pressão norte-americana, contribuiu para o final dos programas nucleares (secretos) nos dois países. Esta iniciativa recebeu elogios de Washington que via com bons olhos o desmantelamento do programa nuclear militar nos dois únicos países latino-americanos com tal capacidade. Durante os anos noventa ocorreram cortes nos orçamentos militares brasileiro e argentino (o gasto militar foi reduzido ao redor de 3% do produto interno bruto), fato que contribuiu para maior aproximação e cooperação entre as forças armadas dos dois países.

Outro fato relevante é que a redução do orçamento militar foi acompanhada por aumento nos gastos em salários e benefícios que correspondem ao redor de 70-80% do orçamento total, fato que contribuiu para o sucatamento do *hardware*' das três forças armadas. É interessante notar que os militares chilenos garantiram — no longo período de transição democrática — um financiamento orçamentário mínimo de 10% do valor das exportações de cobre que estão sob controle do Estado, por meio da empresa CODELCO. No caso dos militares brasileiros e argentinos - devido à rapidez na transição política e às condições específicas em cada país — não foi possível montar um esquema de financiamento similar ao chileno. Imagine-se, por exemplo, as forças armadas brasileiras recebendo 10% dos lucros da PETROBRAS como quantia (garantida) mínima do orçamento militar.

Portanto, a criação do MERCOSUL combinada com a obsolescência da doutrina de segurança nacional (causada pelo final da guerra fria entre Estados Unidos e União Soviética) provocou uma situação inédita para as forças armadas do MERCOSUL, conhecida pela sigla PPPDM: perda de poder político, dinheiro e de missão. No caso argentino, a situação foi ainda pior devido a abusos dos direitos humanos cometidos pelos governos militares e a catastrófica guerra das Malvinas (1982) quando as forças armadas deste país foram facilmente derrotadas pelo exército profissional do Reino Unido.

Assim, a partir dos anos noventa foi incrementada a cooperação entre as forças armadas dos quatro países por meio de manobras terrestres, marítimas e aéreas conjuntas e da coordenação em operações de paz das Nações Unidas em várias zonas de conflito, incluindo a atual missão no Haiti. Segundo especialistas em assuntos militares, a cooperação nesta área chegou ao máximo nível possível, incluindo operações de vigilância anti-terrorista na área da Tríplice Fronteira. A partir dos atentados em Washington e Nova York de 11 de setembro de 2001, iniciou-se um debate sobre o papel das forças armadas sul-americanas no contexto da guerra ao terrorismo. Este debate envolve duas escolas de pensamento: a escola tradicional que justifica a existência das forças armadas para a defesa territorial do país e, a escola pós-11 de setembro que utiliza o conceito de segurança humana.

Para a escola tradicional, as forças armadas devem manter o papel de defesa das fronteiras no caso de ameaça de invasão estrangeira. No caso brasileiro significa reforçar as vulneráveis fronteiras da região amazônica, principalmente o trecho com a Colômbia onde ocorre uma guerra civil de várias décadas que, potencialmente, pode ameaçar a integridade do território brasileiro. Para os pensadores desta escola, o MERCOSUL não apresenta as condições de uma integração profunda econômica/comercial, política e social que justifique uma doutrina de defesa comum, similar a que esta sendo desenvolvida na União Européia. Isto significa, em termos práticos, que no caso de uma (hipotética) invasão militar estrangeira de algum país membro do MERCOSUL, haverá solidariedade, mas nenhuma intervenção militar a favor do país invadido.

Com o apoio dos Estados Unidos, está sendo debatido no conselho de segurança das Nações Unidas o conceito de segurança humana, definido numa publicação recente como *"Human security is the notion that at the heart of the concept of security is to be found the individual human person, not the state which is simply an instrument to the end of individual security. Human security postulates that the state exists to provide security to the individual, surrendering the traditional view that the individuals exist to serve the security of the state* (página 40)."[5] Este conceito foi reconhecido (implicitamente) num estudo recente[6] que aponta a crítica situação de (in) segurança que vive a região, principalmente o Brasil. Segundo os autores do estudo, são necessárias uma melhor cooperação e uma melhor coordenação regional de combate ao narcotráfico, ao tráfico de armas e pessoas e um controle de precursores químicos usados na produção de drogas. Este aspecto deve ter a mesma relevância, como as medidas de confiança mútua na área nuclear e a eliminação da hipótese de conflito entre argentinos e brasileiros nos anos oitenta. O estudo faz uma série de propostas como, por exemplo, incrementar os níveis de coordenação e cooperação entre agências federais, polícia, serviços de inteligência e alfândegas nos quatro países para melhorar a capacidade de ação em matéria de luta contra o narcotráfico, tráfico de armas e pessoas, seqüestros, lavado de dinheiro entre outros.

---

[5] Regional Security and Global Governance
– A Study of Interaction Between Regional Agencies and the UN Security Council With a Proposal for a Regional-Global Security Mechanism."Prof. Dr. Luk Van Langenhoven, Director UNU-CRIS, and Prof. Dr. Bart De Schutter, President, IES. 2006, VUB Brussels University Press.

[6] "Argentina y Brasil 2015 : Construyendo una Visión Compartida."
Informe coordinado por Felix Peña (Cari) y José Botafogo Gonçalves (Cebri). Versão Preliminar, 2006.

Dilemas e decisões (políticas) difíceis

Para a liderança civil do MERCOSUL, a área de segurança e defesa tornou-se um problema incômodo e intratável por quatro razões. Primeiro, gera poucos votos nas eleições legislativas e presidenciais. Nenhum candidato a vereador, prefeito, governador, deputado, senador ou presidente na Argentina, Brasil, Paraguai e Uruguai perdeu uma eleição devido a (in) segurança doméstica e/ou preocupação do eleitorado por uma hipotética invasão estrangeira ou ameaça de ataque terrorista. Segundo, está claro que existe um sério problema na área de segurança interna, mas faltam especialistas competentes e vontade política para atacar o problema, principalmente no caso brasileiro, onde problemas sociais de desigualdade e pobreza vêm-se acumulando há séculos. Terceiro, não existe dinheiro suficiente para manter forças armadas de dissuasão crível (caríssimo nos dias de hoje) e, ao mesmo tempo, garantir a segurança interna da população. Como poeticamente expressou a dupla Caetano Veloso-Gilberto Gil: "o Haiti é aqui."

Para ilustrar os pontos acima, irei analisar alternativas e opções que, teoricamente, deveriam ser discutidas no contexto brasileiro. Se eu fosse um especialista na área de segurança e defesa - e não um economista diletante - colocaria quatro grandes temas para discussão com a sociedade brasileira. Primeiro, criar uma guarda costeira moderna que proteja as (vitais) instalações marítimas da PETROBRAS, combata a pesca ilegal e o contrabando de drogas-pessoas ou manter marinha tradicional com porta-aviões obsoleto e um (provável) submarino nuclear. Segundo, dotar o país de uma força área com capacidade de interceptar vôos ilegais com drogas e armas no espaço aéreo doméstico e zonas *calientes* de fronteira ou manter uma força área com alguns aviões de combate da última geração, porém com aviões e armamento sob controle tecnológico do país vendedor. Terceiro, criar um exército profissional compacto, com equipamento de última geração, capaz de repelir agressões em zonas de fronteira e combater o narcotráfico ou manter um exército voluntário no qual três quartas partes do orçamento são utilizadas para pagar salários e aposentadoria. Quarto, modernizar as forças policiais federais e estaduais com serviços de inteligência competentes, treinamento avançado, equipamento moderno e salário compatível com a profissão ou manter forças policiais desmotivadas, despreparadas e corruptas. Minha filha Clarissa e minha esposa Helga entenderam perfeitamente o *trade off* do último argumento. Segundo elas, significa que a polícia paulista poderia abandonar os saudosos revólveres calibre 38 e portar pistolas 9mm Beretta/Glock e fuzis AR-15 para proteger os cidadãos paulistas, ricos e pobres.

Uziel Nogueira *é economista sênior de integração BID-INTAL. As opiniões deste trabalho são exclusivamente de responsabilidade do autor e não refletem, necessariamente, a posição do Instituto para Integração da América Latina e o Caribe (INTAL) ou do Banco Interamericano de Desenvolvimento (BID).*

Objetivos, Resultados y Restricciones de la Negociación Común con Terceros en el MERCOSUR

Marcel Vaillant

Objetivos, Resultados y Restricciones de la Negociación Común con Terceros en el MERCOSUR

La corrida hacia el regionalismo y la creación del MERCOSUR

El Tratado de Asunción (TA), de marzo del año 1991 se pensó como un instrumento para la construcción de un Mercado Común entre economías del Sur de grado de desarrollo relativo similar. Respecto a las iniciativas de integración anteriores, el Mercosur se destacó por su vocación universal. Se trata de integrarse para crecer y promover el desarrollo económico y social de los pueblos de los Estados miembros. El acuerdo de integración tuvo objetivos muy ambiciosos. Este proceso de integración nació en el contexto de dos procesos fundamentales el resurgimiento del regionalismo como modo de liberalización e inserción internacional y el cambio de modalidad de crecimiento de los países de la región en relación al mundo.

A inicios de la década de los noventa se produjo el resurgimiento del regionalismo o integración económica (liberalización recíproca y discriminatoria), como alternativa frente a la estrategia multilateral. Promediando la Ronda Uruguay del GATT, se instaló un cierto escepticismo respecto de la liberalización comercial multilateral, debido al lento avance de las negociaciones en este ámbito. La dificultad del marco multilateral para procesar asuntos distintos de los aranceles y de encontrar un equilibrio estable entre un conjunto tan amplio y heterogéneo de países fueron dificultades mencionadas en la literatura. El regionalismo se entiende puede enfrentar mejor a ambas dificultades. Por otra parte, la ampliación de la Unión Europea (UE) a los nuevos socios del Sur (Portugal, España y Grecia), el anuncio del Mercado Común para el año 1992, la Iniciativa de las Américas del Presidente Bush, la integración silenciosa en Norteamérica en los ochenta, son un conjunto de hechos que enmarcan el momento inicial en el cual el MERCOSUR se gestó. Es lo que se ha dado en llamar el efecto dominó de la integración económica. Dado que un conjunto de países establece un acuerdo discriminatorio, existe un incentivo a entrar en el acuerdo o formar otro propio en el cual estar incluido.

El segundo proceso se vincula con el cambio en la modalidad de crecimiento de la totalidad de las economías del Cono Sur, de un modelo de sustitución de importaciones hacia un modelo de apertura comercial. El MERCOSUR se creó como un instrumento para facilitar, colaborar y apoyar la integración de estas economías a la nueva etapa de globalización de la economía internacional en curso. La CEPAL denominó esta estrategia como regionalismo abierto, el cual constituye otro aspecto diferencial respecto a anteriores iniciativas de integración. En este sentido, el cambio más significativo es el de la economía brasileña, la cual desde fines de los ochenta y notablemente a inicios de la década de los noventa profundizó la apertura unilateral de su economía. El MERCOSUR también debe entenderse en el contexto de este cambio de modelo y paradigma, dado que fue un instrumento en la dirección de apoyar y consolidar esta estrategia de apertura unilateral que sin excepción, aunque a distintos ritmos, emprendieron las economías de la región.

Una década y media después del primer momento fundacional, ambos procesos, regionalismo y apertura, vuelven a replantearse con vigor. El regionalismo está instalado en la economía internacional como una modalidad de liberalización posible. Una de las referencias sigue siendo el proceso de integración en Europa. Se mantiene su ritmo de profundización y ampliación, dos ejemplos son suficientes para ilustrarlo: moneda común y diez nuevos países miembros de Europa Oriental. Otra opción son los Tratados de Libre Comercio que Estados Unidos ha venido suscribiendo con una agenda de temas que se asemeja pero va más allá de los compromisos a nivel multilateral.

En el presente la estrategia multilateral vuelve a generar cierto escepticismo, por los ritmos lentos y magros resultados que está ofreciendo. Si bien la Organización Mundial del Comercio (OMC) constituye un marco global de reglas al cual en última instancia se apela, el compromiso que implica es bajo, y los países buscan en los acuerdos regionales condiciones más certeras de inserción internacional. Además, dado que los países del Cono Sur se han comprometido con el proceso de apertura comercial, sus economías se han reestructurado y necesitan ampliar sus mercados para que la estrategia exportadora sea sostenible. En este sentido, la necesidad de cultivar el bilateralismo con los países industrializados y/o con las regiones más dinámicas de la economía internacional se instaló como una estrategia inevitable para mejorar las condiciones de acceso a los mercados más allá de la alternativa multilateral.

Los motivos explícitos e implícitos por los que se adoptó la Unión Aduanera como formato de integración económica son varios. En primer lugar, este

---

[1] De los alrededor de 215 Acuerdos Comerciales Regionales (ACR) vigentes al año 2003, solamente 14 están notificados como uniones aduaneras en la OMC, de los cuales sólo algunos funcionan plenamente como tales (ver OMC, 2003).

formato de acuerdo permite preservar los márgenes de preferencia otorgados a los socios. En segundo lugar, al comprometer en un acuerdo reciproco la relación con terceros, colabora a diluir las presiones proteccionistas internas. En tercer lugar este modelo de acuerdo preferencial posibilita una integración regional más profunda, que permite eliminar el Régimen de Origen y, por lo tanto, una circulación más universal en el comercio intrarregional. Otro motivo, comúnmente referido, se vincula con el hecho de que mediante una UA se puede ampliar el poder de negociación de la región con terceros mercados. Ahora bien, en el conjunto de los acuerdos comerciales preferenciales, la UA es una modalidad poco utilizada a nivel de la economía internacional[1], dado que la misma está asociada a un nivel de compromiso mayor entre los países miembros del acuerdo, al requerir el desarrollo de políticas e instituciones comunes.

Este trabajo esta organizado en esta introducción y tres secciones más. En la segunda sección se desarrolla el conjunto de relaciones bilaterales que el MERCOSUR llevó adelante en su conformación como bloque económico. En la tercera sección se describe el estado de situación de la negociación multilateral luego de Hong Kong y se discuten las perspectivas próximas, así como se evalúa las consecuencias de un fracaso de la Ronda Doha. Finalmente en la última sección se realiza un balance del tema y se concluyen con algunas líneas generales de acción.

Regionalismo bilateral desde el MERCOSUR

Sesgo hacia una intrascendente negociación Sur-Sur

La negociación común con terceros Estados se ha desarrollado con gran intensidad a lo largo de los últimos diez años, aunque los resultados obtenidos – en principio – podrían ser calificados como inferiores a las expectativas. La crónica de los acuerdos realizados es elocuente. En el cuadro 1 se presenta un resumen de los acuerdos comerciales que el MERCOSUR tiene con terceros Estados (ver SM, 2005). En lo que refiere a los acuerdos comunes preferenciales con terceros países, se logró rápidamente acuerdos con Chile (1996) y Bolivia (1997). Estos acuerdos tienen un formato común y lograron que el patrimonio histórico se armonizara de forma de profundizar la trayectoria hacia un nivel mayor de convergencia hacia una política comercial común. Al igual que la puesta en práctica del Programa de Liberalización Comercial en el MERCOSUR (TA, Anexo I), los ACE-35 y ACE-36 siguieron el principio de ser acuerdos simples y con vocación universal. Si bien utilizaron excepciones y procedimientos bilaterales, tales instrumentos fueron empleados de forma restringida.

En el año 2002 se firmaron dos acuerdos marco para construir dos Zonas de Libre Comercio: con México (ACE-54) y con la Comunidad Andina de Naciones (ACE-56). El acuerdo con México se concretó en un acuerdo comercial común de desgravación arancelaria en el sector automotriz, pero bajo un formato de características bilaterales (en realidad, constituyen cuatro acuerdos bajo un marco común). Existen dos nuevos acuerdos bilaterales con México, uno de Brasil (ACE-53) y otro de Uruguay (ACE-60), solamente el segundo implicó la construcción de una nueva ZLC restringida (bilateral).

La negociación con la CAN fue mucho más compleja en relación a la primera negociación con Chile. Los acuerdos comerciales comunes con los Países Miembros de la CAN fueron concluidos en el año 2004, luego de casi diez años de intensas negociaciones. En los hechos, el MERCOSUR ha negociado tres acuerdos comerciales preferenciales con los miembros de la CAN. Además del Acuerdo con Bolivia, existe un Acuerdo con Perú (ACE-58) recientemente *protocolizado* en la ALADI y el Acuerdo entre los Estados Partes del MERCOSUR y algunos Países Miembros de la CAN: Ecuador, Colombia y Venezuela (ACE-59). Si bien en términos generales se trata de un acuerdo entre una Unión Aduanera y la porción mayoritaria de otra, el Acuerdo tiene un formato bilateral. El punto de partida no es sencillo dada la constelación de acuerdos preexistentes cuyo patrimonio histórico fue necesario considerar para diseñar el nuevo acuerdo. Se trata de una transición extendida en el tiempo y muy diferenciada en cada una de las *doce relaciones bilaterales* involucradas[2].

[2] Por cada acuerdo bilateral y para cada Estado participante hay listas del cronograma general (en total, *veintiocho* listas de este tipo), listas correspondientes al patrimonio histórico (*trece* conjuntos de listas de este tipo), listas de productos sensibles (*veintiséis* listas de productos), listas de desgravación inmediata (*diecisiete* listas de este tipo) y listas de

Cuadro 1
Acuerdos comerciales firmados por el MERCOSUR con terceros (a)

	Fecha (b)	**Características del acuerdo**	**Plazo desgravación** (c)
UE	1995	Acuerdo marco ZLC	
Chile (ACE-35)	1996	ZLC formato común	10 años
Bolivia (ACE-36)	1997	ZLC formato común	10 años
Sudáfrica	2000	Acuerdo marco ZLC	
Cuba-Brasil (ACE-43)	2000	Acuerdo Preferencial	
Cuba-Uruguay (ACE-44)	2000	Acuerdo Preferencial	
Cuba-Argentina (ACE-45)	2000	Acuerdo Preferencial	
Cuba-Paraguay (ACE-52)	2001	Acuerdo Preferencial	
México-Brasil (ACE-53)	2003	Reglas y disciplinas	
México (ACE-54)	2003	Acuerdo marco ZLC	
México (ACE-55)	2003	Automotor formato bilateral	
México-Uruguay (ACE-60)	2004	ZLC bilateral	(d)
CAN (ACE 56)	2003 (e)	Acuerdo marco ZLC	
Ecuador, Colombia y Venezuela (ACE-59)	2005	ZLC formato bilateral	15 años
Perú (ACE-58)	2005	ZLC formato bilateral	15 años
Egipto	2004	Acuerdo Marco	
Marruecos	2004	Acuerdo Marco	
SACU	2004	Acuerdo Preferencial	
India	2003/2004	Acuerdo Marco/Preferencial	Sin Plazo
Israel	2005	Acuerdo Marco	

(a) Se incluyen acuerdos comerciales bilaterales con terceros posteriores al año 1994.

(b) Año de entrada en vigencia.

(c) Plazo de desgravación en años de más del 95% de los ítems.

(d) Aplicación inmediata aunque existe una lista de excepciones con preferencias fijas. Además hay un programa de desgravación a 3 y 10 años para una reducida lista de productos.

(e) Sólo internalizado en Brasil.

Fuente: actualización sobre cuadro de SM-SAT (2005).

El acuerdo tiene un régimen de restricciones cuantitativas bilateral que, en algunos casos, implican cuotas comunes de importación en cada uno de estos tres países andinos que deberán ser repartidas entre los exportadores del MERCOSUR. Al respecto, cabe destacar que no existen antecedentes en el

desgravación semi-inmediata (*dos* listas de este tipo) Además, al existir acuerdos previos a un nivel de desagregación mayor que los ocho dígitos de la NALADISA, se establece un sistema de apéndices de formato bilateral que requirió la identificación de productos dentro del ítem.

MERCOSUR que permitan conjeturar como serán administradas estas cuotas comunes o el mecanismo que se utilizará para su implementación. En la última Presidencia Pro Tempore de Uruguay (2005) se ha venido avanzando a nivel de entendimientos entre los Estados Parte para establecer un procedimiento de asignación pero el mismo aún no se ha comenzado a aplicar. Es de destacar que el mismo registra un alto nivel de complejidad para que su gestión pueda realizarse. Por otra parte, no se entiende como un acuerdo que tiene un formato bilateral en el conjunto global de las concesiones y sus excepciones, mantenga una estructura común al momento de establecer las cuotas a las importaciones vigentes.

Además, a diferencia de los acuerdos con Chile y Bolivia, el ACE-59 tiene en su formato de forma explícita el principio del trato diferenciado, que es un elemento clave para entender la complejidad de los programas de liberalización. Brasil y Argentina son los países que abren más rápidamente su mercado mientras que reciben preferencias del socio de forma más lenta. Este principio de trato diferenciado, novedoso en los acuerdos del MERCOSUR con terceros, en este caso también se traslada al requisito de origen. Con respecto a este último, el Acuerdo tiene un régimen de origen que supone, para algunos productos, la existencia de un período de transición hasta un régimen de origen definitivo, lo que agrega una complejidad adicional. El Acuerdo fue negociado en un sistema de clasificación de mercaderías (NALADISA *96*) que al momento de su utilización ya habrá sido actualizado en dos oportunidades. Al respecto, se ha señalado que se utilizó dicha versión de la NALADISA a fin de facilitar la incorporación de las preferencias arancelarias preexistentes correspondientes al patrimonio histórico. Este sistema registra un nivel de desagregación de productos menor que el utilizado en el MERCOSUR con la NCM (6524 ítem en el primero, en relación con los 9748 de la NCM correspondiente al 2004).

En el corto y mediano plazo se conjetura que el Acuerdo podría tener dificultades adicionales de implementación, dada la gran complejidad que presenta. De acuerdo al cronograma de aquí a una década es posible esperar que el subcontinente sudamericano tenga establecida una zona de libre comercio de tipo arancelaria prácticamente universal (solo restará culminar el cronograma de los productos sensibles).

Por último el acuerdo tiene características de una gran asimetría entra la velocidad de las concesiones que el MERCOSUR le otorga a los países andinos en relación a la que los países andinos le otorgan al MERCOSUR. Curiosamente además los países más perjudicados en términos relativos son los dos países más pequeños del bloque (Paraguay y Uruguay). Sin lugar a dudas este resultado no deja buenos antecedentes para futuras negociacioneSur-Norte

UE-MERCOSUR

Desde hace diez años se viene siendo negociado el Acuerdo de Asociación entre la Unión Europea y el MERCOSUR. Se trata de una lenta y larga negociación que no ha dado ningún resultado hasta el presente[3]. El acuerdo con la Unión Europea podría tener una gran significación para el MERCOSUR. Por un lado se encuentra el efecto de mejora en el acceso al mercado en Europa. Además el acuerdo con Europa obliga a transformar el propio esquema del MERCOSUR mejorando las condiciones del comercio intrazona (agregar nota o desarrollar el punto ver el argumento de la libre práctica). En tercer término para los socios más pequeños permite disminuir el efecto desvío de comercio en el mercado regional en relación a los socios más grandes. Sin embargo, los países más grandes del bloque no tienen la misma perspectiva y consideran que las concesiones realizadas por la Unión Europea son aún escasas y la negociación continúa.

La visión MERCOSUR respecto del acuerdo es monotemática y está centrada en la mejora en el acceso al mercado en un conjunto de sectores que se tiene fuerte ventajas comparativas y que coincide con el "core" proteccionista de la política comercial europea (agricultura, pero no solo). La visión de la UE es más amplia abarca además de aranceles asuntos relacionados con normas del comercio; servicios; inversiones; compras gubernamentales; propiedad intelectual; desarrollo sustentable. La evaluación general que se puede realizar sobre este proceso es que se trata de una larga negociación sin rumbo estratégico claro, ni liderazgo político que quedó a la deriva entre los funcionarios de gobierno a cargo de las negociaciones y las presiones mercantilistas de los intereses particulares potencialmente más afectados.

Se ha señalado que la UE tiene un interés reactivo a la aproximación de EEUU al continente en general y la región en particular. Además, se trata de un acuerdo con una economía política compleja porque es liberalizante en los dos sentidos y por este mismo motivo está asociado a fuertes ganancias del comercio. Es claro que los acuerdos de la UE con Chile y México son menos significativos a este nivel de ahí la facilidad con que los mismos se han negociado y han sido firmados (Vaillant y Ons, 2002).

[3] El acuerdo marco de Asociación es del año 1995 y está formado por tres ejes: dialogo político reforzado; cooperación; comercio. Las negociaciones se iniciaron recién en el año 1999. Alemania con España estaban del lado de los que reclamaban velocidad versus Francia en la posición contraria. Pasaron muchos años sin avances concretos. Finalmente en julio del año 2001 la UE tomó la iniciativa con una oferta muy mala que fue contestada por otra de mala calidad por el MERCOSUR. En los años 2002 y 2003 no se avanzó. En el año 2004 se llevó adelante el conocido Programa de Bruselas (noviembre del 2003) con una fecha límite de negociación a octubre del 2004, pero luego de un año de intenso trabajo nuevamente se fracaso. Recientemente en el año 2005 se reanudaron las negociaciones nuevamente.

ALCA y el posible bilateralismo con Estados Unidos

En relación a la negociación plurilateral a nivel del ALCA merecen realizarse algunas reflexiones. En particular se trata de la agenda de negociación más diversificada y compleja que los países del MERCOSUR han enfrentando[4]. Sin lugar a dudas la misma enfrentó a los países de la región al desafío de lograr seguir una negociación en donde no se contaba a nivel doméstico con marcos normativos modernos ni estructuras institucionales desarrolladas en un amplio conjunto de los temas que forman parte de la agenda. Existen importantes asimetrías en la capacidad de negociar sobre las nuevas normativas entre los países del bloque. Aunque el proceso del MERCOSUR también implico negociar sobre estos asuntos. Tanto en Política de Competencia, Compras Gubernamentales, Propiedad Intelectual como Inversiones el MERCOSUR tiene sus propios protocolos que deberían regular las relaciones económicas en el bloque. Sin embargo, por un conjunto diverso de motivos ninguno de los cuatro está vigente y por lo tanto operativo para el bloque. En este sentido, el atraso relativo de la región respecto a lograr avanzar aunque sea a escala regional en estos nuevos temas es notorio.

La evaluación del fracaso del Área de Libre Comercio de las Américas (ALCA) requiere desarrollar una nueva perspectiva que se concentre en el análisis de las relaciones bilaterales de mayor relevancia. Gran parte de los trabajos que han intentado abarcar la vasta agenda de temas, el conjunto de los países involucrados y las posturas negociadoras en el foro continental, vieron restringida su aspiración debido a la dificultad de abarcar la heterogeneidad de asuntos y de resolver la complejidad del proceso.

Uno de los resultados que dejó el ALCA fue un intercambio de información muy valiosa, que se procesó de forma transparente y esta disponible para todos los países[5]. Producir e intercambiar esta información constituyó una oportunidad de aprendizaje para los países que supieron aprovecharla.

Los motivos debido a los cuales la negociación en el ámbito plurilateral del ALCA prácticamente se haya detenido no se van a desarrollar en este trabajo. Sin embargo, es relevante señalar que una agenda tan diversificada con un amplio conjunto de países muy heterogéneos y sin unas fechas claras de finalización, estaba desde el inicio condenada al fracaso. Adicionalmente, podría agregarse que el hecho de que no se estableció un adecuado funcionamiento del eje bilateral fundamental del continente entre Estados Unidos y Brasil, condicionó desde el comienzo un resultado exitoso del acuerdo (ver Lorenzo y Vaillant, 2005). La negociación entre el MERCOSUR y EEUU es compleja dado que en términos

---

[4] Una descripción detallada de cada uno de los capítulos negociados a nivel del ALCA se encuentra en el libro editado por Salazar-Xirinachas y Robert (2001).

[5] Entre otros sitios ver http://www.ftaa-alca.org/.

mercantilistas hay mucho para ganar y perder en la misma. La posición de EEUU se caracteriza por una demanda de mayor acceso en ciertos sectores agrícolas y manufactureros (químicos, electrónica, alta tecnología, bienes de capital) y liberalización en servicios y compras gubernamentales, y busca limitar la profundidad de la negociación en los temas de acceso al mercado en bienes sensibles y protegidos (acero, papel y celulosa softwood lumber, textiles, jugo de naranja concentrado, azúcar, tabaco). En tanto la posición del MERCOSUR (claramente representado por Brasil) es exactamente la inversa.

Los gobiernos de los países del MERCOSUR tuvieron intereses diferenciados y cambiantes a lo largo de este prolongado proceso de negociación. Brasil es quién mantuvo una posición más estable. Por un lado siempre quiso estar dentro de la negociación, participar activamente de ella, pero no manifestó una voluntad final para una conclusión exitosa de la misma. Siempre surgió un motivo de demanda adicional, generalmente justificado, sin muchas opciones de ser negociado en un momento de desarrollo maduro del proceso. Fue por ejemplo el caso de introducir recurrentemente la discusión sobre los subsidios a la producción y la exportación. La posición de Estados Unidos era negociar este tema solo a nivel multilateral y no en el contexto de la negociación plurilateral regional.

En los últimos tres años se han precipitado una serie de Tratados de Libre Comercio bilaterales de Estados Unidos con bloques y países individuales de la región (Chile, Centroamérica, Colombia, Perú, Ecuador). Este fenómeno acentúa el aislamiento de la región en la medida que deberá ingresar en condiciones de discriminación desfavorable, tanto en el mercado norteamericano, como en el de muchos de sus socios comerciales dado que la profundidad de los TLC en muchos casos es mayor que la que el Mercosur obtuvo en los acuerdos bilaterales regionales como por ejemplo con los países andinos.

Negociaciones multilaterales en curso

Estado de situación

La negociación multilateral que transcurre en el marco de la Ronda Doha se inició con una agenda temática muy amplia[6]. El fracaso de la reunión de medio término de la Ronda Doha en Cancún implicó un cambio en la política de coaliciones a nivel internacional en relación a los asuntos a la agenda multilateral y en particular al tema de la liberalización el sector agrícola. En Cancún se creo el Grupo de los 20 liderado por Brasil y la India que agrupó un conjunto de economías en desarrollo. Uno de los puntos aglutinantes de la coalición fue reclamar una oferta más liberalizadora por parte de los países industrializados en relación a la agricultura. En particular, la demanda se centró en los subsidios a la producción y a las exportaciones de productos agrícolas.

Los países del MERCOSUR con más fuertes ventajas comparativas y exportador neto en los mercados agrícolas internacionales con mayores niveles de distorsión (producción de carne, producción de productos lácteos y producción de cereales) están más interesado en lograr la mayor profundidad en la liberalización en el acceso al mercado. Se verifica que las barreras de acceso al mercado son las más dañinas para los productores con ventajas comparativas en estos mercados.

Los países del Grupo de los 20 constituyen a este respecto un conglomerado heterogéneo en donde se mezclan intereses de exportadores netos con el de importadores netos. Estos últimos buscan defender el interés de los productores sustitutivos de importaciones domésticos, muchas veces también aplican políticas proteccionistas en el mercado interno que se ven amenazadas por las políticas de subsidios de los países industrializados.

El fracaso de Cancún en Setiembre del año 2003 fue de algún modo superado a partir del conocido paquete de julio de 2004 (Baumann, 2005). Se reanudó el proceso de negociación con una agenda más acotada en la amplitud de los temas a considerar. La agenda multitaleral del punto de vista de los países del MERCOSUR está concentrada en cuatro temas de importancia diferente: agricultura; productos manufacturados; servicios; normas de comercio. En el caso de la agricultura las expectativas están puestas en una continuidad del camino de mayor liberalización pero con una intensidad que puede calificarse de ligera. Como es tradicional la Unión Europea (y dentro de ella algunos países claramente más que otros) vienen liderando la resistencia a una liberalización comercial más profunda en este sector. La expectativa está puesta en una eliminación de los subsidios a la exportación. Sin embargo, es sabido que este instrumento no es esencial para el mantenimiento del proteccionismo agrícola. En el tema de los productos agrícolas la negociación multilateral está organizada en tres grandes capítulos:

[6] Para un análisis comprehensivo de todos los temas de la agenda multilateral ver Hoekman, Mattoo y English (2002).

i. Medida de ayuda interna - evaluada a través de las medidas agregadas de protección. Los instrumentos se clasifican de acuerdo al grado de distorsión y se ubican en conjuntos que van desde los prohibidos pasando por los aceptados con restricciones hasta los que se autoriza usar. En la reciente reunión de Hong Kong (Diciembre del 2005) los resultados fueron modestos, aunque cabe destacar aquí que se aprobaron los tres niveles de reducción siendo más importantes para la UE (primera banda), en un segundo lugar EEUU y Japón (segunda banda) y el resto en la tercera banda. Se incorporó un requisito propuesto por el G20 de tal forma que el cambio de los instrumentos entre cajas no genere un efecto de disminuir o incluso eliminar la reducción en la intervención en las medidas de ayuda interna. Para ello el texto determina que la reducción total deberá ser igual o superior a la suma de las reducciones en las cajas Ambar, Azul y en las medidas de minimis (exceptuadas).

ii. Subsidios a las exportaciones- integrado también por créditos de exportación, ayuda alimentaria, empresas públicas exportadoras. En HK la UE estuvo dispuesta a aceptar el 2013, dado que dicho año coincide con la finalización del proceso de reforma de la política agrícola común. Según la UE esto facilitará la tarea de eliminación de los subsidios a la exportación, ya que esta política es la principal usuaria de este tipo de medidas. La mayoría de los demás países aceptaron el cambio (alargar tres años el período de eliminación de estas medidas) debido a que la UE accedió a la condición de que existiría una progresividad en dicha eliminación. La mayor parte de dichos subsidios serán eliminados en los primeros años del período de instrumentación (lo cual constituía una reivindicación sostenida por el Grupo Cairns). También, esta fórmula contempla el "paralelismo" reclamado por la UE para que la eliminación de los subsidios a la exportación fuera acompañada por la supresión de otras medidas de efecto equivalente como son: los créditos a la exportación; la ayuda no alimentaria con efectos distorsivos del comercio (medidas utilizadas por los EE.UU); y las prácticas de la Empresas Comerciales del Estado aplicadas en materia agrícola por Australia, Canadá, Nueva Zelandia y China fundamentalmente.

iii. Acceso al mercado- se definieron cuatro bandas de productos con pautas de liberalización diferentes con reducciones mayores a las tarifas más altas. Un aspecto abierto de la negociación es definir las listas en cada banda y las modalidades de la liberalización (fórmula lineal, fórmula no lineal). Es decir que en el pilar de Acceso a los Mercados no se registraron avances significativos. Los países con intereses más proteccionistas no lograron introducir conceptos o variantes negativas. El concepto de productos sensibles (para países desarrollados) no tuvo un mayor desarrollo; la mención a los Productos Especiales para países en desarrollo se realizó sobre la base del texto del marco de negociaciones aprobado en julio del 2004 (es decir, un texto acordado) y la cuestión de la erosión de reducción de las preferencias comerciales solo fue objeto de una mención general. La ausencia de avances en el acceso al mercado en agricultura es un factor negativo ha ser destacado del punto de vista de los intereses de los países del MERCOSUR.

En el caso de agricultura el trato especial y diferenciado se esta discutiendo en términos de salvaguardias especiales para los países en desarrollo. Se presenta además el caso de los países en desarrollo que tienen márgenes de preferencia y que se resisten a toda liberalización que se las disminuya. Existen nuevos temas del proteccionismo agrícola que implica la potencial sustitución de la protección por otros instrumentos, como es el tema de la seguridad alimentaria, las barreras técnicas, y el proceso de trazabilidad con el consiguiente incremento en los costos de los productores con ventajas comparativas.

En relación a la liberalización en el acceso al mercado de los productos no agrícolas se observa que los países desarrollados aspiran a reducciones importantes de aranceles y en cambio los países en desarrollo tienen una posición de expresar una mayor resistencia. Existe acuerdo en emplear una fórmula de reducción no lineal[7]. Las propuestas de algunos países en desarrollo es emplear dos coeficientes uno más liberalizador para los países desarrollados y otro menos liberalizador para los países en desarrollo. También está en discusión el hecho de que la reducción sobre las tasas consolidadas puede tener un efecto nulo dado que se tienden a aplicar en los países en desarrollo aranceles menores a los consolidados. Otro asunto relevante es la cobertura de la liberalización la orientación es que se consolide todo el universo arancelario. A los efectos de abarcar la liberalización en el caso de que se empleen aranceles específicos se ha desarrollado toda una discusión sobre los aranceles equivalente ad valorem de los aranceles específicos.

En el caso de los productos no agrícolas al igual que en otros ámbitos se plantea la posibilidad de lograr alcanzar un nivel de liberalización mayor y adecuar el AEC que hoy no responde exactamente a las preferencias de los países más pequeños. Es decir el proceso a nivel multilateral podría tener implicancias favorables a nivel regional incentivando un ajuste hacia abajo del AEC, tema que está pendiente en el MERCOSUR luego de diez años que este fue realizado.

En materia de servicios no se está avanzando mucho e incluso se ha señalado que se viene retorciendo en esta materia, debido a que los países no

[7] Hay acuerdo respecto de usar la conocida fórmula suiza $t_f = \frac{kt_i}{k + t_i}$.

están obligados a participar en rondas de ofertas multilaterales, sino que deberán considerar hacerlo. Los países en desarrollo más pobres (Asia, Africa y Caribe) coaligados en el G90 reclamaron esta flexibilidad en el texto.

En relación a los temas de normas de comercio de la OMC se destaca los siguientes puntos:

i. Anti dumping - uno de los aspectos que se está discutiendo está referido a la cláusula de extinción[8]. También esta en discusión la prueba del daño y el reclamo de mayor transparencia en los procedimientos. Es de hacer notar que antes este instrumento lo usaban los países desarrollados ahora está siendo más usado por los países en desarrollo.

ii. Anti subsidios - es un instrumento que tiene un mayor grado de especificidad y no se ha acumulado un consenso en relación a su modificación.

Cuadro 2
Sectores, intereses y tipos de países.
Matrices de intereses en conflicto en el marco multilateral

a) Norte- Sur entre sectores

Sectores/Tipo de Intereses	Ofensivos	Defensivos
Agricultura	Algunos países en desarrollo	Unión Europea
Productos manufacturados & servicios	Unión Europea	Algunos países en desarrollo

b) Norte- Sur dentro de servicios

Modos de servicios/Tipo de Intereses	Ofensivos	Defensivos
Modo 3- presencia comercial.	Países desarrollados	Países en desarrollo
Modo 4- movilidad de personas	Países en desarrollo	Países desarrollados

c) Norte- Norte en agricultura

Instrumentos/Tipo de Intereses	Ofensivos	Defensivos
Acceso al mercado.	Estados Unidos	Unión Europea
Disciplinas en ayuda alimentaria	Unión Europea	Estados Unidos

Fuente: elaboración propia

[8] En la actualidad la cláusula de extinción establece que los derechos antidumping serán suprimidos, a más tardar, en un plazo de cinco años contados desde la fecha de su imposición, salvo que en un examen iniciado antes de esa fecha se haya determinado que la supresión del derecho daría lugar a la continuación o la repetición del dumping y del daño.

En el mismo Grupo de Negociación sobre Normas se encuentra el tema de Acuerdos Comerciales Regionales. Ha habido poco progreso y no se alientan expectativas sobre la posibilidad de disciplinar el contenido de los acuerdos regionales. Una posibilidad es conseguir una mejora en la redacción del artículo XXIV. Dentro de los temas que están en discusión se debe especificar explícitamente las condiciones de adhesión. Otro criterio general es que exista mayor transparencia sobre la situación de los acuerdos comerciales regionales para el resto de los socios del sistema multilateral. Existe finalmente un mandato de negociación que se mantuvo en el llamado paquete de julio sobre un conjunto diversos de temas agrupados bajo la denominación de Facilitación del comercio: valoración aduanera; tránsito de bienes; cargas fiscales; transparencia publicación de normas; riesgo. Esta prevista la cooperación con los países en desarrollo para alcanzar los estándares que surjan de la negociación.

Otro tema de la agenda que no afecta de forma directa a la región está referido a las llamadas materias del desarrollo (liberalización del mercado del algodón en los países desarrollados, concesiones a los países menos adelantados). La percepción es que se avanzó más en estos temas en la reunión de HK.

Perspectivas

No hay expectativas hoy muy optimistas respecto a la evolución positiva del proceso de negociación a nivel multilateral. Existen una serie de bloques cruzados que involucran conflictos Norte-Sur, Sur-Sur y Norte-Norte que resultan difícil destrabar (ver cuadro 2).

En esta Ronda se observa un refinamiento de las coaliciones de países que defienden intereses comunes con una mayor representación de los países en desarrollo (G20, G90). El grupo rector y constructor de los consensos es el llamado nuevo grupo de cuatro (Estados Unidos, Unión Europea, India y Brasil). Hay veces que este grupo toma la forma de un grupo de cinco (se agrega Australia) y ciertas veces se suma Japón conformando un grupo de seis. Notoriamente el peso adquirido por Brasil, en relación a la significación de su economía y su evolución relativa en términos comparados, es llamativo. Este hecho se ha interpretado como una victoria diplomática de Brasil. Sin lugar a dudas que es un evento singular de las relaciones internacionales recientes que deberá ser analizado en profundidad respecto de las oportunidades y riesgos que la situación plantea para este nuevo jugador, para la región que integra y que en alguna medida debería liderar.

Los riesgos de una Ronda poco exitosa en sus resultados son más bien sistémicos y de mediano plazo. Según Heydon (2006) se verifican oportunidades perdidas debido a la inexistencia de ganancias de la liberalización en agricultura, manufactura y en servicios. Se identifican en estos casos, a partir de los resultados de la literatura, ganancias importantes para los países en desarrollo.

Pero los problemas más de largo plazo se vinculan con resultados sistémicos negativos en caso de un multilateralismo debilitado. En primer lugar señala que la consolidación de políticas muy distorsionantes en los mercados de la agricultura termina por no resolver ni siquiera el problema del ingreso de los agricultores. En segundo lugar, señala que el regionalismo sirve como complemento del multilateralismo cuando este es fuerte, de lo contrario comienzan a predominar las fuerzas negativas del desvío de comercio. El tercero efecto esta vinculado con el eventual aumento de los contenciosos a nivel multilateral, en donde se empieza a sustituir la actividad de legislar por la de litigar, previéndose un posiblemente debilitamiento de la autoridad del nuevo sistema de solución de controversias multilateral.

A modo de balance

Una evaluación de la crónica realizada permite concluir que para el MERCOSUR no ha sido fácil suscribir acuerdos comunes con terceros Estados. De los veinte acuerdos relevados sólo dos califican como acuerdos preferenciales de comercio "comunes" (con Chile y Bolivia). Hay *siete* acuerdos marcos comunes pero no implican compromisos comerciales específicos. En el año 2004 se volvió a dar un nuevo impulso en la negociación con terceros Estados dentro de lo que se destaca: el acuerdo con la Sacu (*South Africa Custom Union*) y la India, los cuales evidencian a través de un análisis específico una muy escasa significación en el contenido de lo negociado. En el 2005 se suscribió un nuevo acuerdo marco global con Israel. El resto de los *nueve* acuerdos relevados presentan características marcadamente bilaterales y en tal sentido no serían acuerdos comunes característicos de una Unión Aduanera.

Los acuerdos mencionados todos registran una actividad negociadora a nivel de la administración o en la profundización de los mismos. Además, se verifica una actividad adicional que queda registrada en otros ámbitos abiertos de negociación que aún no han concluido en acuerdos concretos. Estas negociaciones van desde el intercambio de información y la identificación de oportunidades hasta la negociación de acuerdos marcos. Deben sumarse al menos 10 instancias más: Corea; Canadá; CER; Efta; República Dominicana; Consejo de Cooperación del Golfo (CCG); Panamá; Caricom; Santo Tomé y Príncipe – Guinea Bissau; SICA; Japón. Si se agregan los ámbitos plurilaterales y multilaterales es posible establecer una síntesis de las características propias que se derivan de la crónica reseñada:

i. En total hay alrededor de 30 ámbitos distintos en donde el MERCOSUR tiene abiertas negociaciones comerciales. La diversificación de ámbitos de negociación es un indicador de la relevancia y visibilidad que tiene el MERCOSUR para la economía internacional.

En muchos de los casos la región responde a demandas de los otros. También expresa una voluntad defensiva frente a la falta de éxito en las negociaciones más trascendentes (con Estados Unidos y con la Unión Europea)

ii. La profusa actividad negociadora, es muy utilizadora de los servicios diplomáticos, abarcando con menos intensidad otras partes de los gobiernos de los Estados Parte. La preferencia revelada de los negociadores es que parece que importa tener una agenda amplia, más allá de la significación económica que los acuerdos o las negociaciones tengan. No se evidencia existe una consideración de los límites de la capacidad negociadora ni que se plantee el problema de una asignación eficiente en función de las prioridades que el bloque pueda haber establecido en esta materia.

iii. Los acuerdos suscriptos como los que están en proceso de negociación, todos han sido desarrollados en un estricto marco intergubernamental tal cual es característico de la estructura de gobierno del bloque.

Un balance global en relación a los resultados puede resumirse en los siguientes puntos:

i. Solo dos acuerdos comerciales con los vecinos inmediatos (Chile y Bolivia) califican como acuerdos preferenciales comunes.

ii. Hay un marcado sesgo hacia la negociación con países del Sur, no se registra ninguna negociación concluida con países con niveles de desarrollo superior al de la región.

iii. El tipo de acuerdo firmado presenta muchas restricciones y sensibilidades en muchos casos se observa que siempre es más lo que el MERCOSUR da que lo que recibe (en estrictos términos mercantilistas). La negociación con los países andinos es un claro ejemplo.

iv. La capacidad negociadora no se ha visto fortalecida, a través de la formación de un equipo de negociación común que conozca la agenda internacional y doméstica, y la articulación de las posiciones ofensivas y defensivas en cada ámbito de negociación de acuerdo a una perspectiva que logre articular los distintos intereses nacionales en juego.

v. Una década de negociación conjunta común ha dejado un muy reducido impacto en cambiar las condiciones de inserción internacional de la región en el mundo a través de mejores condiciones de acceso al mercado internacional. Es necesario avanzar en una evaluación cuantitativa de la negociación con terceros que permite calificar la veracidad de la afirmación anterior.

Un conjunto diversos de restricciones explican el magro desempeño en materia de mejora de las condiciones de inserción internacional de las economías que integran el bloque. De entre ellas se destacan tres: asociación entre ventajas comparativas propias y política comercial de los países industrializados; compatibilidad de intereses en la negociación con terceros; nivel de profundidad de la política comercial común y de la construcción de la Unión Aduanera.

En primer lugar los Estados del Cono Sur de América tienen ventajas comparativas mayormente concentradas en bienes intensivos en recursos naturales, que son los factores productivos de que disponen con mayor abundancia relativa. En muchos de estos sectores existen problemas de acceso en el mercado internacional, en particular en las economías industrializadas de mayor tamaño de mercado. En este sentido, no es difícil verificar una asociación estrecha entre las ventajas comparativas del bloque y el corazón proteccionista que caracteriza a la política comercial de los países más ricos. En particular, esto es claro en los bienes agroalimentarios, aunque no se agota en ellos. Es lo que Stiglitz llamó tener las ventajas comparativas en el lugar equivocado.

Para el MERCOSUR la asociación anterior explica una economía política compleja en la negociación con los países del Norte. Dadas las asimetrías de tamaño económico los acuerdos Norte-Sur suelen ser liberalizantes para los países del SUR (protección reducida) y no modificar sustancialmente las condiciones de mercado de los países del Norte (protección ampliada). Sin embargo, en el caso de los acuerdos con el MERCOSUR existe evidencia que muestra que los mismos son liberalizantes para el Norte y en este sentido también están asociados a ajuste productivos en sus propias economías, a los que se le asocia una economía política contraria. Se produce un matching entre protección alta importaciones bajas y oferta doméstica competitiva y grande de los países del SUR (el MERCOSUR en su conjunto es un bloque que tiene cierta significación económica) capaz de cambiar las condiciones de mercado en el Norte. De alguna forma esto explica las mezquinas ofertas que el MERCOSUR ha recibido en las negociaciones con las economías industrializadas (Unión Europea, Estados Unidos en el ALCA).

Recientemente se ha desarrollado un argumento (ver Krishna y Mitra, 2000) que establece una relación entre el nivel de apertura de los países del norte (los grandes que determinan reglas) en relación a los países del Sur (los pequeños que las toman). Es lo que ha dado en llamarse unilateralismo reciprocado. Si el Norte abre suficientemente sus mercados genera ganancias relevantes en los grupos de sectores exportadores del SUR. La mayor influencia de los exportadores determina un nuevo equilibrio de política comercial endógena con mayor apertura en los países del SUR. El argumento parece muy pertinente al caso del MERCOSUR dado la asociación entre ventajas comparativas propias y proteccionismo de los otros.

Lorenzo y Vaillant (2005) aplicaron este argumento a la negociación entre el MERCOSUR y Estados Unidos. Estos autores señalan que EEUU tiene la opción de seguir una política activa para obtener liberalizaciones en el mercado del MERCOSUR en los sectores y temas que le interesa, haciendo concesiones importantes en el mercado propio en los sectores en donde el MERCOSUR está claramente interesado, esto fortalecería la coalición de los grupos exportadores pro acuerdo en el MERCOSUR, fomentando la liberalización y apertura del propio mercado. EEUU le será difícil lograr mejoras de acceso en los mercados de manufacturas electrónicas, de alta tecnología y de bienes de capital, si no está dispuesta a realizar concesiones significativas en el "core" de su estructura proteccionista en la agricultura y manufacturas tradicionales, que modifique el equilibrio a favor de la liberalización en el otro socio. Esto que vale para el socio mayor (EEUU) también es cierto para el MERCOSUR y enfatiza el contenido finalmente doméstico de la negociación internacional.

Otro elemento que es necesario elaborar con más detalle es como hacer que los incentivos para negociar con terceros puedan ser más compatibles entre los cuatro países. Todos los países del MERCOSUR se benefician con la mejora en el acceso al mercado de los países más ricos pero los costos de economía política en términos de ajuste en la producción del mercado domésticos son distintos. El MERCOSUR tiene para ofrecer el mercado de las aquellos sectores manufactureros relativamente más protegido por aranceles: En este caso la oferta productiva del bloque está concentrada en Brasil y por lo tanto los potenciales costos sectoriales también.

Las economías de menor tamaño, se beneficiarían de los acuerdos preferenciales con las economías más desarrolladas, debido a que les permite disminuir el efecto desvío de comercio que potencialmente podría tener aplicar un AEC, que podría ser más alto que el preferido por las economías de menor tamaño, más especializadas y con menores niveles de integración vertical de su actividad económica. Por ejemplo, es más fácil aplicar y aceptar aranceles más altos de los deseados en bienes de capital y telecomunicaciones para los países de menor tamaño en el bloque si existe un acuerdo de libre comercio por ejemplo con la Unión Europea, con Estados Unidos y/o con Canadá.

Para las economías más grandes estos acuerdos permiten consolidar las condiciones de apertura comercial y permitir el desarrollo de comercio de tipo intraindustrial con los países más desarrollados integrándose a cadenas globales de producción de valor en sectores de media y alta tecnología.

Existe un vínculo entre las relaciones económicas con terceros y la capacidad de establecer un mercado unificado. Si hay política comercial común, entonces la posibilidad de expresar el poder de negociación será mayor. Si solamente existe la intención de tener una la política comercial común, pero no se avanza en su implementación, ni siquiera un funcionamiento parcial, entonces más lejano estará la posibilidad de lograr sacar ventajas regionales y nacionales de negociar en forma conjunta con terceros. También es posible ver la relación desde la negociación hacia la conformación de la Unión Aduanera. Los incentivos a la unificación de los mercados del bloque se pueden ver reforzados por los acuerdos con terceros.

La política comercial común tiene varios componentes, entre los que se destacan: un sistema de clasificación de las mercaderías comunes; similares sistemas de valoración en aduanas, para lo cual en general se requiere un Código Aduanero Común; un arancel externo común; reglas de defensa comercial comunes (antidumping, antisubsidios y salvaguardas); un similar esquema preferencial de comercio respecto a terceros mercados y; regímenes especiales de comercio armonizados o comunes. Todos estos componentes están de algún modo en la agenda de la negociación actual del MERCOSUR, aunque con distintos grados de prioridad y avance. Sin embargo, se requiere un esfuerzo focalizado, permanente y de carácter sistémico para lograr obtener resultados en un período de tiempo razonable. No resulta ocioso recordar que ya se han cumplido más de diez años desde que AEC fuera creado en la Reunión de Ouro Preto, en diciembre del año 1994.

El status quo actual de las relaciones externas del bloque no es gratis. Como indican las estadísticas agregadas de producción, comercio e inversión los Estados Partes del MERCOSUR evidencian una escasa dinámica comparada. La situación también es preocupante si se realiza una comparación más específica que considere por ejemplo la significación que tiene En efecto, si se considera el desempeño relativo de la producción manufacturera en relación al resto de los países de América Latina se verifica que los Estados Partes registran un bajo desempeño. En el cuadro 3 se presenta la participación en el producto industrial en tres trienios: de inicio de la década de los ochenta, los noventa, y la década actual. Mientras que al inicio de los ochenta el bloque concentraba algo menos de dos tercios de la manufactura de la región en el último trienio solo supera la mitad. Los países dinámicos han sido Chile y México. En particular esto es especialmente notorio si se compara su desempeño relativo en relación a Argentina y Brasil respectivamente. Es importante destacar que una diferencia importante que han tenido Chile y México es el éxito en la negociación con terceros en particular con economías dinámicas e industrializadas del Norte. En ambos casos existen acuerdos con los países más industrializados del continente (Estados Unidos y Canadá) y además también ambos tienen acuerdos firmados con la Unión Europea. Este punto ha sido ampliamente ilustrado en la literatura especializada.

Cuadro 3
Evolución del producto manufacturero en América Latina
(millones de U$S de 1995 y %)

	1980-1982		**1990-1992**		**2000-2002**	
	Millones U$S	**%**	**Millones U$S**	**%**	**Millones U$S**	**%**
MERCOSUR	158.554	61,6	163.483	58,1	191.955	54,7
Chile	6.746	2,6	9.908	3,5	14.520	4,1
CAN	30.773	12,0	33.382	11,9	36.134	10,3
MCCA	6.063	2,4	6.883	2,4	10.298	2,9
México	55.134	21,4	67.835	24,1	98.209	28,0
TOTAL	**257.270**	**100,0**	**281.490**	**100,0**	**351.117**	**100,0**

CAN- Comunidad Andina de Naciones; MCCA- Mercado Común Centro Americano.
Fuente: Vaillant, 2005 en base a datos de Cepal.

Los hechos confirman que la obtención de mejores condiciones de acceso a los mercados de los países industrializados debería ser una prioridad que se constituye en una necesidad estratégica para darle sustentabilidad al modelo de crecimiento con apertura comercial que los países del MERCOSUR emprendieron a partir de la década de los noventa. La apertura comercial implica que se sustituye producción ineficiente doméstica por producción del resto del mundo ofertada en mejores condiciones de calidad y precio, en consecuencia es necesario lograr que los recursos productivos que se liberan de estos usos se localicen en las actividades domésticas en donde se tiene una mayor eficiencia relativa. Si en estos sectores con ventajas enfrentan problemas de acceso al mercado internacional, entonces el modelo de apertura se ve limitado en sus posibilidades de profundización e incluso en su propia sustentabilidad.

Para terminar este balance se subrayan algunas conclusiones que se derivan de este trabajo. En primer lugar, a nivel de la negociación externa sin lugar a dudas que para el MERCOSUR suscribir un acuerdo común con la Unión Europea constituye un resultado importante tanto en lo refiere a la mejora en las condiciones de acceso al mercado, en promover una profundización del propio acuerdo y mejorar la credibilidad en el avance del bloque en términos de los ambiciosos objetivos contenidos en sus tratados constitutivos.

En segundo lugar, habría que aprovechar el foro de negociación a nivel de Doha para acercar posiciones entre los países del bloque en materia de negociación multilateral. Para la economía más grande del MERCOSUR es esta una oportunidad de ejercer su liderazgo, sin perder de vista tanto sus interese nacionales como los del conjunto de los países que conforman el acuerdo sub regional que integra.

En tercer lugar, si se desea mantener la voluntad de integración es necesario reconocer que los países pequeños han subordinado su relación con terceros y que los resultados han sido insatisfactorios para ellos. Este asunto directamente vinculado con la asimetría de tamaño debería alentar una mayor flexibilidad mayor en la relación con_terceros para los países más pequeños. Si el MERCOSUR como bloque no puede hoy concretar acuerdos con los países industrializados debería habilitar y alentar que los países pequeños del bloque lo hagan. Esto aplica en rigor en relación con Estados Unidos quién es el país que ha manifestado interés de concretar este tipo de acuerdo de libre comercio bilaterales con los países del continente.

Por último, para encontrar una salida en el mediano plazo es necesario recuperar la visión integral del acuerdo y lograr una intervención política que permite fortalecer el_compromiso debilitado. Es necesario reflexionar sobre las causas del gradual debilitamiento del acuerdo sub regional y procesar los cambios necesarios para revertirlos. La sub región se juega mucho en este proceso y debería ser capaz de procesar un cambio sustantivo en la forma de gobierno del bloque causa fundamental de la falta de eficiencia en la negociación con terceros. Los obstáculos a remover parecen de una escala local importante con la perspectiva estrecha del corto plazo pero son insignificantes en la perspectiva histórica del desafío de desarrollo económico y social que tienen las ciudadanías de los países del bloque.

***Marcel Vaillant**, Profesor Titular de Comercio Internacional de la Universidad de la República. Desde el año 2004 ocupa el lugar de Consultor Económico de la Secretaría del MERCOSUR.*

Bibliografía

BAUMANN, M. H., 2005: "The WTO "july package", frameworke agreement", World Tr@de Net Consultant, Business Advisory Services, DTSS/ITC.

HEYDON, Ken, 2006: "Alter the WTO Hong Kong Ministerial Meeting: what is t stake", OECD Trade Policy Working Paper No 27.

HOEKMAN, Bernard, Mattoo, Aaditya, English, Philip, 2002: "Development Trade and the WTO, A Handbook", edited by The World Bank.

LORENZO F. y VAILLANT, M. 2004: "MERCOSUR and the creation of the Free Trade Area of the Americas", Woodrow Wilson International Center for Scholars", Latin American Program.

KRISHNA, Pravin and MITRA, Devashish, 2000: "Reciprocated unilateralism: a political economy approach", Working Paper.

OMC, 2003: "Acuerdos Comerciales Regionales: un panorama cambiante", Sección de Acuerdos Regionales, División de Examen de las Políticas Comerciales, Secretaría de la OMC.

SALAZAR-Xirinachs José M. y ROBERT, Maryse, 2001: "Hacia el Libre Comercio en las Américas" editores, OEA, Brookings Institution Press.

SECRETARÍA del MERCOSUR, 2004: "Un foco para el proceso e integración", Primer Informe Semestral, junio, Montevideo.

Secretaría del MERCOSUR, 2005: "La relación con terceros", Tercer Informe Semestral Parte I, junio, Montevideo.

VAILLANT, M. y ONS A., 2002: "Preferential Trading Arrangements between the European Union and South America: The Political Economy of Free Trade Zones in Practice." *The World Economy*, November.

VAILLANT, M. 2005: "MERCOSUR: regional integration under construction", International Politics and society, IPG, 2/2005.

Profundización del Processo de Integración en el MERCOSUR: Evolución de la Agenda no Comercial en los Últimos 15 Años

Agustín Espinosa

Profundización del Processo de Integración en el MERCOSUR: Evolución de la Agenda no Comercial en los Últimos 15 Años

Introducción

Talvez la parte menos leída del tratado de Asunción, que instituye el MERCOSUR, sea su preámbulo, y, generalmente olvidamos también que de acuerdo al derecho de los tratados, el preámbulo tiene el mismo valor jurídico que su parte dispositiva. El preámbulo del tratado de Asunción nos da el marco conceptual dentro del cual se deberá desarrollar el Mercado Común del Sur, más allá de los instrumentos y la estructura orgánica que el propio tratado define en forma somera pero clara. Ese marco conceptual básicamente nos recuerda que la integración es una condición fundamental para acelerar los procesos de desarrollo económico de nuestros países y que ese desarrollo debe estar pautado por la justicia social.

Este objetivo que persigue el MERCOSUR deberá hacerse, nos dice el preámbulo, aprovechando eficazmente nuestros recursos naturales pero preservando el medio ambiente y mejorando nuestras interconexiones físicas.

El preámbulo del tratado también nos habla de la necesidad de desarrollar nuestra capacidad en los ámbitos científico y tecnológico a fin de mejorar las condiciones de vida de nuestra gente.

Finaliza el preámbulo reafirmando que todo esto deberá sentar las bases para una unión cada vez mas estrecha entre nuestros pueblos. Ya en el capítulo correspondiente a los propósitos, principios e instrumentos, hay un párrafo referido a la necesidad de coordinar las políticas sectoriales, y menciona expresamente las de transporte y comunicaciones como condición adecuada para asegurar la competencia entre todos los Estados Partes. Este marco conceptual del Mercosur, que más adelante se acostumbra calificar como "profundización del proceso", para diferenciarlo del MERCOSUR comercial, se tradujo en una intensa y silenciosa actividad negociadora paralela a las siempre mediáticas negociaciones comerciales.

Casi siempre en un segundo plano, mas técnico y menos politizado, ese MERCOSUR "no comercial", que intentaba traducir en normas y realidades los objetivos fijados por el preámbulo del tratado de Asunción, cumplió sus primeros quince años de negociaciones, ya sea en el marco de grupos de trabajo o de reuniones especializadas de Ministros, produciendo una impresionante red normativa que viene sustentando el no siempre exitoso proceso de integración comercial. Su poca visibilidad no es mérito para ignorarlo y es por ello que trataremos muy sucintamente de dar un pantallazo de los logros alcanzados en ámbitos tan diferentes pero tan integrados entre sí, como lo son el de la integración física, energética, de transporte y de comunicaciones, el medio ambiente y lo que se ha dado en llamar el "MERCOSUR social", donde hablaremos de salud, justicia, trabajo y políticas de solidaridad.

Otros expositores seguramente hablarán del MERCOSUR de la educación y de la cultura y del mal llamado MERCOSUR "político". Esperamos que esta visión de un proceso que no detuvo su marcha en estos ámbitos esenciales de un proceso de integración, pese a los avatares y cataclismos que el mismo ha sufrido y seguirá seguramente sufriendo –como todo proceso- en el plano de la integración comercial, nos permita sostener con más esperanza y vigor la idea de la integración entre nuestros países.

Integración física

Antecedentes

La suscripción del Tratado de Asunción, propició el desarrollo y consolidación de una serie de emprendimientos sectoriales en el contexto del MERCOSUR.

Un sector en el que las actividades desarrolladas alcanzaron mayor consolidación fue el de la integración física (transporte, energía y telecomunicaciones) y su infraestructura.

Por el inicio de la década de los años noventa, se afianzó un foro de diálogo técnico e intercambio de información que alcanzó importantes logros, la Conferencia de Ministros de Transportes, Comunicaciones y Obras Públicas de América del Sur.

Se trató de un acontecimiento sin antecedentes, que logró nuclear por primera vez a todas las máximas autoridades sectoriales de diez países del Continente (sin Guyana y Surinam) vinculados a la integración física, que contó con la coordinación técnica de la ALADI, y en el que la formalización del MERCOSUR tuvo un impacto directo en la adopción de las decisiones que en su momento se tomaron.

En el período de máxima actividad (1991 – 1999), este foro dejó un legado muy importante para la región en todo lo que hace a la integración física y su infraestructura.

Fue una iniciativa que buscaba coadyuvar al desarrollo económico y social de los países de América del Sur en su conjunto, mediante la adopción de políticas, estrategias, instrumentos y mecanismos que promovieran el fortalecimiento de los transportes, las comunicaciones y las obras públicas afines y que facilitaran la expansión y desarrollo del comercio exterior.

Esta instancia de trabajo alcanzó el cumplimiento de varios objetivos trascendentes.

En primer término, logró formalizar Grupos de Trabajo sobre Transporte Marítimo, Transporte Terrestre, Seguridad Vial, Sistema de Estadísticas de Transporte y Telecomunicaciones, los cuales realizaron actividades siempre tendientes a la armonización operativa y normativa que sirvieron de antecedente inmediato a los trabajos que en estas materias se realizaron en el ámbito de procesos subregionales de integración, entre ellos MERCOSUR.

De igual forma, la Conferencia de Ministros aprobó Acuerdos sobre la "Aprobación de la Red de Transporte para la Integración de América del Sur", "Transporte Multimodal Regional", "Política Regional sobre Transporte Aerocomercial Regional" y "Articulación de Normas vigentes del Acuerdo de Cartagena y del Convenio sobre Transporte Internacional Terrestre del Cono Sur", los cuales han sido fuente inmediata de las actuales normas del MERCOSUR sobre cada una de las materias anotadas.

Asimismo, la Conferencia de Ministros logró elaborar un "Inventario de Proyectos Prioritarios de Infraestructura de Transporte para la Integración de América del Sur", los cuales fueron identificados en función a los corredores de integración regional existentes y teniendo en cuenta que los mismos resultaran ser de interés bilateral y/o multilateral, y que conectaran centros de consumo y producción de los países de la región por una red de transporte ágil y segura y con capacidad como para diversificar las conexiones interoceánicas por las que se favorecieran los países mediterráneos.

Este inventario priorizado inventarió un total de 45 proyectos de infraestructura de carácter regional de principal importancia para la región en aquella época. No es menor el detalle que un 73% de aquellos proyectos actualmente forman parte de la Cartera de Proyectos Iirsa y su Agenda Consensuada 2005-2010.

Más recientemente, por el año 2000, un mayor grado de madurez institucional de los sistemas subregionales de integración, entre ellos el MERCOSUR, y una acentuada profundización del alcance y contenido de sus negociaciones, generó las condiciones necesarias para que comience a propiciarse un cambio cualitativo en el contexto de la integración física regional.

La integración de América del Sur pasó de ser analizada en una instancia de diálogo técnico y de intercambio de información, a ser considerada como uno de los objetivos esenciales de la región para su desarrollo sustentable.

A partir de ese contexto, la integración sustentable de la región comenzó a fundamentarse en una integración de las economías que favoreciera el aumento del intercambio comercial, financiero y tecnológico dentro de la misma y de ella con el resto del mundo.

Este principio básico inmediatamente posicionó estratégicamente a la integración física, puesto que como todos sabemos, no existe ampliación de la integración económica sin que se obtenga el fortalecimiento de las prestaciones de servicios de transportes, comunicaciones y energía.

Es así que durante la Reunión de Presidentes de América del Sur en Brasilia, en los días 31 de agosto y 1° de setiembre de 2000, éstos decidieron instituir el proyecto Iirsa (Iniciativa para la Integración de la Infraestructura Regional Suramericana) como un emprendimiento referenciado en un plan de acción de 10 años y teniendo la coordinación de sus actividades delegadas en las instituciones BID, CAF y FONPLATA.

Esta Iniciativa contempló, desde su inicio, una serie de principios orientadores en los que, precisamente, se concentra el mayor nivel de cambio cualitativo registrado en la región respecto a la consideración de la integración física:

a) Regionalismo abierto.- Se concibe el Continente Sudamericano como un espacio geo-económico integrado en el que se tiende a la reducción de las barreras internas al comercio y de las ineficiencias en la infraestructura y en los sistemas regulatorios y operativos.

b) Ejes de integración y desarrollo.- En función a lo anterior, la región es organizada en torno a franjas multinacionales que concentran flujos de comercio actuales y potenciales, en los cuales se busca implementar un estándar mínimo y común en los servicios de infraestructura.

c) Sostenibilidad económica, social, ambiental y político-institucional.- Sostenibilidad económica, proporcionada por la eficiencia y la competitividad de los procesos productivos; sostenibilidad social, proporcionada por el impacto del crecimiento económico sobre la calidad de vida de la población; sostenibilidad ambiental, por el uso racional de los recursos naturales y su conservación; y sostenibilidad político-institucional porque los actores públicos y privados se integren al proceso de desarrollo e integración.

Actualmente, con una trayectoria y experiencia acumulada de cinco años, Iirsa se ha consolidado como una instancia en la que los países construyen una agenda común de acciones y proyectos para la integración física del Continente.

La iniciativa ya elaboró una Cartera de Proyectos Iirsa, donde figuran los 335 proyectos más importantes de la región con una inversión de casi U$S 38 mil millones y una Agenda de Implementación Consensuada en la que constan los 31 proyectos priorizados para su ejecución, por un monto de U$S 4.316 millones.

Es importante tener presente de estos 31 proyectos priorizados, 11 de ellos, o sea exactamente la tercera parte, tienen su escenario dentro del espacio del MERCOSUR ampliado y que su tipología comprende desde la construcción de pasos de frontera, hasta la de gasoductos, pasando por carreteras y puentes, con una inversión de U$S 995 millones.

Destacamos, entre otros, los siguientes proyectos en el ámbito del MERCOSUR: la duplicación de la Rodovía 14 "Rodovía del MERCOSUR", entre Argentina y Brasil, que exigirá una inversión de U$S 270 millones; la adecuación del Corredor Río Branco-Montevideo-Colonia, entre Uruguay y Brasil, estimado en U$S 90 millones; la construcción del Puente Yaguarón-Río Branco, entre Brasil y Uruguay, de U$S 12 millones; la duplicación Palhoça-Osorio "Rodovía MERCOSUR", entre Brasil, Argentina y Uruguay, con una inversión estimada de U$S 283 millones; el proyecto ferroviario Los Andes-Mendoza, estimado en U$S 224 millones, entre Argentina y Chile; y el Gasoducto del Noroeste entre Argentina y Bolivia, estimado en U$S 1.000 millones. Del mismo modo, puede destacarse, entre otros proyectos, el Anillo Ferroviario de San Pablo, cuya inversión estimada alcanza U$S 300 millones y el avance del Programa Piloto sobre Pasos de Frontera, comprendiendo los pasos de: Cristo Redentor, Fray Bentos - Puerto Unzué y Ciudad del Este - Foz do Iguazú.

Esto significa decir que si Iirsa logra cumplir sus cronogramas de trabajo de la forma en que están planificados, en un lapso no mayor a los cuatro años, el MERCOSUR ampliado habrá transformado notoriamente su actual infraestructura de integración física.

Asimismo, la iniciativa estableció los objetivos estratégicos de gestión para el período 2006 – 2010, los cuales básicamente contienen una fase de implementación, una fase de planificación, líneas de acción en los procesos sectoriales y una fase de difusión.

Algunas consideraciones

En términos generales, se entiende que el Continente y específicamente el MERCOSUR, tiene en Iirsa una herramienta importante para avanzar en la concepción y construcción de una infraestructura verdaderamente regional, donde además de los proyectos específicos de la iniciativa, se encuentran proyectos subregionales, binacionales y hasta nacionales en una perfecta complementación de planificación y ejecución.

En ese sentido, los avances han sido significativos; no obstante se considera importante indicar que pudieron haber sido aún de mayor impacto y diligenciamiento.

En el entorno inmediato, se considera que resulta trascendente mantener sin declinación alguna los niveles de apoyo y voluntad política de los países de la región para con la iniciativa, al tiempo que las instituciones financieras encargadas de la coordinación de las actividades de la misma, BID, CAF y FONPLATA, deberían, por sobre todo lo demás, crear e implementar mecanismos de financiamiento con estándares especiales y mayor flexibilidad, para todas aquellas solicitudes de créditos que involucren a proyectos que conforman la Agenda Consensuada en vías de ejecución.

En este sentido, en la 38ª. Reunión del Consejo del MERCOSUR (Asunción, junio 2005), los Presidentes manifestaron la voluntad política de que las decisiones y tareas realizadas en el contexto de la IIRSA, avanzaran más rápidamente, impulsando la creación de mecanismos de financiamiento para promover el desarrollo de infraestructura en la región. Del mismo modo, manifestaron su más decidido apoyo al desarrollo del Corredor Bioceánico Central, que comprende a Argentina, Bolivia, Brasil, Chile, Paraguay y Uruguay.

Energía

Iirsa es una iniciativa de impacto favorable y directo para la integración física de la región, pero su alcance no agota la consideración del tema.

Un ejemplo concreto de esta afirmación es el de la energía.

Sobre el punto, en términos generales y amplios, puede afirmarse que la región, y el MERCOSUR en particular, carece de una visión integral del tema de la energía, no se procura optimizarlo como un todo orgánico y no se lo contempla y considera de modo homogéneo.

En un contexto de radical renovación del mercado mundial de energía, las industrias del sector del MERCOSUR están buscando adecuar sus respectivas estructuras regulatorias al nuevo contexto del mercado.

Los países del MERCOSUR vienen intentando implementar reformas en el sector. Sin embargo, un análisis de las reformas en cada uno de los países miembros, deja en evidencia una gran heterogeneidad en los "modelos" de regulación y de mercados, así como en el ritmo de implementación de las reformas.

Varios son los factores que originan estas asimetrías: a) los diferentes grados de complejidad tecnológica de las industrias energéticas de cada país; b) las distintas fases de desarrollo de dichas industrias y su diversidad; c) los diferentes niveles de intensidad de los procesos políticos que condicionan las reformas; d) y los distintos grados de presencia e intervención del Estado en el sector.

Por otro lado, los diagnósticos más recientes coinciden en afirmar que es necesaria mucha inversión para el aprovechamiento eficiente de las reservas y para la expansión de la infraestructura de transporte y distribución de los recursos energéticos.

Teniendo en cuenta esta gran necesidad de inversiones para viabilizar la integración del sector energético regional, aparece en escena otro factor trascendente: la necesidad de una política específica.

Los gasoductos internacionales, por ejemplo, son proyectos de difícil implementación en la región, en particular, si se tratan de una inversión realizada por empresas privadas.

Además, en los proyectos de alcance internacional, los riesgos políticos y económicos son mucho más elevados, dado que siempre se tratan de contratos de largo plazo.

Por lo tanto, la acción de los Estados parece casi ineludible, generando las condiciones necesarias para crear mecanismos adicionales de coordinación de las inversiones o de regulación de la competencia, por ejemplo, y creando sistemas de garantías y de planeamiento indicativo.

Si hacemos un rápido ejercicio y todas estas características las unimos, queda en evidencia que la región sólo podrá superar la situación de una sola forma: agotando esfuerzos para generar una integración regional energética.

Asimetrías estructurales, inversiones inevitables de largo plazo y el papel del Estado en el emprendimiento, son asignaturas directas que conforman lo que se conoce como un estatus mínimo de seguridad regional.

En nuestra opinión, ese estatus sólo puede lograrse a través de un único medio: la integración del mercado energético de la región.

Sabemos que las oportunidades para la integración energética en el MERCOSUR resultan ser inmensas, dada la complementariedad de los recursos energéticos de los países.

Sabemos que el principal potencial e intercambio energético se encuentra en el área del gas natural, sin perjuicio de que también existe un enorme potencial para la explotación de las sinergias técnicas y económicas de las interconexiones de los sistemas eléctricos de la zona.

Por todo lo dicho, indiscutiblemente queda en evidencia una complementariedad muy importante: el intercambio de gas natural está en la base de la expansión de la oferta de electricidad en el MERCOSUR.

Actualmente tenemos intercambios de energía totalmente dependientes del contexto regional y compitiendo directamente con fuentes alternativas de aprovisionamiento.

Tenemos una competencia gas-electricidad y una competencia entre fuentes de aprovisionamiento de gas.

Tenemos, como se ha dicho, un importante nivel de asimetrías regulatorias.

Y tenemos una infraestructura de transporte y distribución de la energía, en términos generales, bastante modesta, y no existe planificación ni mecanismos que permitan revertir esta situación rápidamente.

Tenemos, entonces, ineficiencias y, por lo tanto, mayores costos.

Dicho de otra forma; están dadas todas las condiciones necesarias para que los países busquen solucionar estos problemas a través de la integración de sus mercados.

Entre las disiposiciones más importantes negociadas por el MERCOSUR en el ámbito del Sub Grupo de Trabajo No. 9 (Energía) y aprobadas por el Consejo del Mercado Común, se mencionan las siguientes: Memorándum de Entendimiento relativo a los Intercambios Eléctricos e Integración Eléctrica en el MERCOSUR (1998) y Memorándum de Entendimiento relativo a los intercambios gasíferos e integración gasífera entre los Estados Partes del MERCOSUR.

A su vez, en el año 2000 se creó la Reunión de Ministros de Minas y Energía del MERCOSUR, que tiene como función proponer al Consejo medidas tendientes a la coordinación y la cooperación en el área de minería y energía para el Mercosur.

Por último, del sector energético en el ámbito del MERCOSUR, se colocaron, en el año 2005, como una de las prioridades a ser resueltas por parte de los Gobiernos de los Estados Partes. El Consejo del Mercado Común, en su XXIX Reunión, adoptó el Acuerdo Marco sobre Complementación Energética Regional entre los Estados Partes del MERCOSUR y Estados Asociados. Del mismo modo, se desarrollaron diferentes eventos focalizados en la planificación y coordinación conjunta por parte de las agencias regionales cuyo objetivo estuvo centrado en fortalecer la cooperación para el impulso de proyectos sustentables, como la mejora en la utilización de los recursos naturales.

En tal sentido, se identificaron las actividades a ser desarrolladas a nivel regional, que tendrán sus agendas focalizadas en temas como: identificación de nuevos instrumentos financieros para el sector energético; la elaboración de un plan estratégico regional; el desarrollo sustentable del gas boliviano; la cooperación tecnológica regional y el fortalecimiento de las Agencias Reguladoras.

Del mismo modo, los Ministros de Energía y representantes de los Gobiernos del MERCOSUR, Chile y de la CAN, reconocieron en Caracas, a finales de setiembre de 2005, que a pesar de los avances obtenidos en el sector y el potencial de desarrollo que tiene la región, existen serios desafíos para el abastecimiento de energía. Con el propósito de enfrentar esta tarea, se acordó profundizar la iniciativa “Petroamérica”, que busca materializar una integración energética sud-americana de forma integral.

Telecomunicaciones

Un panorama bastante similar al de la energía se puede identificar en el tema de las telecomunicaciones, o mejor aún, de las tecnologías de la información.

Actualmente, el mundo en lo general y la región en lo particular, asisten a profundas transformaciones que han originado lo que se conoce como la Sociedad Global de la Información. Esas transformaciones están impulsadas y sostenidas en las nuevas tecnologías para crear, transmitir y difundir la información, y su producto directo, que es el conocimiento.

El conjunto de relaciones humanas -y su comportamiento, tanto individual como colectivo-, y organizacionales, se basan en la comunicación y el intercambio de información.

Así, las Tecnologías de Información y Comunicaciones (TIC) aparecen como los sistemas tecnológicos integrados e interconectados en una Red mundial, mediante los cuales se recibe, se transforma y se transmite la información.

La Información impacta en un amplio arco de actividades humanas: económicas, comerciales, financieras, gubernamentales, educativas y sociales, y la principal consecuencia de ello se encuentra en el cambio de las ventajas comparativas y competitivas de las regiones y/o países, con el potencial transformador de buena parte de los factores tradicionales de producción en actividades basadas en el uso intensivo del conocimiento.

Es en este escenario donde aparece un concepto estratégico: el de la Brecha Digital, la que es universalmente considerada como una de las barreras principales para el desarrollo.

Los efectos de la Brecha Digital se proyectan mucho más allá de la simplificación de una división entre aquellos que tienen y los que no tienen acceso a la tecnología.

Son singularmente complejos y se proyectan en las diferencias entre regiones, entre países, al interior de las naciones, dentro de los sectores productivos y de las empresas y pueden observarse en la competencia y en la competitividad de éstas en los mercados, sean nacionales o globales.

La importancia de la brecha digital de la mayoría de los países de la región en relación al mundo desarrollado y aun entre ellos mismos, hacen aconsejable la adopción de un conjunto de iniciativas comunes tendientes a permitir la obtención de resultados en forma más rápida y en un marco integrado.

Ese es el fundamento de las acciones conjuntas, una convergencia de acciones positivas conjuntas, que no interfieren de manera alguna con las iniciativas nacionales, pero que tienden a sumar en campos de acción que se estiman especialmente relevantes para la mejor inserción de los países de la región en el mercado internacional.

A nuestro juicio, las áreas donde se recomiendas acciones concretas serían las siguientes:

Conectividad y acceso: En esta materia y desde un punto de vista de la infraestructura, es necesario profundizar en el conocimiento sobre las carencias regionales. Para reducir la brecha digital es imprescindible asegurar el acceso a redes de telecomunicaciones confiables y de eficacia comprobada. En muchos de los países de la región resulta necesario realizar un gran esfuerzo de inversión para conseguirlo, pero ello no debe confundirse con propiedad de medios que permiten el acceso.

Información: La reducción de la brecha digital es un fenómeno preferentemente colectivo, en el sentido que muchas de las políticas necesarias requieren una acción coordinada entre países, generalmente, de una región.

Educación: para el aprovechamiento de las nuevas tecnologías. La educación es una clave esencial para el desarrollo y la inversión en capital humano tiene elevadas tasas de retorno, en particular en el campo de la tecnología.

Desarrollo de mecanismos tendientes al fortalecimiento de las empresas de tecnología en la región: La región es netamente deficitaria en la generación de tecnologías, pudiendo considerarse como adoptadora neta de la misma. El resultado de la balanza comercial regional asociada a la tecnología es ampliamente deficitario.

Ello revela varios aspectos que deben oficiar como un llamado de atención: el primero de ellos se refiere a las dificultades que enfrentan los países que no se insertan en la producción de bienes y servicios tecnológicos, intensivos en conocimiento y de alto valor agregado; el segundo, permite observar que la inacción únicamente profundizará la brecha productiva y empresarial en el campo de la innovación.

Finalmente, señalamos que el MERCOSUR, en el ámbito de los Subgrupos de Trabajo Nos. 1 y 3, creados por el Grupo Mercado Común, ha adoptado desde el año 1993 hasta el año 2002, alrededor de 25 normas relativas a telecomunicaciones, de las cuales aproximadamente un 50% ya han sido incorporadas al derecho interno de los Estados Miembros y por lo tanto están vigentes.

Entre las más destacadas (vigentes y no vigentes), se señalan las siguientes:

- Información sobre la Administración del Espectro Radioeléctrico
- Reglamento Técnico MERCOSUR. Especificaciones Generales de Interfaces de Transmisión Digital (PDH) para Sistemas de Jerarquía Plessiócrona (PDH)
- Uso de Nuevas Bandas de Frecuencia
- Armonización de Nuevas Tecnologías en Telecomunicaciones
- Interfaces de Transmisión Digital PDH
- Licencias de Estaciones de Radiocomunicaciones para Uso de las Empresas de Transporte Terrestre
- Servicio de Paging Bidireccional: Banda Común del MERCOSUR
- Servicios Troncalizados: Banda Común del MERCOSUR
- Sistema de Distribución de Señales Multipunto Multicanal en el Mercosur (mmds)
- Disposiciones sobre el Servicio Móvil Marítimo en la Banda VHF
- Manual de Procedimientos de Coordinación de Frecuencia de Sistemas Paging Unidireccional
- Manual de Procedimientos de Coordinación de Frecuencia de Sistemas Troncalizados
- Disposiciones Generales para el Uso de Servicios de Telefonía Básica y de Datos en las Areas de Control Integrado
- Disposiciones Generales para el Roaming Internacional y Coordinación de Frecuencias del Servicio Móvil Celular en el ámbito del MERCOSUR (Derogación de la Res. GMC Nª 65/97)
- Manual de Procedimientos para la Coordinación de Frecuencias entre Estaciones Terrenas y Terrestres

- Manual de Procedimientos de Coordinación de Frecuencias de Sistemas de Paging Bidireccional
- Frecuencias para Uso de Estaciones Itinerantes
- Sistemas de Información de Servicios de Telecomunicaciones con Código de Acceso Unificado para los Servicios de Telefonía en el ámbito del MERCOSUR

Medio ambiente

Finalmente, a la consideración específica de la energía y las tecnologías de la información, a nuestro juicio, debe agregarse un tercer tema no menos importante y de impacto directo para toda nuestra subregión: el tema de la preservación del ambiente.

Antecedentes

En el MERCOSUR, como ya vimos, la cuestión medioambiental fue considerada desde los inicios del proceso de integración; en el preámbulo del Tratado de Asunción los Estados Partes (EP) destacaron "que la ampliación de las actuales dimensiones de sus mercados nacionales, a través de la integración, constituye condición fundamental para acelerar sus procesos de desarrollo económico con justicia social; [...] [y que] ese objetivo debe ser alcanzado mediante el más eficaz aprovechamiento de los recursos disponibles, la preservación del medio ambiente, el mejoramiento de las interconexiones físicas, la coordinación de las políticas macroeconómicas y la complementación de los diferentes sectores de la economía, con base en los principios de gradualidad, flexibilidad y equilibrio".

Con relación a los foros del MERCOSUR encomendados a trabajar sobre el tema, cabe mencionar que el Cronograma de Medidas de Las Leñas (Decisión CMC No. 01/92) estableció que el Sub Grupo de Trabajo (SGT) No. 7, en aquel entonces nombrado "Política Industrial y Tecnológica", tenía como mandatos, entre otros, armonizar la legislación nacional y provincial sobre medio ambiente. Los trabajos de armonización, que incluyeron un análisis de las asimetrías existentes entre la legislación entre la legislación de los EP, se desarrollaron durante los años 1993 y 1994, habiendo finalizado los trabajos del Cronograma en el segundo semestre de 1994. Además, en el ámbito del SGT No. 7, por Resolución GMC NO. 05/93, fue creada la Comisión de Medio Ambiente. Los trabajos de la mencionada Comisión incluyeron la elaboración de una matriz comparativa de las legislaciones nacionales, el Proyecto de Asistencia Técnica para el Medio Ambiente y la elevación de la Recomendación No. 20/93, en la que se instó al CCT (Comité de Cooperación Técnica) a aprobar un Proyecto de Cooperación de Medio Ambiente.

Por Resolución GMC No. 22/92 fue creada la Reunión Especializada de Medio Ambiente (Rema), a afectos de analizar las legislaciones relativas a las protecciones vigentes en los EP y proponer acciones, con el objetivo de proteger el medio ambiente. Asimismo, teniendo en cuenta que la temática medioambiental era tratada en varios foros del MERCOSUR, se estableció que estos debían participar en la REMA, a efectos de armonizar las tareas y posiciones en la materia. La Rema inició sus reuniones en noviembre de 1993; por Resolución GMC No. 62/93 el GMC instruyó a la Rema a elaborar un cronograma de eliminación de restricciones no arancelarias (vinculadas al medio ambiente).

Posteriormente, por Resolución GMC No. 20/95 se creó el SGT No. 6 "Medio Ambiente"; su mandato fue establecido por Resolución GMC No. 38/95. El objetivo general del SGT No. 6 consiste en formular y proponer estrategias y directrices que garanticen la protección y la integridad del medio ambiente en los EP, en un contexto de libre comercio y consolidación de la unión aduanera. Asimismo, el SGT No. 6 debe: promover el desarrollo sostenido a partir de las acciones acordadas que garanticen la integración de los EP en las áreas de medio ambiente y relaciones económico-comerciales; evitar la creación de distorsiones o de nuevas restricciones al comercio; realizar estudios y proponer acciones y prácticas para la prevención de la contaminación y la degradación del medio ambiente y al mejoramiento de la calidad ambiental en el territorio de los EP; y promover medidas ambientales efectivas y económicamente suficientes.

Por último, la Reunión de Ministros del Medio Ambiente del MERCOSUR fue creada por Decisión CMC No. 19/03, con la finalidad de proponer medidas tendientes a la coordinación de políticas para promover la gestión ambiental y el desarrollo sostenible de la región, así como las acciones de cooperación y articulación en materia de medio ambiente.

Por otra parte, con relación a la normativa del MERCOSUR aprobada sobre el tema, cabe destacar, primeramente, la Resolución GMC No. 10/94 "Directrices Básicas en Materia de Política Ambiental", que tiene por objetivo contribuir al desarrollo de una gestión conjunta de los Estados Partes en el ámbito del Mercosur.

En segundo lugar, es de mencionar que el 22 de junio de 2001 fue adoptada, en la XX Reunión del CMC, la Decisión No. 02/01 que aprueba el "Acuerdo Marco sobre Medio Ambiente del MERCOSUR" (vigente desde el 23 de junio de 2004), en el cual los EP reafirmaron el compromiso con los principios enunciados en la Declaración de Rio de Janeiro sobre Medio Ambiente y Desarrollo de 1992. El Acuerdo tiene por objeto el desarrollo sustentable y la protección del medio ambiente, mediante la articulación de las dimensiones económicas, sociales y ambientales, contribuyendo a una mejor calidad del ambiente y de la vida de la población. Asimismo, los EP cooperarán en el cumplimiento de los acuerdos internacionales que contemplen materia ambiental de los cuales sean partes y profundizarán el análisis de los problemas ambientales de la subregión con la participación de los organismos nacionales competentes y de las organizaciones de la sociedad civil, entre otros.

Posteriormente, por Decisión CMC No. 14/04 fue aprobado el "Protocolo Adicional al Acuerdo Marco sobre Medio Ambiente del MERCOSUR en materia de cooperación y asistencia ante Emergencias Ambientales", con el fin de reglamentar las acciones de cooperación y asistencia ante emergencias ambientales (todavía no esta vigente).

A su vez, el MERCOSUR firmó dos acuerdos con terceros países en los que figuran menciones relativas al medio ambiente; en el año 1995 el "Acuerdo Marco Interregional de Cooperación entre la Comunidad Europea y sus Miembros y el Mercado Común del Sur y sus Estados Partes" y, en 1998 el "Entendimiento de Cooperación en materia de comercio e inversiones entre Canadá y MERCOSUR".

El MERCOSUR suscribió dos Declaraciones, la Declaración de Canela de los Presidentes del Cono Sur, el 22 de febrero de 1992, y la Declaración de Taranco, firmada en oportunidad de la I Reunión de Ministros de Medio Ambiente del MERCOSUR, el 21 de junio de 1995.

Algunas consideraciones

A nuestro juicio, existen dos grandes motivos por los que los avances logrados en el tema del ambiente fácilmente pueden catalogarse de mediocres.

En primer término, porque la participación en su concreción es totalmente diferenciada, dado que se trata de distintas contribuciones a la generación de los problemas y de distintas disponibilidades de recursos financieros y tecnológicos para su consideración.

Todo ello en un contexto en el que los programas de trabajo deben, necesariamente, definir adecuadamente responsabilidades, respetar las soberanías nacionales en el marco del derecho internacional y asegurar beneficios equitativos a todas las partes involucradas.

En segundo lugar, porque aún se carece de una clara conciencia respecto al desarrollo sustentable, es decir, a que la protección del ambiente y la preservación de los recursos naturales no se oponen al desarrollo económico ni al progreso material.

Es muy reciente el manejo del concepto de desarrollo sustentable. Y, por lo tanto, poco se conocen sus principios e hipótesis de trabajo.

En consecuencia es muy fácil, principalmente en nuestra subregión, encontrarse con problemas que no deberían ser tales y que se generan por desconocimiento o falta de confianza.

Se tratan de operaciones que se realizan al amparo del concepto de desarrollo sustentable, es decir, afianzando estructuras científicas y tecnológicas en nuestros países a través de la cooperación de países desarrollados dispuestos a difundir y transferir tecnologías ambientalmente idóneas y adecuadas, y lamentablemente muy pocas personas saben de ello.

Considero que la economía de mercado vigente en nuestra subregión, tiene mecanismos que, utilizados eficientemente, pueden estimular conductas ambientales racionales y que desalienten las calificadas como nocivas.

Sin embargo, estas fuerzas del mercado, por sí solas, no son suficientes para establecer un desarrollo sustentable. Se debería considerar la posibilidad de que las relaciones comerciales comiencen a incluir los costos ambientales causados en las etapas productivas.

Entendemos que esta situación puede superarse, por lo menos inicialmente, mediante dos medidas importantes:

Implementar una educación de las sociedades, que, por sobre todo lo demás, tienda a formar una conciencia y responsabilidad pública en torno a todos los problemas del ambiente.

Reforzar el derecho internacional ambiental; es necesario convenir y perfeccionar instrumentos jurídicos internacionales que contemplen la integridad de los recursos y las interrelaciones de los actos que los afecten.

Medidas sanitarias y de salud

El Tratado de Asunción dispuso que el MERCOSUR debería promover el desarrollo científico y tecnológico de los Estados Partes y modernizar sus economías para ampliar la oferta y la calidad de los bienes y servicios disponibles, a fin de mejorar las condiciones de vida de sus habitantes.

Por lo tanto, con el objetivo de mejorar la calidad de vida de sus habitantes, animales y preservar los vegetales, el MERCOSUR ha implementado una serie de normas, reglamentos y medidas en las áreas Sanitarias y Salud.

Primeramente, cabe destacar que los países miembros del MERCOSUR son signatarios del "Acuerdo sobre la aplicación de medidas sanitarias y fitosanitarias de la OMC", desde el año 1996. Dicho Acuerdo multilateral es un marco regulador, y contiene los principios que orientan el establecimiento de medidas armonizadas y comunes. Básicamente, sirve como una guía en la elaboración, adopción y observancia de acciones comunes de esta naturaleza en el ámbito del MERCOSUR.

Las medidas sanitarias y fitosanitarias son todas aquellas aplicadas para proteger:

- la salud y la vida de las personas, de todos los riesgos resultantes de la presencia de aditivos, contaminantes, toxinas u organismos patógenos en los productos alimenticios y las bebidas y los riesgos resultantes de enfermedades propagadas por animales, vegetales o productos de ellos derivados, o de la entrada, radicación o propagación de plagas,

- la salud y la vida de los animales, de los riesgos resultantes de la presencia de aditivos contaminantes, toxinas u órganos patógenos en los "piensos" y

- la salud y la vida de los vegetales de los riesgos resultantes de la entrada, radicación o propagación de plagas, enfermedades y organismos patógenos o portadores de enfermedades.En el ámbito del MERCOSUR, existen aproximadamente 130 normas Sanitarias y de Salud que regulan la circulación de personas, animales y vegetales. Se refieren principalmente a la armonización de:

1. Definiciones y Glosarios de Términos Comunes: fitosanitarios, para productos domisanitarios, para vigilancia epidemológica, en los servicios de salud, para el control sanitario de puertos, aeropuertos, terminales y pasos fronterizos, y para estupefacientes, sustancias sicotrópicas y precursores.

2. Certificados fitosanitarios: único y de re-exportación.

3. Certificados zoosanitarios: para el intercambio de numerosas variedades de animales.

4. Estándares de terminología de semillas, sistemas de producción de materiales de propagación certificados, de régimen de certificación y verificación en puntos de fronteras de origen/destino, y fitosanitario para la identificación de plagas no cuarentenarias reglamentadas (PNCR).

5. Requisitos Fitosanitarios Generales y Específicos para numerosas variedades de vegetales y frutas.

6. Requisitos Zoosanitarios para: el intercambio de numerosas variedades de animales y de semen, embriones y huevos fértiles.

7. Control: reconocimiento mutuo y equivalencia de sistemas de control, control fitosanitario en zonas francas, control y fiscalización del origen de los estupefacientes, medidas de vigilancia y control para la prevención de fiebre amarilla, control de entrada y salida de estupefacientes y sustancias sicotrópicas.

8. Normas, Principios y Procedimientos Generales para: el tránsito de animales, la declaración de un país o zona libre de enfermedades transmisibles, la notificación de incumplimiento y acción de emergencia, la administración sanitaria en puertos, aeropuertos, terminales y puntos de frontera, el establecimiento de criterios y patro-

nes microbiológicos para alimentos, la cuarentena animal, la habilitación y funcionamiento de centros de producción y bancos de semen de bovinos y bubalinos, el intercambio e importación de caninos y felinos domésticos, el intercambio regional de équidos, el tránsito de animales para espectáculos circenses, la habilitación de establecimientos de crianza de aves y plantas de incubación.

9. Reconocimiento Mutuo y Equivalencias: acuerdos de reconocimiento mutuo en materia de registros genealógicos y evaluaciones genéticas animales, equivalencias de denominaciones de clases y/0 categorías de semillas botánicas, y principios, directrices, criterios y parámetros para el reconocimiento de la equivalencia de los sistemas de control de alimentos.

10. Reglamentos: vitivinícola y para el tratamiento de la genética animal.

11. Buenas Prácticas: de fabricación y control en establecimientos de la industria farmacéutica, de fabricación y control en establecimientos de productos para diagnóstico uso in Vitro, de fabricación y control para las industrias de productos domisanitarios, de distribución de productos farmacéuticos.

12. Registros: de empresas y productos domisanitarios.

Cabe destacar la "Declaración de Salud del Viajero en el MERCOSUR que habilita a las autoridades de los Estados Partes a contar con procedimientos mínimos armonizados de información sobre la salud de viajeros en el MERCOSUR, y disponer de informaciones epidemiológicas que permitan la adopción de respuestas rápidas e integradas en las acciones de control sanitario en puertos, aeropuertos terminales y puntos de frontera.

Justicia

El Mercado Común del Sur, previsto en el Tratado de Asunción, implica el compromiso de los Estados Partes de armonizar sus legislaciones en las áreas pertinentes, para lograr el fortalecimiento del proceso de integración.

En ese sentido, promover e intensificar la cooperación judicial entre los países miembros del MERCOSUR impulsaría el trato equitativo de los ciudadanos y residentes permanentes y les facilitaría el libre acceso a la jurisdicción en dichos Estados para la defensa de sus derechos e intereses.

Así, desde al año 1992, se está trabajando para la adopción y profundización de instrumentos comunes que consoliden la seguridad jurídica y el establecimiento de un marco jurídico que permita a los ciudadanos y residentes permanentes acceder a la justicia de los países del bloque en igualdad de condiciones. Asimismo, se resalta que los avances producidos en el campo de la cooperación judicial cuentan, en su mayoría, también con la participación de los Estados Asociados.

Para eso, se han aprobado una serie de medidas tendientes a la cooperación jurisdiccional, las cuales alcanzan distintas temáticas, entre ellas:

Cooperación y asistencia jurisdiccional en materia civil, comercial, laboral y administrativa

Las normas en el ámbito del MERCOSUR establecen:

- La igualdad de condiciones, a los ciudadanos y los residentes permanentes de uno de los Estados, del Libre acceso a la jurisdicción en otro Estado del MERCOSUR, para la defensa de sus derechos e intereses. Se aplica también a las personas jurídicas constituidas, autorizadas o registradas de acuerdo a las leyes de cualquiera de los Estados Partes.

- La cooperación en materia de intercambio de exhortos en materia civil, comercial, laboral o administrativa, cuando tengan por objeto: diligencias de mero trámite, tales como citaciones, intimaciones, emplazamientos, notificaciones u otras semejantes; y recepción u obtención de pruebas.

- El reconocimiento de y ejecución de las sentencias y laudos arbitrales pronunciados en las jurisdicciones de los Estados Partes en materia civil, comercial, laboral y administrativa, y de las sentencias en materia de reparación de daños y restitución de bienes pronunciadas en jurisdicción penal. Las sentencias y laudos arbitrales a que se refiere el punto tendrán eficacia extraterritorial en los Estados Partes.

- El intercambio de informes en materia civil, comercial, laboral, administrativa y de derecho internacional privado y la celebración de consultas entre Autoridades Centrales de los Estados Partes en las oportunidades que convengan mutuamente con el fin de facilitar la aplicación de las normas.
- La asistencia en los procedimientos administrativos en los que se admitan recursos ante los tribunales.
- La fuerza probatoria de los instrumentos públicos emanados de un Estado Parte en otro.

Cooperación para prevención y lucha contra ilícitos aduaneros

Con el objetivo de potenciar las estructuras de control de las Aduanas Nacionales con el consiguiente impacto positivo en la prevención y lucha contra los ilícitos aduaneros, se establecieron medidas para la mutua asistencia y permanente cooperación institucional en dicha materia. Al respecto, se entiende el Ilícito Aduanero como toda violación o tentativa de violación de la legislación aduanera.

Cooperación en materia de extradición

El MERCOSUR consideró importante contar con un instrumento común en materia de extradición que establezca normas comunes que faciliten la cooperación jurídica, para simplificar y agilizar la cooperación internacional en esa área.

Centro de Coordinación de Capacitación Policial entre los Estados Partes y Asociados

Teniendo en cuenta que el proceso de integración regional favorece la relación interinstitucional de los cuerpos de seguridad y/o policial de los países miembros y asociados, el MERCOSUR ha buscado adoptar medidas para avanzar en el desarrollo y cumplimiento de las acciones operativas y de coordinación previstas en las metas del MERCOSUR.

En ese sentido, se creó el Centro de Coordinación de Capacitación Policial entre los Estados Partes del MERCOSUR, con la misma misión de favorecer la articulación y coordinación de la capacitación y actualización de las Fuerzas de Seguridad y/o Policiales respecto de la Seguridad Pública desde un enfoque interdisciplinario, cooperativo y abierto a la permanente evolución de los conocimientos científico-tecnológicos.

Cooperación sobre el beneficio de litigar sin gastos y asistencia jurídica gratuita

El MERCOSUR reunió y sistematizo las normas que existen en la región sobre el Beneficio de Litigar sin Gastos y la Asistencia Jurídica Gratuita en un cuerpo único de normas, de manera de posibilitar el efectivo acceso a la justicia.

Otros temas

Finalmente, cabe destacar que también se reglamentaron aspectos referentes a la cooperación judicial en materia de residencia para nacionales, de combate a las actividades ilícitas transnacionales derivadas del tránsito ilegal de aeronaves, de combate a la corrupción en las fronteras, y en operaciones combinadas de inteligencia policial sobre Terrorismo y Delitos Conexos.

Fondo para la convergencia estructural del MERCOSUR (FOCEM)

Antecedentes

Los procesos de integración son el resultado de la convicción de los países que los mismos posibilitarán una mejoría en el bienestar del país y del bloque, y que esta mejoría en el bienestar será mayor en un escenario con integración que en otro sin integración. Pero los procesos de integración también generan costos. La evidencia empírica indica que los beneficios son mayores que los costos, pero que por lo general los costos y los beneficios no se distribuyen equitativamente entre los países y entre las regiones dentro de los países. Esta es una de las razones por las que se justifica la implementación de políticas que busquen la convergencia estructural. Así lo entendieron los europeos desde el comienzo de su proceso de integración, desarrollando una política de solidaridad que fue una de las bases del éxito del emprendimiento comunitario. Otra de las razones, y probablemente la más importante en el caso del MERCOSUR, son las asimetrías preexistentes en el momento de la firma del Tratado de Asunción. Estas asimetrías, que son muy marcadas y de diferentes tipos en el MERCOSUR, hacen que algunos países y regiones puedan aprovechar más que otros el proceso de integración generando el riesgo de que se incrementen las diferencias existentes.

Existen grandes diferencias entre los países del MERCOSUR y entre las regiones dentro de los países, en lo que se refiere, por ejemplo, al tamaño de las economías (PIB y PIB per capita), a la competitividad de las economías y al empleo. Estas asimetrías tienen su origen en el tamaño de los mercados, en deficiencias estructurales, como la falta de infraestructura o de litoral marítimo, en la falta de políticas públicas de apoyo a la producción, en la falta de mano de obra calificada, y en otras cuestiones que afectaron y afectan al desarrollo de los mismos, y que requieren de políticas diferenciales para encarar el desarrollo económico. Estas diferencias, que no fueron en todos los casos causadas por el proceso de integración, pueden influir positiva o negativamente en el mismo y deben ser evaluadas y tratadas buscando el desarrollo sostenible de los países miembros, apuntando a niveles de crecimiento mayores a los de un escenario sin integración regional.

El reconocimiento de asimetrías entre los Estados Partes y la necesidad de tratamientos especiales diferenciados, enmarcados en una política de convergencia estructural del MERCOSUR, es un tema que puede considerarse nuevo en el proceso de integración.

Desde inicios del año 2003 se ha avanzado mucho, partiendo de la presentación de Paraguay en febrero de ese año en la que se solicitaba el tratamiento, en el seno del MERCOSUR, de las asimetrías entre los países, pasando por la decisión de estudiar la posibilidad de implementar una política de convergencia estructural que se tomó en diciembre de ese año, hasta la creación del Fondo de Convergencia Estructural del MERCOSUR (FOCEM), que se creó en diciembre de 2004 y cuya reglamentación se aprobó en diciembre de 2005.

La Política de Convergencia Estructural se puede constituir en la principal herramienta para que los beneficios del MERCOSUR lleguen hasta las regiones menos desarrolladas del bloque, y por lo tanto, a sus ciudadanos más necesitados.

El Fondo para La Convergencia Estructural del MERCOSUR (FOCEM)

El Consejo del Mercado Común decidió el 19 de junio de 2005 en Asunción, la integración y funcionamiento del Fondo para la Convergencia Estructural del MERCOSUR de acuerdo a las siguientes normas (Dec. No. 18/05):

Objetivos del Focem

El Fondo para la Convergencia Estructural del MERCOSUR (FOCEM), creado por la Decisión CMC No. 45/04, está destinado a financiar programas para promover la convergencia estructural; desarrollar la competitividad; promover la cohesión social, en particular de las economías menores y regiones menos desarrolladas, y apoyar el funcionamiento de la estructura institucional y el fortalecimiento del proceso de integración.

Los programas

En base a lo dispuesto en el artículo anterior, se desarrollarán los siguientes programas:

I. Programa de Convergencia Estructural

II. Programa de Desarrollo de la Competitividad

III. Programa de Cohesión Social

IV. Programa de Fortalecimiento de la Estructura Institucional y del Proceso de Integración

Los proyectos del Programa I deberán contribuir al desarrollo y ajuste estructural de las economías menores y regiones menos desarrolladas, incluyendo el mejoramiento de los sistemas de integración fronteriza de los sistemas de comunicación en general.

Los recursos del FOCEM durante los primeros cuatro años se destinarán prioritariamente al Programa I.

Durante los primeros cuatro años, los recursos financieros del Focem asignados a proyectos del Programa I deberán emplearse prioritariamente para aumentar la dotación de infraestructura física de los Estados Parte, en particular, para facilitar el proceso de integración.

Los proyectos del Programa II deberán contribuir a la competitividad de las producciones del MERCOSUR, incluyendo procesos de reconversión productiva y laboral que faciliten la creación de comercio intra MERCOSUR, y proyectos de integración de cadenas productivas y de fortalecimiento de la institucionalidad pública y privada en los aspectos vinculados a la calidad de la producción (estándares técnicos, certificación, evaluación de la conformidad, sanidad animal y vegetal, etc.); así como a la investigación y desarrollo de nuevos productos y procesos productivos.

Los proyectos del Programa III deberán contribuir al desarrollo social, en particular, en las zonas de frontera, y podrán incluir proyectos de interés comunitario en áreas de la salud humana, la reducción de la pobreza y el desempleo.

Integración del FOCEM

El FOCEM se integrará con aportes anuales de los Estados Parte, efectuados en cuotas semestrales. Dichos aportes serán depositados en una institución financiera de los Estados Parte, seleccionada de acuerdo con los criterios y procedimientos que establezca el Reglamento del FOCEM.

Carácter de los aportes

Los aportes de los Estados Partes al FOCEM tendrán el carácter de contribuciones no reembolsables.

Monto anual de los aportes

El monto total anual del aporte de los Estados Parte al FOCEM será de cien millones de dólares y será integrado conforme a los siguientes porcentajes, que han sido establecidos teniendo en cuenta la media histórica del PBI del MERCOSUR:

- Argentina: 27%
- Brasil: 70%
- Paraguay: 1%
- Uruguay: 2%

Primer aporte

El primer aporte semestral de los Estados Parte para la constitución del FOCEM deberá realizarse dentro de los noventa días de haber finalizado el proceso de incorporación de la Decisión No. 18/05 a los ordenamientos jurídicos nacionales y haberse adoptado las asignaciones presupuestarias correspondientes en los cuatro Estados Parte.

Presupuesto del FOCEM en los tres primeros años

En el primer año presupuestario del FOCEM, los Estados Parte deberán integrar el 50 % de sus aportes anuales, para la ejecución de proyectos piloto previstos en el artículo 21. En el segundo año presupuestario del Fondo, deberán integrar el 75 % de sus aportes anuales. A partir del tercer año, pasan a integrar el 100 % de sus aportes anuales.

Aportes de terceros al FOCEM

El FOCEM podrá recibir aportes provenientes de terceros países, instituciones u organismos internacionales para el desarrollo de proyectos.

Condiciones para la puesta en funcionamiento del FOCEM

Para poner en funcionamiento el FOCEM se requerirá que se hayan completado los aportes iniciales de los cuatro Estados Parte. A partir de ese momento, los Estados Parte deberán estar al día con sus aportes semestrales al FOCEM, y con las cuotas establecidas para el funcionamiento de la estructura institucional del MERCOSUR, para que sus proyectos sean aprobados.

Distribución de recursos

Los Recursos del FOCEM destinados al financiamiento de los proyectos de los Programas I, II y III se distribuirán entre los Estados Parte, de acuerdo con los siguientes porcentajes:

- A los proyectos presentados por Paraguay: 48 %
- A los proyectos presentados por Uruguay: 32 %
- A los proyectos presentados por Argentina: 10 %
- A los proyectos presentados por Brasil: 10 %

Los recursos no asignados durante cada año presupuestario se sumarán a los recursos del año siguiente, y serán distribuidos de acuerdo con lo establecido en el párrafo anterior.

Co-financiamiento de los Estados Parte

Los Estados Parte correspondientes deberán participar en el financiamiento de los proyectos aprobados en su favor por el Consejo del Mercado Común del MERCOSUR, con fondos propios equivalentes, como mínimo, al 15 % del valor total de tales proyectos.

Evaluación del FOCEM

A partir del cuarto año del efectivo funcionamiento del FOCEM, los Estados Parte realizarán una evaluación general del mismo y una revisión de las prioridades.

Carácter de los recursos del FOCEM

Los recursos del FOCEM asignados a proyectos aprobados tendrán carácter de contribuciones no reembolsables. No obstante, podrán considerarse alternativas para la concesión de préstamos reembolsables.

Procedimientos y aspectos institucionales

La reglamentación de los aspectos procesales e institucionales del funcionamiento del FOCEM deberá contemplar las siguientes bases:

Participación de la CRPM

Los proyectos correspondientes a los Programas serán presentados por los Estados Partes ante la comisión de Representantes Permanentes del MERCOSUR, que asistida por los representantes que cada Estado Parte estime adecuados, verificará el cumplimiento de los requisitos que se establezcan para la presentación de proyectos así como la elegibilidad de los mismos.

Participación de la Secretaría del MERCOSUR

Una instancia técnica en el ámbito de la Secretaría del MERCOSUR, junto con un Grupo Ad Hoc de expertos puestos a disposición por los Estados Parte, se encargará de la evaluación y seguimiento de la ejecución de los proyectos.

Dicha instancia técnica elaborará un anteproyecto de Presupuesto del FOCEM, dispondrá los desembolsos de recursos a favor de los Estados Parte; analizará los resultados de las auditorías externas previstas y remitirá los informes de sus actividades, y el anteproyecto de Presupuesto, a la Comisión de Representantes Permanentes del MERCOSUR.

Participación del GMC

La Comisión de Representantes Permanentes del MERCOSUR elevará los informes recibidos y el suyo propio al Grupo Mercado Común del MERCOSUR.

Participación del CMC

El Grupo Mercado Común del MERCOSUR elevará al Consejo del Mercado Común del MERCOSUR el proyecto de Presupuesto y los proyectos, acompañados de su informe, de acuerdo con los criterios que se establezcan en el Reglamento.

El Consejo del Mercado Común del MERCOSUR aprobará el Presupuesto del FOCEM y los proyectos a financiar, y asignará los recursos correspondientes según los rangos de porcentajes establecidos.

e) Seguimiento de los proyectos

Los Estados Parte beneficiados con la transferencia de recursos deberán presentar informes semestrales, a la instancia correspondiente, relativos al estado de ejecución de cada proyecto.

Los proyectos que se ejecuten estarán sujetos a auditorías externas, contables y de gestión, en los términos que se establezcan en el Reglamento del FOCEM.

Ejecución de los proyectos

En la ejecución de los proyectos financiados por el FOCEM se dará preferencia a las empresas y entidades con sede en el MERCOSUR.

Reglamento del FOCEM

El Grupo de Alto Nivel sobre Convergencia Estructural del MERCOSUR y Financiamiento del Proceso de Integración elaboró el Reglamento del FOCEM, el cual fue aprobado por el XXIV Consejo del Mercado Común (Dec. No. 24/05) el 8 de diciembre de 2005.

El Reglamento del FOCEM regulará todos los aspectos procesales e institucionales de su funcionamiento.

Proyectos piloto

El Focem comenzará a trabajar a través de la metodología de proyectos piloto con fuerte impacto en los ciudadanos del MERCOSUR. El Reglamento establecerá procedimientos transitorios para la implementación y evaluación de tales proyectos.

Vigencia del FOCEM e incorporación al ordenamiento jurídico-institucional

El FOCEM tendrá una vigencia de diez años a partir del primer aporte realizado por uno de los Estados Parte al FOCEM. Cumplido ese plazo, los Estados Parte evaluarán la efectividad de los Programas del FOCEM y la conveniencia de su continuidad.

Los Estados Parte deberán incorporar la Decisión No. 18/05 a sus ordenamientos jurídicos nacionales.

***Agustín Espinosa**, representante do Uruguai na Associação Latino-Americana de Integração, ALADI.*

Ciência e Tecnologia

Carlos Henrique de Brito Cruz

Ciência e Tecnologia

Apresentação

O objetivo do painel de número oito do *workshop* MERCOSUL quinze anos Avaliações e Perspectivas é conversarmos um pouco sobre temas referentes à cooperação em ciência e tecnologia entre os países do MERCOSUL. Para tanto, organizamos a sessão da seguinte maneira: primeiro o professor Leonardo Barquini Rosa, da Coordenação de Aperfeiçoamento Pessoal do Ensino Superior, CAPES, faz uma apresentação focalizando os programas de cooperação internacional da agência, que é uma das mais importantes agências do Brasil de financiamento à pesquisa e à cooperação internacional. Em seguida, a professora Maria Cecília Catia Male nos relata um pouco da experiência da Universidade de São Paulo, principal universidade brasileira no trabalho com os países do MERCOSUL de pesquisa e formação de estudantes. Na seqüência, o professor Luis Barbosa Cortês vai nos contar sobre a experiência da Universidade de Campinas, e por fim faço um resumo e um comentário sobre o que foi apresentado.

Leonardo Barquini Rosa*

Por conta do tema do seminário, obviamente enfatizarei as atividades desenvolvidas no contexto do MERCOSUL e, ao final, vou fazer algumas considerações sobre a legislação do MERCOSUL no que diz respeito à educação superior principalmente no que tange a pós-graduação. A cooperação internacional da CAPES começou junto com a CAPES; na verdade não era uma ação coordenada de cooperação e sim uma ação isolada que teve início com a concessão de bolsas de estudos no exterior, principalmente direcionadas aos professores das universidades federais e públicas do país. O projeto foi evoluindo, mas a CAPES permaneceu desde sua fundação, em 51, até o final da década de 70, começo de 80, somente com esse tipo de ação de cooperação internacional. No Ministério da Educação não havia, como até hoje não há, uma secretaria de relações

* Coordenação de Aperfeiçoamento Pessoal do Ensino Superior

internacionais, portanto a CAPES sempre se responsabilizou, especialmente no campo da educação superior, pela cooperação internacional. No final da década de 70, início da década 80, a CAPES firmou seu primeiro acordo de cooperação com o Comitê Francês de Avaliação da Cooperação Universitária com o Brasil (COFECUB) da França, quando teve início a cooperação por meio de projetos conjuntos de pesquisa. Não se tratava apenas da questão de concessão de bolsas isoladas no exterior, e sim de associações de grupos de pesquisas brasileiros e estrangeiros privilegiando o intercâmbio de estudantes e de professores, bem como o desenvolvimento da pesquisa propriamente dita. São projetos com temas predeterminados, aprovados pela consultoria da CAPES e, como eu já disse, missões de estudos, que são bolsas de curta e média duração, e missões de trabalho dos docentes. Teve início assim o intercâmbio da CAPES. Em meados da década de 90 a cooperação acusou um crescimento significativo, coincidente com a mudança nos parâmetros de avaliação dos cursos de pós-graduação. Em 1996, 1997 mais ou menos, a CAPES alterou a configuração de seu sistema de avaliação, inclusive as notas atribuídas aos cursos que passaram de letras, A., B, C, D e E, para números de 1 a 7. Em uma das recomendações da nova avaliação havia a necessidade de inserção internacional dos cursos de pós-graduação, então os cursos 6 e 7 para atingirem estes graus deveriam contar com uma alta inserção internacional, especialmente os cursos 7, que devem apresentar padrão de excelência compatível. Na ocasião, a comunidade acadêmica pressionou a CAPES para que aumentasse a cooperação internacional e a partir de então começamos a assinar vários acordos. Em 2000, 2001, um novo tipo de cooperação internacional foi instituído pela CAPES, o de parcerias universitárias. Resumindo: primeiro nós tínhamos as bolsas isoladas no exterior, depois a associação de grupos de pesquisas em projetos comuns e, agora, mais recentemente, as parcerias universitárias, englobando intercâmbio de alunos, intercâmbio de professores, mas que permite mais, permite buscar uma aproximação dos conteúdos curriculares das universidades brasileiras com os das universidades estrangeiras. Nós acreditamos que o próximo passo que já vem sendo planejado pela CAPES é a co-titulação, ou seja, uma pessoa faz um curso de mestrado ou doutorado no Brasil e a partir de um acordo individual entre as universidades poderá, com o apoio da CAPES, ter seu diploma no exterior. Como eu já disse, temos os programas de parceria universitária que surgiram do fundo de apoio à educação pós-secundária nos Estados Unidos país que há muitos anos já possui esse programa com a União Européia, com o Canadá e o México e semeou a idéia na CAPES. A idéia foi bem aceita e hoje em dia nós temos vários programas de parcerias universitárias com a Alemanha, com a Argentina, com os Estados Unidos e com a França. Os programas de projetos conjuntos de pesquisas foram aqueles criados no início da década de 80, o principal deles com a França o COFECUB, com mais de 120 projetos em andamento, um intercâmbio de estudantes e docentes muito forte. Cabe ressaltar que hoje em dia todos os programas de cooperação da

CAPES são realizados nos dois lados, ou seja, não basta mais que a universidade ou o grupo de pesquisa brasileiro envie seus estudantes ao exterior. O objetivo da CAPES é que a gente também receba os estudantes estrangeiros, e tem sido grande o sucesso, uma vez que o número de estudantes que vai para o exterior realizar seus estudos ou parte deles é praticamente igual ao número de estudantes que vem para o Brasil. Por incrível que pareça o interesse principalmente de americanos, franceses e alemães no nosso parque de pós-graduação é muito grande. Listando os programas de projetos conjuntos de pesquisa, nós também temos iniciativas com universidades isoladas, como é o caso da universidade do Texas, por causa da dificuldade que encontramos nos Estados Unidos, uma vez que o país não possui um órgão central, análogo à CAPES, ou um órgão central de cooperação internacional, e a alternativa é estabelecer parcerias individualmente. Temos outros programas de bolsas isoladas: com a Alemanha é um grande programa de bolsas de estudos de doutorado do Ich Pos Doutorados; com Cuba, de onde recebemos mais estudantes do que enviamos, e com os Estados Unidos e a França, este país com o financiamento da Casa do Brasil.

Outros programas de cooperação são as cátedras Rio Branco destinadas a professores *sêniors* com certos países com os quais temos acordos de cooperação. Atualmente temos cátedras no Chile, na Inglaterra e nos Estados Unidos. Há um programa para professor visitante estrangeiro por meio do qual anualmente recebemos mais de 50 nas universidades brasileiras e o programa Programa de Estudantes Convênio de Pós-Graduação (PEC-PG), já tradicional, para estrangeiros que vêm aqui ao Brasil realizar seus estudos de pós-graduação nas universidades dos países de língua portuguesa, África, Ásia, América do Sul, América Central e Caribe. Temos também bolsas especiais menores e um grande programa com o Timor Leste por meio do qual enviamos 47 bolsistas àquele país para ajudar na sua reconstrução e na estruturação do Ministério da Educação e do sistema educacional como um todo. Fizemos novos acordos: como eu já disse, com determinados países há necessidade de que firmemos acordos individuais com universidades, haja vista não existir órgãos centrais de cooperação internacional. Atualmente temos 525 projetos de pesquisas, em levantamentos de 2005. Alguns dados de 2006 apresentam um número menor, porém os editais estão na praça e estamos aguardando a seleção de novos projetos. É a parceria universitária: até 1994 nós tínhamos apenas o programa de projetos conjuntos com a França, com o COFECUB, e a partir de 94 novos acordos foram assinados, portanto, já em 2000, sob o efeito dessa mudança na avaliação da pós-graduação nós passamos a contar com 300 projetos conjuntos de pesquisa. Hoje, praticamente temos cinco vezes mais do que há dez anos atrás, assim como nas parcerias universitárias, esfera em que já são mais de 100. Se pensarmos em números absolutos nos projetos conjuntos de pesquisa no mínimo dois alunos por ano são intercambiados, enviados ao exterior, e nós recebemos também por volta disto, além do que dois professores também vão em missão de trabalho ao exterior, o que representa um número bastante elevado, e nos casos das parcerias universitárias a média é de quatro a cinco alunos por parceria.

Quanto à evolução das bolsas de estudos no exterior de 2001 a 2005, houve um grande salto a partir de 2004, cerca de 20%, por conta das negociações para a redução das taxas acadêmicas. Nós firmamos um acordo com a Comissão Fullbright (Intercâmbio Educacional) para a redução drástica das taxas acadêmicas nos Estados Unidos, o que representou uma considerável economia para a CAPES e nós pudemos enviar no ano passado 20% a mais de bolsistas, o que em tempos difíceis é bastante louvável. Por outro lado, temos com o MERCOSUL um programa da CAPES CCIDI, um programa tradicional de projetos conjuntos de pesquisa, que tem apenas um em andamento porque o novo edital vai ser publicado em breve. Normalmente nós temos de 30 a 40 projetos no programa. Outro programa destina-se a centros associados de pós-graduação Brasil – Argentina com 32 projetos encerrados e 21 em curso, cujos editais serão publicados em breve; temos ainda um programa com o Chile e um com o Uruguai que foram firmados há mais de dez anos, mas, infelizmente, não temos nada em andamento com a *Universidad de La Republica*. A idéia é que dois novos projetos sejam implementados; seriam de grande valia. Oferecemos também um programa para estudantes e para convênios de pós-graduação. No caso, os bolsistas do MERCOSUL representam 20% de um total de 150 bolsas, estudantes provenientes inclusive da Bolívia e do Chile.

Professora Maria Cecília Catia Male*

A USP tem 226 convênios com universidades de 46 países, e com todos os países do MERCOSUL, sendo quatro universidades argentinas, duas uruguaias e uma paraguaia. Estou me atendo ao Mercosul estrito, não considerei o MERCOSUL ampliado, caso contrário nós também temos convênio com o Chile e com a Bolívia. Seguimos uma rotina de intercâmbio de estudantes de graduação, mais ou menos nos mesmos moldes daqueles desenvolvidos pela CAPES, que está se expandindo, e também uma visão de reciprocidade, ou seja, recebemos praticamente o mesmo número de alunos que enviamos; há um forte interesse pelos países do norte com relação ao Brasil e dos nossos alunos pelos países do norte. A reciprocidade com relação a Sul-Sul é relativamente pequena. O maior programa de cunho científico, de padrão internacional, refere-se à área de biotecnologia. Há um acordo entre Brasil-Argentina que data de 1985, um acordo importante no sentido da cooperação na área, e é bom que se tenha em mente que se trata de uma área transversal dentro da Universidade, que permitiu inclusive a criação de vários cursos de pós-graduação interunidades e também de núcleos de pesquisa. Os núcleos de apoio à pesquisa e os cursos interunidades foram

*Coordenadora do Curso de Pós-Graduação em Integração da América Latina da Universidade de São Paulo

constituídos na USP para tentar superar a questão da unidisciplinaridade e começar a promover principalmente nas áreas biológicas a possibilidade da interdisciplinaridade e da transdisciplinaridade. O grupo das humanas nesse processo está bastante retardado com relação às áreas biológicas, mas mesmo assim, em 1989, foi criado um curso de pós-graduação interunidades denominado PROLAM (Programa de Pós-Gradução em Integração da América Latina) que tem o objetivo de estudar a integração na América Latina. Foi criado antes do protocolo de Ouro Preto e já se antevia a necessidade da preparação de uma formação, da preparação de uma mão de obra qualificada, de recursos humanos altamente especializados para poder enfrentar o mundo que se aproximava e a integração. Posteriormente, na década de noventa, foi criado o curso de graduação interunidades em Relações Internacionais igualmente uma tentativa de já entrar numa área interdisciplinar. O Curso de Pós-Graduação em Integração da América Latina do qual sou coordenadora hoje apresenta um resultado de 176 dissertações de mestrado, segundo dados do final do ano passado, último relatório da CAPES, que nós vamos preencher porque o programa ainda não chegou, mas nós estamos já com os dados atualizados e temos dados do final do ano passado também 20 teses de doutorado. Até julho deste ano vamos conseguir atingir em torno de 190 dissertações de mestrado e estamos caminhando para trigésima tese de doutorado. O programa já existe há 17 anos, portanto apresenta uma evolução, mudanças temáticas, e a temática é Integração da América Latina, mas os subtemas das áreas modificaram-se na medida em que acreditamos que oito anos perfazem um período suficientemente amplo para poder criar os produtos esperados. Estamos na segunda virada, focalizando três áreas prioritárias: a divulgação do conhecimento científico, porque nós percebemos, principalmente no que se refere a nossa área, a de biológicas, que ela conta com um amparo maior da indústria farmacêutica e de outros grupos interessados, portanto é mais divulgada pelas diferentes mídias. As áreas de humanas e ciências sociais aplicadas dispõem de pouca divulgação das novas tecnologias no que se refere à política pública, por exemplo, as pessoas estão muito mal informadas sobre a evolução que ocorreu no campo e os resultados de avaliação dos programas. A segunda área que será desenvolvida, e já há alguns estudos, é exatamente a de políticas públicas sociais, na qual nós já realizamos trabalhos com relação ao próprio MERCOSUL, tendo em vista que a Argentina e o Brasil na nossa região são os condutores de políticas, principalmente nas áreas de emprego, de transferências de renda. É muito interessante porque o Paraguai segue mais o modelo brasileiro e o Uruguai o argentino. Além disso, entre os associados, o Chile é o que tem a melhor tecnologia com relação à política social com vários experimentos, mais de dez anos à frente, começaram muito antes, na década de 70. Nós estamos trabalhando com Chile, Argentina, Paraguai e Uruguai na área de política social. E a terceira linha refere-se à integração da América Latina, com a qual nós estamos resgatando as políticas realizadas com relação à integração no pós-guerra, construindo uma linha do tempo. Simultaneamente estamos estudando a questão dos estados nacionais, as posturas e relações políticas no processo de integração. Os três grandes projetos que estou citando foram iniciados este ano a partir de uma discussão com o corpo docente, um corpo permanente de 25 professores que não ficam nesse programa interunidades, já que como eu disse, este programa não tem sede, ele é vinculado à pró-reitoria e, portanto, as pessoas fazem pesquisa e dão aulas. É um programa virtual, algo nada usual nas outras universidades, inclusive a CAPES rejeita este modelo de interunidades compartilhada. Bem, de qualquer maneira, estes três são os seguidores de três linhas de pesquisa: comunicação e cultura; economia, estado e sociedade; e práticas políticas e relações internacionais. Com relação às parcerias dentro da região nós estamos desenvolvendo uma parceria com a *Universidad de La Republica* no curso de relações internacionais do Uruguai, trabalhando, dentro da linha da integração, a inserção da América Latina na economia mundial para fazer um contraponto com a integração, ou seja, de um lado os processos de globalização e do outro lado os processos de integração. Na esfera de políticas públicas estamos desenvolvendo um projeto com a Universidade de Buenos Aires referente à área habitacional, que já se encontra no segundo ano financiado pelo CNPq (Conselho Nacional de Desenvolvimento Científico e Tecnológico). São estas as ações mais relevantes dentro da região. Fora, nós temos uma grande colaboração com a França, e o Brasil, como a CAPES demonstrou, é uma rede de convênios. Com isso, nós temos um doutorado conjunto e também dois Pec-PG´s agora. Embora 20% dos alunos sejam de outros países da América Latina, não obrigatoriamente apenas do MERCOSUL, os argentinos principalmente têm demonstrado interesse em ampliar a sua participação no nosso programa. Podemos dizer que temos verificado ondas de ingresso: começamos com muitos peruanos, muitos bolivianos, depois passamos a receber uruguaios e argentinos, e principalmente os argentinos manifestaram o interesse em permanecer. A última leva que está chegando de forma descontínua são os colombianos. Na próxima década nós pretendemos oferecer um mestrado conjunto, e digo próxima década porque os processos são muito lentos e nós já estamos em 2006, portanto talvez só na próxima década a gente consiga um mestrado conjunto que envolva os três países e uma rotação de alunos entre eles. A idéia é ampliar, e muito, a troca de experiência na área científica. O PROLAM se encontra numa situação bastante madura, tem uma revista que está sendo indexada em nível internacional com relação a sua participação, ou seja, já acumula conhecimento suficiente para poder se arriscar em desafios mais densos. Conseguiu criar uma rede de mais de 200 pessoas que realizaram estudos sobre a América Latina por meio de uma metodologia comparativa, sobre e tendo como palco privilegiado os países do MERCOSUL e em especial a Argentina.

Luis Barbosa Cortês*

A UNICAMP, desde a gestão do professor Brito, nosso último reitor, tem priorizado as relações com a América latina, em particular com o MERCOSUL, já que considera fundamental do ponto de vista da integração regional. Como temos problemas sérios, vou apresentar visões otimistas para que se tenha uma idéia de como estão os processos. Por exemplo: um estudante brasileiro ou argentino que vai estudar em outro país tem dificuldades em obter visto, o que significa um sério impedimento para nossas relações; o turista não encontra problema, mas o estudante que vai permanecer no país por mais de três meses tem de enfrentar um trâmite complicado. Outra questão importante: quando temos que implantar os projetos nós não contamos com facilidades no âmbito da graduação; não existe um programa governamental a exemplo do que acontece à Comunidade Européia com o Programa Sócrates-Erasmus, nós não temos um instrumento de governo para acelerar as relações, um instrumento, por exemplo, que fomente a cooperação do ponto de vista da mobilidade de graduação. Mais um ponto a considerar: existe uma assimetria muito grande entre nossas instituições e as argentinas e uruguaias, por exemplo. Vou citar um caso: a UNICAMP forma por ano cerca de 800 estudantes de pós-graduação, 800 doutorados e 1200 mestres. Não conheço nenhum país da região que forme número igual. A Argentina forma por volta de 400, 500 alunos de doutorado. Todo o País. Outro sinal da assimetria: nós temos um vestibular para ingressar nas nossas universidades e nas instituições argentinas, por exemplo, não existe tal mecanismo. A Universidade de Buenos Aires, a UBA, que é a maior da Argentina, tem 320 mil alunos; a UNICAMP, uma universidade importante no Estado de São Paulo, tem 32 mil. Outro sinal: enfatizamos a pós-graduação, e neste ponto a UNICAMP é atípica, tem metade dos alunos, 15 mil, em pós-graduação. Nos países do MERCOSUL em geral a presença da pós-graduação é bem menos importante. Mais uma dificuldade: quando vamos tratar da mobilidade, encontramos problemas de co-validação de crédito, não existe um Bologna latino-americano.

Quanto à Biotecnologia, tivemos um encontro na UNICAMP em 2003. Na ocasião, fizemos em cooperação com o Chile, envolvendo basicamente a Universidade do Chile, parceria tratando da questão de proposta em conjunto e desenvolvimento de pesquisa na área de genômica. Nós temos uma cooperação forte da UNICAMP, com o Centro de Biologia Molecular e Estudos Genômicos do CREG, criado recentemente na *Universidad de La Plata,* e que pertence à associação das universidades do grupo Montevidéu. Existe também um pouco do que a professora Maria Cristina já falou, embora ela não tenha citado especificamente, mas o Centro Argentino-Brasileiro de Biotecnologia, o CABIO, foi criado em 85 e é um protocolo de cooperação Brasil-Argentina no âmbito de biotecnologia.

---

*Coordenador de Relações Internacionais da Universidade de Campinas

Apenas nos últimos cinco anos a UNICAMP tem realizado uma série de eventos importantes relacionados ao MERCOSUL. Muito deles temos tentado direcionar para o campo da discussão científica e tecnológica, embora aspectos artísticos e culturais sejam bastante recorrentes. No âmbito de ciência e tecnologia, as realizações destinam-se a discutir ciência e tecnologia propriamente dita, energia e ciência de alimentos, assim como também abrigamos dentro da universidade um capítulo da *International Energy Iniciative* focado na América latina.

De 2006 destacam-se uma reunião e um seminário internacional da UDOAL para discutir a presença de novos estudantes latino-americanos de educação superior, além de um seminário internacional de ciência e tecnologia e a 14° jornada de jovens investigadores da UGM. A UGM é uma associação das universidades do Grupo Montevidéu que reúne 18 universidades de todo o Mercosul, é sediado em Montevidéu, pela *Universidad de La Republica* e faz periodicamente os encontros.

Os centros associados são um programa da CAPES para pós-graduação, que estabelece as relações entre programas de pós-graduação de excelência. Para conseguir implanta-los, e a UNICAMP já tem mais de uma dezena deles, realizamos missões. Já foram quatro para os países do MERCOSUL. Vamos primeiro ao Uruguai, e depois à Argentina, onde visitamos basicamente umas cinco universidades importantes. Para vocês terem uma idéia, eu citei a UBA, mas a Universidade de Córdoba tem 120 mil alunos, a de La Plata 110 mil, são universidades grandes, a de *La Republica* do Uruguai, de país razoavelmente pequeno, tem 70 mil alunos, praticamente o mesmo que a USP.

As universidades que fazem parte do grupo Montevidéu, e eles têm núcleos disciplinares e comitês acadêmicos que são o braço de pesquisa da associação do Grupo Montevidéu. Pode-se ver pelos títulos, núcleos e comitês que se desenvolve pesquisa nessa associação em quase todos os temas que são importantes para região.

A UNICAMP tem aproximadamente 400 estudantes estrangeiros, 83% deles na pós-graduação, 300 latino-americanos, uma forte concentração como vocês podem ver de argentinos e colombianos, enfim dos países já citados. Só para se ter uma idéia, são 110 peruanos.

Temos também uma séria de ações relativas à mobilidade da graduação e, como temos incentivado ano a ano, a freqüência tem aumentado, particularmente neste ano de 2006 estamos recebendo 40 estudantes argentinos e enviando 40 brasileiros só. A UGM como um todo faz um intercâmbio por ano da ordem de 400 estudantes. Então, o MERCOSUL que nós queremos construir para próxima década passa pelo intercâmbio, pela mobilidade de estudantes de graduação, é um fator muito importante.

Outra ação importante da UNICAMP é uma Cátedra desenvolvida em parceria com a Universidade de Buenos Aires e patrocinada pelo Grupo SANTANDER/BANESPA, que nos permite enviar um professor e receber outro da Universidade de Buenos Aires todos os anos. Desde 2004 já participaram professores das áreas de odontologia, antropologia, biologia e economia. São docentes contratados da UNICAMP, de origem latino-americana: trinta e oito professores nossos são argentinos e 15 chilenos.

Carlos Henrique de Brito Cruz

Eu queria fazer uma síntese do que foi aqui apresentado. Como foi possível constatar, há iniciativas no Brasil quanto ao relacionamento com os países do MERCOSUL, inclusive o MERCOSUL ampliado, no âmbito da Ciência e da Tecnologia. Eu tenho a impressão de que uma das dificuldades, e por ironia talvez também seja elemento de facilitação, seja a assimetria entre o Brasil e os demais países do MERCOSUL. Há o fato de o Brasil ser muito grande comparado aos demais. Nas esferas comerciais, como o Brasil teve um desenvolvimento econômico mais lento do que os outros países, a diferença que existe não é tão grande assim, mas nas questões relacionadas a Ciência e Tecnologia e cooperação universitária o Brasil teve um desenvolvimento desproporcional, diferente daquilo que aconteceu nos países do MERCOSUL, com algumas exceções. Talvez a principal delas seja o ensino superior na Argentina, que apresenta grande abrangência e qualidade elevada, mas ainda assim os números brutos não correspondem. Quer dizer, os números aos quais o professor Cortês se referiu, o Brasil formando dez mil doutores por ano, a Argentina 400, o Paraguai e o Uruguai dez e o Chile talvez 60 ou 70, indicam por um lado uma dificuldade de encontrar parcerias. Os milhares de professores e pesquisadores acabam encontrando parcerias para projetos de pesquisas em outros lugares do mundo que não nos países do MERCOSUL. Por outro lado, o que acontece é que tal assimetria também nos traz uma oportunidade que tem sido pouco explorada no âmbito do MERCOSUL, que é justamente o fato de que o sistema de pós-graduação no Brasil, por causa de ações de agência como a CAPES, o CNPq e a FAPESP (Fundação de Amparo à Pesquisa do Estado de São Paulo), é muito forte e competitivo. Por mais que apresente toda sorte de dificuldades: faltam bolsas, falta muita coisa, mas é um sistema do porte de sistemas de pós-graduação de países como Inglaterra, França e Alemanha. Eu acho que o nosso sistema de pós-graduação olha pouco para as oportunidades que poderia encontrar com estudantes de países vizinhos, especialmente os do MERCOSUL. Há excelentes estudantes de graduação sendo formados na Argentina, no Chile, no Uruguai, no Paraguai e se a gente sair das fronteiras do MERCOSUL, há os outros países da América Latina. As universidades brasileiras talvez apliquem uma política um tanto tímida em relação a esse universo que poderia perfeitamente ser melhor explorado. Seria uma ação interessante, uma vez que criaria uma conexão por meio da pós-graduação que repercutiria em casos de graduação, embora como o professor Cortês relatou os instrumentos para financiar uma colaboração na esfera da graduação sejam bem mais restritos. Vou, portanto, me prender à área que dispõe de recursos, não demanda movimentações para se descobrir como obter 50 milhões, os recursos já estão aí circulando, basta trazer os estudantes e eles trabalharem. Resumindo: este tipo de colaboração ajuda no relacionamento entre as nações, porque as pessoas vão estabelecendo pontes que, no futuro, vão se desenvolver, quer dizer, o estudante vem, faz um mestrado ou um doutorado numa universidade brasileira e volta ao país de origem. Depois ele preserva os vínculos enviando um aluno dele para passar um mês trabalhando aqui, recebe um visitante, enfim, é o que se vê. O Brasil tem experiência enviando estudantes para outros países, principalmente para os Estados Unidos, e vê-se que o relacionamento permanece depois. A experiência que tivemos na UNICAMP, de fazer isto de uma maneira pró-ativa foi muito recompensadora. A UNICAMP, por iniciativa e com fundos próprios, todo ano organiza uma missão aos países do MERCOSUL, reunindo uns dez professores, alguns dirigentes da universidade, o reitor freqüentemente acompanha com a finalidade de destacar que se trata de uma missão oficial da universidade, e percorre cinco seis universidades da Argentina, vai ao Uruguai, ao Chile, apresentando as possibilidades que oferece. A Embaixada do Brasil nestes países sempre ajuda na divulgação, em geral organiza um coquetel para o qual convida todos os estudantes interessados e também aproveita a ocasião para apresentar o que tem a oferecer. Valoriza-se muito uma atitude assim: os países reconhecem que o Brasil na área de pós-graduação tem uma atividade diferenciada, e para um estudante argentino, uruguaio, paraguaio, chileno fazer um mestrado ou doutorado no Brasil é, sob vários aspectos, bem mais conveniente quando há qualidade acadêmica, que em várias instituições brasileiras é muito melhor do que na Europa, nos Estados Unidos. Ele conta, por exemplo, com a vantagem de poder voltar a seu país duas vezes por ano. Além disso, o custo da passagem não é tão proibitivo e o tempo da viagem mais curto. Valeria a pena, portanto, usarmos mais as vantagens. Não estou falando de uma ação exclusivamente altruística: vamos ajudar a formar os estrangeiros. Não. Os nossos cursos de pós-graduação se ressentem da falta de bons candidatos para mestrado ou doutorado e a Argentina tem milhares que podem desenvolver ótimas teses, excelentes trabalhos de pesquisa. Alguns ficam no Brasil, outros voltam para casa, há quem vá para algum outro país, mas é sempre uma oportunidade que merece ser mais bem explorada. Ainda porque não exige mais recursos, já existe um programa de bolsas de estudo funcionando aqui no Brasil, milhares delas. Ganham os melhores candidatos, independente de sua origem, portanto se há bons candidatos em países do MERCOSUL eles terão suas bolsas de pós-graduação. É um investimento que, tenho certeza, traz bons resultados para o Brasil em termos de relacionamento com todos estes países.

Além desta perspectiva, a idéia dos projetos de pesquisa em conjunto com os países do MERCOSUL, há uma iniciativa, citada pela professora Maria Cristina e pelo professor Cortês, que é o Centro Argentina Brasil de Biotecnologia.

Trata-se de um centro virtual, não tem uma sede, que reúne pesquisadores e organiza cursos, treinamentos e intercâmbios, entre outras atividades, e que tem obtido resultados interessantes embora eu ache que poderia se beneficiar de melhor divulgação dentro da comunidade. O que significa mais pesquisadores sabendo das oportunidades para poderem usá-las. Há ainda outros projetos em andamento igualmente importantes que nasceram não por causa do MERCOSUL, mas da oportunidade de pesquisas específicas que de alguma maneira uniram os países membros do organismo. Por exemplo: o projeto de um telescópio que a FAPESP financia em conjunto com o Chile e os Estados Unidos. Está instalado em território chileno, nos Andes, o melhor local para uma boa observação, porque é alto e não é poluído. Chama-se SOAR (*Southern for Astronomical Research*), e tem alcançado bons resultados, além de estimular a colaboração entre os países. Outro projeto na área de física, este instalado num deserto da Argentina, perto da cidade de Malargue, tem o objetivo de observar raios cósmicos que caem do céu. É internacional, está sendo realizado com a contribuição de vários países e foi instalado na Argentina porque exigia um deserto com vários quilômetros quadrados, sem população no entorno e obrigatoriamente no Hemisfério Sul. Por sua importância tem estimulado bastante a parceria entre cientistas brasileiros e argentinos. Portanto, há projetos que poderiam ser beneficiados pelo MERCOSUL, quer dizer, a união pode ser bastante vantajosa, como já citaram a professora Maria Cristina e o professor Cortês. Mais um projeto que merece ser mencionado é o programa brasileiro de satélite, que a Argentina também desenvolve, mas os dois países quase não interagem. O satélite, instalado para fotografar e observar o território brasileiro, é o mesmo que servirá para o Paraguai, o Uruguai e a Argentina, com pouquíssimas modificações no lançamento e na localização. Quer dizer, seria um tipo de projeto naturalmente adequado a algum tipo de parceria. Por isso, acho que há oportunidades, algumas delas enfrentam restrições como a falta de dinheiro dos países da região, mas o intercâmbio de estudantes de pós-graduação depende menos de recursos do que de uma ação pró-ativa das instituições.

Carlos Henrique de Brito Cruz*, diretor científico da Fundação de Amparo à Pesquisa do Estado de São Paulo, FAPESP.*

15 Años del MERCOSUR: el Debe y el Haber de lo Cultural

Ticio Escobar

15 Años del MERCOSUR: el Debe y el Haber de lo Cultural

Introducción

Transcurridos quince años desde la creación del MERCOSUR, y en ocasión de evaluar sus frutos y analizar las perspectivas de esta entidad en el ámbito de la cultura, puede resultar conveniente volver a reflexionar sobre algunos conceptos que ese ámbito involucra. Este texto pasa revista a ciertas cuestiones básicas que han movilizado las discusiones y los debates sobre este tema; incluye en su desarrollo la referencia a los productos obtenidos y los desafíos suscitados en cada situación y concluye brevemente con un listado de tareas pendientes, algunas de las cuales comenzaron ya, aunque hasta ahora presenten sólo resultados inciertos.

Los conflictos que movilizan aquellas cuestiones enfrentan términos diversos: integración y diversidad, por un lado; Estado, sociedad y mercado, por otro. En una reunión evaluativa, como la que nos convoca, cabe la pregunta acerca de si se ha adelantado algo en lo referente al tratamiento de estos problemas. Parece ser que a nivel teórico se ha avanzado bastante, pero existen serios déficits en el cumplimiento de políticas efectivas referentes a esos temas.

Este artículo se referirá a los mismos a través de ciertas figuras cuya presencia se mantiene obstinadamente en el centro de las discusiones y las tareas relativas a la integración regional de la cultura: las instituciones culturales, el concepto mismo de cultura y las políticas públicas que afectan el ámbito que tratamos.

Las instituciones

El MERCOSUR cultural

Cuando se firmó en 1991 el Tratado de Asunción, que constituyó el MERCOSUR, entre sus cláusulas originarias no se contemplaba declaración alguna referida específicamente al ámbito de la cultura. Esta omisión se debe a que el MERCOSUR surgía como proyecto de constituir una zona regional de libre comercio y en pos del objetivo de convertirse en mercado común. Recién cuatro años después, en el curso de la Reunión Técnica Especializada en Cultura, realizada en Buenos Aires del 13 al 15 de marzo de 1995 con la participación de los ministros de cultura de los países signatarios, se enfrenta por primera vez el término "MERCOSUR Cultural", referido confusa y precariamente al fomento de ciertas actividades, como la libre circulación de bienes simbólicos, las industrias culturales, la conservación del patrimonio y el turismo cultural. Esta incompleta promoción no apuntaba entonces a ninguna idea de una coordinación de políticas culturales ni suponía un concepto unificado y operativo de cultura del cual partir.

Pero la cuestión cultural fue tomando cuerpo, aunque en forma desarticulada y esporádica. Los estados participantes del Tratado advirtieron, a distintos niveles y en sentido no siempre parejo, que un proyecto regional construido a partir de jugadas estrictamente mercadológicas no llegaría demasiado lejos. Es decir, no lograría adquirir legitimidad suficiente. Sin el aval de los imaginarios colectivos ni la inclusión de las identidades sociales, sin el alimento de las diversidades, los conflictos y los consensos, el MERCOSUR devendría un coloso con pies de barro. Resulta imposible ignorar hoy que los procesos culturales conforman principios configuradores de la cohesión social. Esta consideración ha llevado a cuestionar una visión productivista del desarrollo. Pero también ha conducido a revisar una idea meramente instrumental de lo político: hoy serían impensables modelos sustentables de desarrollo y proyectos democráticos de sociedad planteados al margen de los argumentos cifrados que provee la cultura.

La producción cultural debe estar conectada, pues, con diversos niveles de expectativas sociales, así como con distintos proyectos de crecimiento socioeconómico y, por lo tanto, con ámbitos diversos del hacer colectivo (salud, educación, urbanismo o ambientalismo, entretenimiento, etc.). Y ha de ser asumida como instancia fundamental del proceso democrático y sostén de sus instituciones, cuya legitimidad se mueve en gran parte impulsada por figuras provenientes del ámbito cultural: los vínculos que crea la identidad, las fuerzas que mueven la adhesión social, el consenso y el disenso; la credibilidad pública.

Poco a poco, estas cuestiones pasaron a formar parte de las declaraciones de instancias oficiales que no pueden dejar de reconocer la necesidad de incorporar lo cultural a los proyectos de integración. Pero a los quince años de instituido el MERCOSUR, este reconocimiento no se ha efectivizado aún en propuestas concretas dirigidas a articular políticas culturales y coordinar legislaciones referentes al ámbito de la cultura. Ciertos programas, aislados aún, en los cuales comienza tímidamente a traducirse, anuncian la posibilidad de que el llamado "MERCOSUR Cultural" pueda abrir un espacio efectivo de intercambios. Para que ello ocurra, más allá de las declaraciones de buena voluntad de los Estados deben cumplirse determinadas condiciones. La primera de ella, la relativa a la existencia de políticas culturales efectivas, será tratada más adelante, por lo que no se menciona en este punto.

Las instancias

Un requisito básico para la eficacia de la integración cultural consiste en el funcionamiento a nivel oficial de instancias orgánicas capaces de asumir las gestiones que demanda una eficaz integración en lo cultural. La voluntad política de los Estados debe traducirse no sólo en el diseño concertado de políticas culturales, sino en la creación de mecanismos eficientes de implementación de las mismas y en la asignación de presupuestos adecuados al cumplimiento de los diferentes programas de gestión cultural. Las muchas declaraciones, los proyectos, los análisis y, aun, los convenios no llegan a adquirir realidad puesto que no se encuentran debidamente avalados y canalizados por dispositivos administrativos que los lleven a cabo.

La profesionalización

La consideración de que lo cultural constituye un momento básico de todo el ordenamiento social no debe llevar a disolverlo en la indeterminación del flujo social. La explicación de que "todo es cultura" termina aboliendo la especificidad de un ámbito provisto de lógicas administrativas y funcionales propias y munido de códigos, objetivos y principios que requieren condiciones particulares de especialización.

Por eso, la gestión cultural debe estar a cargo de profesionales, técnicos especializados en el manejo de los procesos culturales y sustraídos a los vaivenes antojadizos del poder. Y este principio no sólo debería correr para los organismos específicamente afectados a funciones de administración cultural. Todas las cuestiones públicas que involucran los asuntos culturales (tratamiento de leyes y tratados internacionales, diseño de programas diversos que cruzan los ámbitos de la producción simbólica, etc.) deben estar sometidas a consideración y dictamen de especialistas en la materia. Éstos deberían ser consultados, o deberían participar incluso en lo relativo a la acción de los diversos organismos oficiales que, aunque no ejerzan funciones directamente orientadas a la gestión cultural, intervienen en la producción o transmisión de contenidos culturales (programas de arquitectura, medio ambiente, educación, urbanismo, indigenismo, promoción popular, etc.). Por último, el mismo diseño de las políticas culturales también requiere la intervención de especialistas competentes para proponer criterios y métodos y diseñar estrategias pertinentes.

En este punto se va avanzando de a poco: la profesionalización en el ámbito de la gestión cultural es relativamente nueva. Es posible que el propio planteamiento de un MERCOSUR Cultural constituya uno de los factores que ha impulsado en la región la necesidad de contar con cuadros especializados en este terreno; lo cierto es que desde hace pocos años se afirma no sólo la preocupación por dejar en manos de agentes idóneos la administración pública de lo cultural, sino la tendencia a formar académicamente a nuevos administradores culturales. La consolidación de estudios en este campo, inexistentes hasta pocos años, facilita esta tarea.

Factibilidades

Los principios de la integración cultural deben ser lo suficientemente amplios a nivel de las políticas y la protección de los derechos culturales, pero en sus programas tácticos específicos deben asumir formatos viables, posibles de cumplimiento efectivo. Para ello, deben partir de propuestas concretas y vinculadas con procesos particulares, madurados en las propias sociedades. Las grandes proclamas del MERCOSUR orientadas a generar circuitos regionales de intercambio cultural no dieron hasta ahora resultados ciertos y apenas fueron capaces de establecer vínculos institucionales competentes. Sin embargo, aunque aislados entre sí y al margen de encuadres planteados a nivel macro, se realizaron en estos años muchos proyectos de pequeño formato provistos de buenos resultados.

Esta experiencia debería llevar a impulsar medidas y acciones que, inscriptas en un proyecto cultural MERCOSUR y paralelamente a programas de gran alcance, fomenten acciones puntuales y abarcables, se conecten con las diversas expectativas sociales y vayan tramando, a partir de condiciones y posibilidades reales, diversas redes de encuentro entre áreas, comunidades y sectores culturales. Cabe subrayar que el hecho de propiciar acciones acotables no significa perder la referencia de estrategias articuladas y programas a largo plazo; cuyo cumplimiento constituye un reto para el MERCOSUR Cultural.

Lo recomendable es asumir las especificidad de procesos que requieren temporalidades propias de gestación, maduración y desarrollo. La integración cultural ha de graduar el corto o largo plazo de sus objetivos según estrategias combinadas, evaluaciones, pruebas y rectificaciones. La implementación efectiva de las grandes políticas culturales integradoras requiere cambios de mentalidad y de hábitos, así como la construcción de nuevos conceptos jurídicos y culturológicos y la renovación de figuras comerciales y fuentes de financiación. Los quince años transcurridos desde el comienzo del MERCOSUR autorizan ya cierta mirada retrospectiva desde la cual medir el cumplimiento de acciones, aun las dispuestas a largo plazo. Pero debe reconocerse que éstas prácticamente no han tenido lugar: el MERCOSUR Cultural se ha limitado a realizar con eficiencia sólo acciones inmediatistas y coyunturales: no ha logrado definir en conjunto sus objetivos, ni plantear estrategias integradas, ni generar institucionalidad cultural.

Las particularidades, las compensaciones

Tanto como conceptos guía, la acción cultural exige vínculos con los contextos concretos. Los proyectos deben estar conectados con los procesos culturales del resto de América Latina sin perder de vista las particularidades geopolíticas e históricas que coexisten dentro de la propia región, así como las posiciones asimétricas que ocupan el Paraguay y el Uruguay con respecto al Brasil y la Argentina, posiciones que se traducen forzosamente en el intercambio cultural. Tampoco deben desconocerse las tensiones que median entre países enfrentados históricamente por disputas políticas e intereses contrapuestos. Por lo tanto, la concertación de proyectos culturales macrorregionales no sólo demanda sistemas aptos para articular lo diferente; también precisa condiciones simétricas de relacionamiento interestatal. La posición desnivelada que ocupan los diferentes países del MERCOSUR, el peso de memorias e intereses enfrentados, así como poderes políticos y económicos desiguales, subrayan por momentos las fronteras y asignan diferentes ubicaciones a los países hegemónicos con respecto a los menores. Y traducen, a su vez, grandes desventajas ocurridas internamente, en especial en lo relativo a la dimensión de los subsidios estatales y los mecenazgos empresariales, la solidez de los mercados y la magnitud de las industrias culturales, factores básicos del desarrollo cultural. Para compensar las asimetrías regionales, se vuelve fundamental no sólo que cada país promueva transformaciones necesarias para responder los desafíos de la integración, sino que el MERCOSUR concierte políticas regionales que asuman y regulen las disparidades. Las culturas diversas podrán enriquecerse mutuamente siempre que sus intercambios se desarrollen sobre la base de la paridad y según condiciones básicas de transitividad y equivalencia. Entregadas a las fuerzas de la pura competencia mercantil, la cultura de los países menores sufrirían nuevos procesos de subdependencia regional, inconcebibles en un proyecto de integración.

El Tratado del MERCOSUR no ha logrado a lo largo de estos quince años instituir mecanismos efectivos para regular las asimetrías estructurales que marcan el desarrollo económico y social de los países que lo integran; es decir, para construir un proyecto de integración basado en condiciones equitativas de competencia y en mecanismos eficaces de solidaridad. Según Emilio Fadlala, "el modelo de integración adoptado por el MERCOSUR, sin programas de ayuda a regiones menos desarrolladas, deja las fuerzas del mercado la corrección de las asimetrías y el estímulo a la eficiencia y competitividad". El autor citado considera que esta situación empuja a cada país a que se arregle como pueda ante las desiguales capacidades que tiene para competir en el mercado ampliado[1]. Según Fernando Masi la cuestión se plantea en el centro de una alternativa: el MERCOSUR puede ser considerado una simple ampliación de mercados que promueve mayor creación de comercio entre sus miembros o bien puede ser planteado como la construcción de una nueva plataforma de desarrollo regional que intenta competir en el mercado internacional. Masi propone que se opte por "el modelo de desarrollo que rebase lo meramente comercial y que haga participar al Estado (a los Estados) activamente en ese proceso..."[2].

De cara a este modelo, aquellos desequilibrios deben ser asumidos a través de estrategias concertadas capaces de regular desniveles y compensar desventajas. La diferencia puede ser enriquecedora y dinamizante toda vez que sea ejercida a partir de condiciones equitativas. De lo contrario deviene ella desigualdad, principio que reactiva viejas subdependencias y fundamento que sostiene postergaciones nuevas.

Pero los desequilibrios también deben ser encarados mediante tareas dirigidas a articular internamente los desiguales sistemas culturales de cada país a través del establecimiento de mecanismos que compensen sus desequilibrios. Antes de concertar proyectos macrorregionales, cada nación debería instituir espacios de confrontación y medios de articulación entre las distintas culturas que conviven en su suelo. Y debería hacerlo respetando escrupulosamente las diferencias culturales. Para ello, conviene recordar que el término "integración" debe significar principio de confrontación e intercambio de pluralidades. Este énfasis es necesario en el contexto de países que tantas veces han entendido la integración de las culturas indígenas como abolición de su diferencia.

Un paso intermedio entre la integración cultural nacional y la regional podría estar dado por estrategias de acción subregional. Colombres propone que, dentro de la región más amplia, se delimiten áreas geográficas marcadas por afinidades históricoculturales[3]. Ciertas políticas funcionan mejor, por ejemplo, entre el Nordeste argentino y Paraguay, o entre este país y la zona fronteriza que el Brasil mantiene con él, áreas que comparten rasgos identitarios comunes, como la matriz guaranítica, las misiones jesuíticas y una posterior inmigración colonizadora de origen europeo. Estas operaciones de recorte, cruzables con otras, serían realizadas de acuerdo a proyectos específicos y no supondrían acotar localidades con un criterio separatista.

[1] Fadlala, Emilio. "Globalización económica, integración regional y modelo de desarrollo nacional", en MERCOSUR: Integración e Identidades, I Congreso de la Asociación de Estudios Paraguayos AEP, Asunción, 1997.

[2] Masi, Fernando. "MERCOSUR: simple mercado o modelo de desarrollo", en Mercosur, integración e Identidades. I Congreso de la Asociación de Estudios Paraguayos AEP, págs. 37 y ss., Asunción, 1997.

[3] Adolfo Colombres. Hacia una política cultural de la integración en el ámbito del MERCOSUR, artículo inédito, Buenos Aires, 1994, pág. 4.

Descentralización

El MERCOSUR Cultural también exige un previo trabajo interno de los países en lo referente a la descentralización. En contra de este modelo de administración acaparado por un poder central que concentra recursos y decisiones, se afirma la necesidad de que el desarrollo cultural se apoye en diferentes ámbitos de autogestión territorial y sectorial. Desde este apoyo, se podrían ir constituyendo circuitos que interconecten haceres culturales plurales sin que la particularidad de cada uno de ellos se vea comprometida. Y sin que la unidad de los proyectos nacionales se quiebre en haceres dispersos y debilitados.

La integración regional debe estar necesariamente apoyada en estos circuitos. Y debe hacerlo para que las políticas culturales concertadas internacionalmente en el ámbito de la región puedan asumir uno de los retos más urgentes que se presentan a tales políticas: conciliar articulación y autogestión, coordinación central y participación local, integración regional y diversidad. Es decir, la integración cultural a nivel de región presupone la previa integración interna de los sistemas culturales. Requiere que cada Estado cuente con instancias de interconexión y mediación aptas para regular los desequilibrios, elaborar los conflictos y garantizar el ejercicio de lo diverso. Si, como se sabe, este modelo ideal de descentralización democratizadora se encuentra aún demasiado inmaduro en su aplicación nacional, es obvio que, a nivel regional, no ha avanzado en los quince años que estamos considerando.

Mercosur cultural/ sociedad civil

La contrapartida social

Aunque la actual situación de los países del Cono Sur rehabiliten ámbitos públicos vedados durante las dictaduras militares a los productores culturales, el lugar propio de éstos sigue siendo la sociedad civil, y su tarea fundamental, la de afirmar la autonomía de su campo y la eficiencia de sus organizaciones. Esta consolidación resulta fundamental como contrapartida del papel del Estado en su gestión cultural: ésta sólo podrá ser realizada mediante la participación organizada de los mismos sujetos que imaginan e interpretan la sociedad.

Cabe recordar que el MERCOSUR no es resultado de aspiraciones colectivas y consultas sociales ni, mucho menos, producto de una construcción levantada por las sociedades de los países signatarios. Es, como se sabe bien, fruto de acuerdos de cúpulas intergubernamentales y transacciones megaempresariales. Pero, como queda dicho, su proyecto no puede ignorar la participación de instancias civiles que lo legitimen socialmente y eviten la vigencia de un modelo concebido, una vez más, como uniformización impuesta unilateralmente desde arriba. Además, sólo animado por dinámicas generadas internamente, nutrido de pluralidades, conflictos y consensos y vinculado con representaciones colectivas diversas, podrá el proyecto del Mercosur lograr sustento social y legitimidad histórica.

Por otra parte, en la medida en que el MERCOSUR requiere una alteración importante en los hábitos de producción y de consumo, compromete espacios y prácticas culturales: esa transformación exige imaginar y reconceptualizar modelos de optimización de diferentes recursos. Y necesita, por lo tanto, readaptar conductas colectivas y conocimientos, y reformular expectativas, usos y costumbres. Así, esta intervención involucra lugares difusos donde se procesa la identidad y se construye el sentido: dimensiones no institucionalizadas y difícilmente alcanzables por políticas públicas. Estas regiones de lo cultural, impermeables a las decisiones administrativas, sólo pueden ser movilizadas a partir de circuitos diversos que aseguren la presencia de la ciudadanía en diferentes niveles de funcionamiento del Mercosur. Hasta ahora, estos circuitos no han sido proyectos; es muy posible que a niveles oficiales ni siquiera exista conciencia de su necesidad. Y está claro que no se ha previsto la repercusión que puede tener la expansión del mercado sobre la cultura cotidiana, ni la posibilidad de que los diversos sectores sociales perciban, evalúen y asuman este impacto.

El giro de las identidades

La participación de la sociedad civil en los proyectos del MERCOSUR Cultural plantea el tema de las diversas identidades que, durante los procesos de integración regional tanto exacerban sus diferencias como aceleran sus movimientos de confrontación, colisión o cruce.

El concepto de identidad resulta bastante problemático al ser confrontado con las figuras de transculturalidad e integración. Tradicionalmente, la teoría de la cultura ha concebido la identidad como fundamento y expresión de sectores considerados en forma aislada e inmutable: clases, naciones o comunidades ligadas a un territorio o a una posición social y provistas de una memoria común y de símbolos característicos que marcaban definitivamente la conciencia de un "nosotros" compartido. Pero tal modelo se ve alterado profundamente por lo que ha venido en llamarse el *giro identitario*, que asume hoy que las industrias culturales –las de la información, la comunicación, la publicidad y el espectáculo– se han convertido en nuevas matrices de identificación y creación de subjetividades que tienden a desplazar las tradicionales (como la nación, el pueblo y el territorio).

Pero el *giro identitario* obedece, también, a procesos diferentes a los impulsados por la transnacionalización cultural: el descentramiento del privilegiado sujeto cartesiano, producido a lo largo de la alta modernidad [4], ha preparado el terreno para comprender el régimen de las identidades a partir de identificaciones y posiciones variables. El concepto de identidad deja de cimentarse en sustancias fijas para apoyarse –ligera, brevemente a veces– en puestos provisorios y en proyectos circunstanciales: ya no designa una esencia, sino circunstancias contingentes, construcciones históricas. La ruptura de un centro unificador esencial ha provocado la emergencia de diversos "nosotros" que pueden superponerse o entrar en conflicto entre sí (la región, la ciudad, el barrio, la religión, la familia, el género, la etnia, la opción sexual, la ideología, etc.).

Este modelo contingente y provisional de identidad tiene un riesgo: el de que los diversos sectores se encapsulen y queden fuera del juego de las diferencias, más allá del horizonte compartido por otros sectores con los que disputa o negocia posiciones y concierta estrategias. Las identidades autosuficientes impiden la posibilidad de tramar miradas distintas capaces de consolidar la escena pública. Este riego plantea dos cuestiones básicas. La primera gira en torno a cómo congeniar el discurso de las identidades sectoriales con la figura de grandes identidades que, basadas en el territorio, han tenido durante décadas una fuerte presencia en los análisis del arte y la cultura de América Latina (identidades nacionales, latinoamericanas, regionales), o bien, que se perfilan ahora como nuevas subjetividades de carácter global (identidades basadas en ideas de ciudadanía global, imaginarios gestados por industrias culturales y redes informáticas). La segunda cuestión se basa en el planteamiento de cómo podrían las micro-identidades, sin renegar de su posición particular, sobrepasarla en los terrenos de la escena pública y en vistas al interés colectivo.

La instauración de un escenario regional, impulsado por el MERCOSUR, acerca otras cuestiones al ámbito inestable donde actúan las identidades. Plantea el desafío de construir una nueva macro-identidad (la conciencia de un "nosotros MERCOSUR": la identificación con pautas culturales regionales) y una ciudadanía "mercosurista" y obliga a las distintas identidades (nacionales y sectoriales) a reinterpretar sus posiciones adecuándolas al nuevo marco supranacional[5]. Pero, simultáneamente, suscita la afirmación de las diferencias nacionales y sectoriales que parapetan sus particularidades ante el riesgo de la homogeneización. Por eso, estos cambios introducen tensiones entre los diferentes encuadres identitarios -regional, nacional, sectorial- que terminan por definir mejor, y aun por reforzar, las posiciones de sus términos. Por lo tanto, paradójicamente, el reto de construir una identidad regional promueve cierto endurecimiento de las identidades nacionales y parciales. Así, por un lado, enfatiza la autopercepción de un "nosotros-Nación" (provocado tanto por el sistema de representaciones nacionales como por las disputas, alianzas y negociaciones que suponen las asimetrías entre paí-

[4] Según Hall, son cinco los grandes descentramientos del sujeto ocurridos durante la segunda mitad del siglo XX: los producidos por el marxismo, el sicoanálisis, Saussure, Foucault y el feminismo. Stuart Hall, Identidade Cultural, Coleçâo Memo, Fundaçâo Memorial da América Latina, Sâo Paulo, 1997.

[5] Jelin se refiere a esta cuestión sosteniendo que "los cambios en las formaciones identitarias (los cruzamientos entre identidades de género, de clase o de función social, por un lado, y las identidades nacionales, por otro) producen una combinación de cambios en los marcos interpretativos (en la esfera nacional, regional o global) y en las oportunidades políticas que se abren (o se cierran) en el proceso MERCOSUR". Elizabeth Jelin. "Novas identidades e integraçâo cultural. Cidadania, movimentos sociais e MERCOSUL" en José Álvaro Moisés y otros, Cultura e democracia, Volumen 3, Edições Fundo Nacional de Cultura, Río de Janeiro, 2002, pág. 49 (Traducción del autor).

ses, los conflictos entre políticas públicas nacionales, etc.); por otro, impulsa el afianzamiento de identidades sectoriales que consolidan sus posiciones a través de cruces transnacionales (movimientos sociales y culturales que crean redes solidarias por encima de las fronteras)[6].

Estos desplazamientos hacen muy difícil la constitución de una identidad "mercosuriana". Pero también inciden en esta dificultad otros factores, como la actual crisis de los modelos de integración regional y, consecuentemente, las dificultades que tienen tales modelos en rebasar el ámbito meramente mercadológico y gubernamental para asumir programáticamente los contenidos sociales y culturales de la integración. De todas maneras, el reto que plantea -o planteara, según se considere o no su vigencia- el MERCOSUR subraya el tema de las identidades y las ciudadanías supranacionales, lo que supone una transformación fuerte en los formatos localistas de las identidades y en la idea de ciudadanía forjada en los límites del Estado-Nación.

Acerca del concepto de cultura

Muchos de los problemas que fueron señalados en este artículo se originan en un malentendido en torno a la idea de cultura; es decir, parten de diversas nociones de lo cultural. Bajo este subtítulo se reflexiona acerca de la necesidad de llegar a un acuerdo sobre un concepto que sirva de base a los trabajos compartidos en el contexto del MERCOSUR. No se trata de que haya una definición correcta de cultura, sino de que se cuente con un concepto operativo, codificado por los usuarios de ese término. Bajo este punto, se propone una idea de la cultura que podría resultar adecuada a los trámites del MERCOSUR Cultural. Esta propuesta asume el estado de una cuestión desarrollada durante años en coloquios, simposios, debates y publicaciones.

La definición del vocablo "cultura" se ha visto a menudo permeada por cierto concepto tradicional suyo que lo circunscribe a las Bellas Artes y el patrimonio histórico. Este concepto tiene fuentes nacionalistas (cultura entendida como conjunto de acervos fijos que determinan la identidad nacional) e ilustradas (cultura comprendida como suma de valores "superiores" idealizados). Ante estas acepciones demasiado acotadas, y a menudo tendenciosas, se afirma una concepción más amplia de cultura como sistema simbólico estrechamente articulado con el tecnológico y vinculado con las formas de organización social. Entendida como conjunto de bienes y haceres simbólicos, la cultura incluye las redes de sentido que levantan las sociedades para autocomprenderse y legitimarse; las formas por las cuales las comunidades se reconocen y se diferencian; los acervos patrimoniales, las figuras y los discursos colectivos y los estilos de vida a través de los cuales el cuerpo social se imagina, recuerda y proyecta.

[6] Véase, Gerardo Caetano y Jorge Balbis, "MERCOSUL, identidades sociais e sociedade civil: sindicatos, empresarios, cooperativas e ONGs" en José Álvaro Moisés y otros, op. cit. pág. 57.

Esta idea amplia de cultura posibilita que el ámbito de los derechos culturales incluya la identidad y la memoria, las creencias, los conceptos y las ideologías, los lenguajes, las costumbres y tradiciones, el patrimonio, etc. Este es el concepto de cultura al que recurren las constituciones nacionales modernas para proclamar la vigencia de los derechos culturales y garantizar su ejercicio. Emplean este concepto extenso de cultura los Tratados Internacionales que consagran los derechos culturales como derechos humanos.

Ahora bien, la aplicación de políticas culturales requiere distinciones. Orientadas al cumplimiento de los deberes públicos en materia de cultura, tales políticas buscan promover tanto el respeto de los derechos culturales como el desarrollo de los procesos culturales. La primera función, la relativa al fomento de los derechos culturales, responde a la concepción amplia de cultura que viene siendo expuesta hasta ahora; la segunda, requiere una nueva restricción del término. Y esto ocurre porque esta función amplia se refiere a las intervenciones planificadas que hace el Estado en el nivel de los asuntos culturales: de cara a los grandes objetivos nacionales, las políticas culturales regulan determinadas prácticas para compensar los desequilibrios que produce el mercado; toman partido por las producciones rezagadas o los sectores más carenciados y señalan determinadas direcciones que coinciden con diferentes proyectos de desarrollo.

Todas estas intervenciones, aunque asuman modalidades de concertación con la ciudadanía, configurarían un caso de intervencionismo público si fueran aplicadas en el contexto del sentido amplio de cultura. El Estado no puede intervenir en las maneras de pensar, sentir y vivir de los particulares. Las políticas culturales no pueden recaer sobre los mecanismos íntimos de la significación colectiva ni pueden involucrar las zonas subjetivas de la producción cultural. El campo de acción de tales políticas se limita al ámbito que algunos autores consideran constituido por dimensiones macrosociales[7] y referido a los haceres mediante los cuales la cultura es elaborada, transmitida y consumida de maneras relativamente especializadas. Las intervenciones estatales deben recaer sólo sobre este nivel, ya que no pueden comprometer el terreno de los microcircuitos a través de los cuales se procesa cotidianamente el sentido.

Por lo tanto, en el sentido más restringido sobre el que recaen las intervenciones gubernamentales, el término *cultura* designa el conjunto de prácticas y obras producidas, distribuidas y consumidas en forma especializada y mediante canales institucionalizados. Esta definición cubre así una enrevesada trama de circuitos cuyo funcionamiento debe ser protegido y organizado por las políticas culturales y cuyos contenidos corresponden a producciones creativas, críticas e intelectuales provenientes tanto de sectores eruditos como de populares e indígenas.

[7] Brunner, José Joaquín. América Latina: cultura y modernidad, Grijalbo, México, 1993, pp.205 y ss.

La cuestión de las políticas culturales

El MERCOSUR Cultural apunta básicamente a promover la integración de las culturas regionales sobre la base de procesos democratizadores y lo hace a través de las políticas culturales. Estos instrumentos públicos cobraron especial impulso durante las últimas décadas para crear condiciones propicias a la participación democrática y el pluralismo desde la perspectiva de una administración eficiente. Una tarea fundamental de tales políticas es, por lo tanto, mediar en ciertas tensiones clave que animan y perturban el escenario de la integración cultural: integración regional e identidades diversas, promoción estatal y producción social, mercado y creación.

Quizá el conflicto central que deben terciar las políticas culturales sea el establecido entre lo estatal, lo social y lo comercial, cuya interacción moviliza el escenario cultural. A los efectos de una presentación más ordenada, bajo los tres siguientes títulos será desglosado cada uno de los términos de esa relación compleja.

La función del Estado

En el ámbito que estamos considerando, las políticas públicas activan proyectos orientados a proteger los derechos culturales y promover el desarrollo de la cultura según determinado papel que el Estado asigna a ésta en el conjunto social. Esas intervenciones públicas tienen un carácter formal y adjetivo: no producen contenidos, sino administran canales, circuitos, formas institucionales. No es competencia del Estado crear cultura (tarea ésta que se encuentra a cargo de los agentes de la sociedad civil), sino promover condiciones aptas para su creación. Por eso, las políticas culturales deben limitarse a garantizar la libertad expresiva y crítica, impulsar condiciones efectivas de participación, estimular la creación, proteger el patrimonio, fomentar el desarrollo del pensamiento, apoyar la institucionalización de lo cultural, etc.

Tanto el protagonismo que ha asumido la sociedad civil en la gestión cultural, como el empuje de frentes neoliberales que privilegian el papel regulador del mercado, tienden a desdibujar el papel del Estado en la aplicación de las políticas culturales. Desde esta situación, el carácter formal de estas políticas suele ser entendido como principio de neutralidad: el Estado-gendarme se limitaría a vigilar desde afuera el orden de la escena. En contra de esa posición se vuelve necesario reivindicar el sentido activo del poder público como gestor cultural. El papel adjetivo de las políticas (es decir, el hecho de que éstas no pueden intervenir sobre los contenidos sustantivos de la cultura) no significa que la acción estatal en materia de asuntos culturales deba reducirse a un puro arbitraje pasivo, al mero control del cumplimiento de las reglas de juego. Por el contrario, tales políticas deben asegurar las bases necesarias para un desarrollo cultural democrático y, consecuentemente, alentar modelos de organización participativa. Tienen como objetivo imaginar mecanismos para confrontar y articular las producciones culturales dispersas que genera la sociedad. Deben negociar internacionalmente condiciones favorables de intercambio e integración regional. Y deben ser capaces de corregir los desequilibrios que afecten la producción, la circulación y el aprovechamiento de los bienes culturales. En este sentido, y según será desarrollado luego, uno de los objetivos fundamentales de las políticas culturales es articular las gestiones del Estado con la creación artística e intelectual y los intereses del mercado.

La participación de las sociedades

El hecho, sostenido en el punto anterior, de que el Estado no crea cultura, sino que promueve la producida por las sociedades civiles implica la necesidad de la participación ciudadana en la producción, la circulación y el uso de bienes y servicios culturales. Pero, también, en lo relativo a la presencia en el diseño de las mismas políticas públicas y en las discusiones orientadas a concertar los criterios de integración en este ámbito.

Formaciones

Se plantea acá una cuestión difícil porque la participación ciudadana requiere, por una parte, niveles propios de gestión y exige, por otra, instancias públicas descentralizadas y canales de comunicación formal entre los sectores ciudadanos y el poder público. Este conflicto plantea uno de los desafíos más urgentes de la democratización cultural en los países del Cono Sur: la necesidad de afirmar mecanismos eficientes de organización y autogestión de los sectores culturales. Históricamente condicionados por las dictaduras recientes, muchos colectivos carecen, especialmente en ciertas regiones del MERCOSUR, de suficiente organización sectorial a través de la cual afirmar la participación, coordinar la representación y articular las expectativas de los diferentes agentes que los animan. Actúan, por lo tanto, de manera dispersa y fragmentada. Estas dificultades traban no sólo la capacidad interna de sectores crecidos en parte bajo el signo de la marginación y la censura, sino la posibilidad de significar globalmente, aunque desde diferentes ángulos, una sociedad civil entrecortada y dispersa, poco apta para cuajar en imaginarios que la expresen y contengan.

Por eso, a este nivel, las políticas culturales deben alentar la consolidación de formas propias de gestión y de representación. Pero también deben promover la creación de canales de diálogo y comunicación con la sociedad, circuitos interactivos entre los espacios públicos y los civiles, instancias de consenso y negociación, mecanismos de consulta y opinión (foros consultivos, Consejos Nacionales o Sectoriales de Cultura, etc.).

La diversidad

Uno de los presupuestos básicos de la democracia cultural es la asunción de la diversidad de sistemas de pensamiento y creación. Los países que integran el Cono Sur, en mayor o menor medida, son pluriculturales y multiétnicos y deben, por ello, establecer un sistema de garantías que protejan los derechos de la diferencia cultural. La multiplicidad de imágenes, ideas y prácticas debe ser apoyada no sólo en cuanto cifra de opciones culturales diferentes, sino en cuanto condición de la existencia de complejos patrimonios nutridos de muchas memorias y animados por sueños plurales.

Este apoyo requiere una crítica del divulgacionismo. Es decir, debe cuestionar un concepto de democratización de la cultura basado en la sola difusión de formas de la alta cultura o de la cultura de masas. Convertir la ciudadanía en público pasivo y mero receptor de imágenes promueve la exclusión de grandes sectores de una participación plena en la producción simbólica. Significa asignar autoritariamente a estos sectores el papel de consumidores silenciosos, espectadores eternos de una escena levantada y ocupada por otros.

Por lo tanto, los derechos culturales deben ser comprendidos no sólo como facultades del gran público de acceder a las imágenes e ideas producidas por las elites ilustradas o las industrias culturales: deben ser considerados, sobre todo, como posibilidades de los ciudadanos y ciudadanas de producir símbolos y pensamientos mediante los cuales puedan reconocerse y ampliar sus experiencias del mundo. En ese sentido, las políticas culturales deberán no tanto facilitar el consumo de bienes y servicios culturales por parte de las grandes mayorías como promover condiciones propicias para la producción y la distribución de esos bienes en términos equitativos. Más que difundir el consumo de los prototipos eruditos o los clisés masivos importa promover la expresión y el pensamiento de las propias sociedades. Las políticas culturales promoverán la democratización impulsando condiciones aptas para que esas sociedades tengan acceso a todos los momentos de los procesos culturales: tanto el consumo como la producción y la transmisión de sus bienes.

Mercados

El mercado del Sur

Desde su mismo nombre, el MERCOSUR anuncia la presencia ineludible del mercado en cualquier proyecto de integración regional. En cuanto instituido para crear una zona regional de libre comercio a ser convertida en mercado común, el Tratado de Asunción no estipuló ninguna cláusula referida a la actividad cultural. Posteriormente se incluyeron declaraciones formales que buscaron obviar ese pecado inicial, pero dentro del espíritu mercadológico que signa el acuerdo, lo cultural está básicamente entendido como principio de libre circulación de servicios y productos (culturales, se entiende) entre los países signatarios. Así, de entrada, no se manifestó ninguna intención de coordinar principios y estrategias de gestión cultural en el contexto del Tratado. Aunque el tema aparece insistentemente en diferentes debates, impulsado fundamentalmente por los propios analistas culturales, en quince años no logró colarse en las agendas oficiales.

Volvamos al nombre del MERCOSUR y agreguémosle el adjetivo "cultural" para situar la entrada de la cultura entre las notas que componen su concepto. El nuevo nombre incluye ahora los dos términos entre los que pendula el tratamiento de lo cultural: el referido a la creación simbólica y el concerniente al rendimiento económico que ella produce. Las tendencias económicas que dieron origen al MERCOSUR impulsan el momento del beneficio y privilegian, en consecuencia, el tráfico de mercancías y la promoción de los negocios transnacionales en detrimento del intercambio cultural. Resulta palmario que ese modelo de integración regional apoyado sólo en estos intereses no apostaría al desarrollo de la cultura sino al lucro de las megacorporaciones. Por eso resulta fundamental el papel de las políticas culturales, encargadas de equilibrar los términos del péndulo. O más bien, de asumir la indecidibilidad a que conduce esa oscilación. En este punto, aparece el tema de las industrias culturales.

La cuestión de las industrias culturales

Ya se sabe que las industrias culturales han adquirido un peso determinante en la reconfiguración dcl campo dc lo cultural durantc las últimas décadas. Resulta incontestable, en efecto, que las industrias de la comunicación y la información, el entretenimiento y el espectáculo adquirieron una incidencia contundente en la recomposición de la vida cotidiana, la educación, la transformación de los imaginarios y las representaciones sociales y, por ende, en la dinámica del espacio público (y la suerte de los procesos de democratización). También se vuelve evidente que los procesos de masificación de los públicos, así como los de homogeneización y cruce intercultural que promueve la industrialización de la cultura, pueden significar un acceso más amplio y equitativo a los bienes simbólicos universales y permitir apropiaciones activas de los públicos.

Ahora bien – y acá viene el problema– el cumplimiento de las posibilidades recién expuestas requiere condiciones históricas propicias: existencia de niveles básicos de simetría social e integración cultural, vigencia de formas elementales de institucionalidad democrática, mediación estatal y acción de políticas culturales capaces de promover producciones simbólicas propias y relaciones transnacionales equitativas, así como de regular el mercado y compaginar los intereses de éste con los de la sociedad civil.

La cuestión es que en el Cono Sur, marcado por un déficit fuerte en los ámbitos del Estado y la sociedad y un excedente abusivo en los del mercado, esas condiciones no se cumplen. Entonces, se corre el grave riesgo de que, enfrentada a una contraparte sociocultural extenuada y vulnerable, la expansión avasallante del nuevo complejo industrial cultural exacerbe las desigualdades, arrase con las diferencias y termine postergando las posibilidades de integración cultural y, por lo tanto, de movilidad y cohesión social. Y, entonces, cualquier política que busque facilitar el acceso democrático al nuevo mercado cultural y pretenda que ese movimiento se apoye en un capital simbólico propio, debe enfrentar grandes cuestiones que involucran dimensiones distintas: cómo fortalecer la producción significante propia de modo que sirva ella de base a industrias culturales endógenas y de contraparte de las transnacionales; cómo hacer de éstas canales de experiencias democratizadoras, cómo impulsar un consumo más participativo. Y, mirando más lejos, cómo promover integración social y convocar la presencia del Estado en lo cultural. Y más lejos aún, cómo erradicar la exclusión y la asimetría, vigorizar la esfera pública, reformar el Estado e impulsar modelos democráticos de gestión.

No se trata, por lo tanto, de descalificar el papel de los mercados transnacionales, como tampoco el de las iniciativas privadas (nacionales e internacionales), sino de asignar a unos y otras un puesto en una escena compleja que tiene muchos niveles. La sociedad necesita crear imágenes y construir discursos que no son rentables, que difícilmente pueden ser encarados en términos de rentabilidad y competencia. Ese plus de producción social no es absorbible por el mercado. De este modo, determinadas formas experimentales de la creación y apuestas críticas del pensamiento, así como ciertos discursos alternativos, investigaciones y debates difíciles, incómodas innovaciones y transgresiones bruscas – mecanismos que necesita la sociedad para autocuestionarse, desafiar sus límites y promover comprensiones más complejas de sí misma– no gozan de públicos masivos ni tienen posibilidades, por lo tanto, de constituirse en proyectos que generen rentabilidad.

Corresponde, por lo tanto, al poder público la tarea de regular la acción de los mercados transnacionales y establecer programas de apoyo a ciertos sectores vulnerables (teatro, música sinfónica, ballet, literatura y plástica experimental, teoría crítica, etc.) que, librados a los puros juegos del mercado sucumbirían por su posición menos favorecida en términos de productividad. En este sentido, la financiación de la actividad cultural no debe ser organizada únicamente desde mecanismos mercantiles, sino apoyada también en subsidios estatales e, incluso, en figuras híbridas, como el esponsoreo, el patrocinio y el mecenazgo empresarial. En el contexto del MERCOSUR, uno de los objetivos de las políticas culturales es, justamente, el de crear dispositivos capaces de articular y equilibrar los papeles del Estado y de los intereses privados en el quehacer simbólico de las sociedades. Un sistema de administración cultural basado sólo en decisiones estatales o puramente en iniciativas privadas sería tan nocivo para la democratización de la cultura como uno basado exclusivamente en las razones del mercado. Pero este equilibrio entre los agentes del proceso cultural está lejos de ser cumplido en el contexto del MERCOSUR, que no sólo carece de políticas culturales integradas, sino que se encuentra falto de decisión política y organización propia como para llevarlas a cabo.

A modo de conclusiones

La escena del MERCOSUR

Después de quince años de funcionamiento suyo, puede concluirse que el MERCOSUR no ha logrado impulsar un proceso de integración de la cultura capaz de coordinar a nivel regional los quehaceres referidos a este ámbito. Es más, desde hace unos años ha declinado el entusiasmo inicial con respecto a la propia suerte del Tratado en general. La depresión del MERCOSUR, basada en desequilibrios geopolíticos y asimetrías de mercado, revela la dificultad en llevar adelante el emprendimiento regional según los objetivos tras los cuales fuera creado en 1991. Es obvio que si los fines comerciales, que auspiciaran la creación del MERCOSUR, no parecen lo suficientemente bien encaminados, mucho menos los estarán los cometidos culturales, que resultan subordinados a aquéllos.

Ante esta situación suelen adoptarse posturas más o menos cuestionadoras o celebratorias que oscilan entre la estigmatización más radical y las posiciones demasiado crédulas. Pero el MERCOSUR es un hecho consumado; está allí y debe ser asumido, enfrentado críticamente: es un referente ineludible ante el cual habrá que diseñar nuevas posiciones, y su presencia implica, aunque no hubiere surgido para eso, la posibilidad de una escena nueva de encuentros y confrontaciones internacionales. Por eso, más allá de las expresiones meramente declamatorias, las cándidas ilusiones y las impugnaciones intransigentes, diferentes sectores de las sociedades civiles de los países signatarios vienen realizando, a distintos niveles y con resultados desiguales, tareas orientadas a la integración regional de la cultura.

De hecho, los más fecundos esfuerzos por dotar de un contenido cultural al MERCOSUR provienen de esas tareas. En efecto, desde casi enseguida después de firmado el Tratado de Asunción en marzo de 1991, instituciones no gubernamentales de diferentes características, así como artistas e intelectuales, comenzaron a organizar, usando el membrete del MERCOSUR, tareas puntuales de intercambio cultural: exposiciones de arte, festivales y encuentros, debates, seminarios y publicaciones. Aunque realizados al margen de un programa común que los vertebrara en objetivos coordinados, estos quehaceres dispersos fueron entretejiendo redes e instalando circuitos que ocupaban el espacio semivacío asignado a la cultura y lo llenaban de ecos y de espesores. Superpuestas aquellas retículas e interconectados estos circuitos, ambos generan entramados que podrían sostener el peso de los proyectos oficiales y de enlazarlos con las expectativas civiles.

Uno de los casos paradigmáticos es la Bienal del MERCOSUR, poderosa maquinaria movida puntualmente en Porto Alegre desde 1997. La bienal funciona a partir del esfuerzo cruzado de iniciativas sociales, empresariales y gestiones del gobierno central, el estadual y el municipal en torno a un enorme cometido proyectado regionalmente y abierto a toda Sudamérica; aunque invoca el nombre del MERCOSUR, en verdad no se encuentra organizada por esa entidad, sino por agentes públicos y privados exclusivamente brasileros (puesto que no existen políticas de apoyo a la circulación de bienes culturales, las obras que llegan a Porto Alegre deben cumplir con todos los complicados trámites aduaneros).

Este caso ilustra bien la mejor posibilidad que hasta ahora ofrece el MERCOSUR a la cultura: la de servir de ámbito posible de acciones movidas por los estados nacionales, las sociedades, los individuos o el comercio. El Mercosur como tal continúa siendo una mera entelequia a nivel de funcionamiento efectivo: ha resultado incapaz de organizar instancias transnacionales de gestión de manera seria y competente. Extraviado en programas eventuales y esparcidos, sin persistencia y sin vocación de continuidad, no ha logrado cumplir su primera función, que es la de proponer un modelo de cultura concertado y, desde el mismo, esbozar políticas culturales integradas, legislaciones compaginadas, macroproyectos a largo plazo.

Pero las tareas iniciadas por diversos actores culturales en pos de los objetivos de integración declarados por el MERCOSUR, podrían exigir la vigencia de una escena abierta a confrontaciones y debates que trasciendan el mero juego de los grandes intereses políticos configurados en registro de mercado.

Un recuento breve de cuestiones pendientes

A modo de ejemplo de lo sostenido a lo largo de su desarrollo, este artículo termina con una lista –necesariamente incompleta– de cuestiones irresueltas a nivel de integración cultural. Según la misma, las tareas pendientes en este ámbito serían[8]:

1. Coordinar la elaboración de políticas culturales conjuntas a nivel regional. Intercambiar criterios e informaciones, tanto acerca de los diseños de tales políticas a nivel nacional y municipal, como de los proyectos concretos de los diversos países a ser desarrollados durante los próximos años.
2. Compatibilizar las normas jurídicas que rigen el intercambio cultural: sistemas de excenciones tributarias, protección del patrimonio cultural, leyes de incentivo de actividades culturales, derechos de autor, etc.

[8] Este listado revisa y actualiza algunos puntos de la ponencia "Cultura y MERCOSUR: un listado incompleto de tareas" presentada por el autor de este artículo en el Encuentro Propuestas culturales para el Mercosur, Memorial de América Latina, São Paulo, junio de 1994. El hecho de que los puntos de esta lista mantengan vigencia luego de quince años resulta de por sí revelador de que aquel proyecto ha avanzado muy poco.

3. Implementar mecanismos participativos de los propios sectores culturales que trabajan en los países signatarios. Este punto incluye el establecimiento de conductos orgánicos mediante los cuales recibir la opinión de los productores de cultura y tramitar consultas relativas a asuntos de su competencia.

4. Establecer instancias regulares para la programación de convenios que permitan intervenciones estatales, municipales y privadas. Crear al respecto comisiones permanentes de expertos encargados de fijar objetivos y metas concretas y evaluar su cumplimiento.

5. Conectar la promoción cultural con diversos proyectos de desarrollo regional que incluyan la problemática urbana, social, laboral y ambiental.

6. Promover un efectivo intercambio de bienes y servicios culturales a través del establecimiento de un régimen fiscal único y la eliminación de las restricciones aduaneras.

7. Impulsar políticas coordinadas de apoyo a las particularidades culturales de los grandes sectores y las minorías populares e indígenas.

8. Fomentar la enseñanza generalizada del español y el portugués en los programas educativos de los países signatarios.

9. Realizar estudios e investigaciones compartidas sobre temas culturales comunes.

10. Otorgar facilidades a los productores y operadores culturales de los países signatarios, tales como la concesión de beneficios legales referentes al trabajo, el intercambio de becas y pasantías, la creación de bolsas de trabajo, el establecimiento de un impuesto a la renta unificado que evite la doble tributación, la creación de un Fondo MERCOSUR de apoyo a las artes y a la investigación.

11. Instituir sistemas de intercambio y de elaboración conjunta de información (tales como redes informatizadas entre bibliotecas, bancos de datos), sistemas de canjes de publicaciones, levantamiento conjunto de registros e inventarios patrimoniales, directorio regional de entidades culturales, sistemas de divulgación cruzada de producciones culturales, fondo editorial común, etc.

12. Coordinar la implementación de los sistemas educativos: intercambio de estudiantes y profesores, adecuaciones curriculares, validación de títulos académicos, planificación articulada de la enseñanza, etc.

13. Intercambiar sistemas de capacitación, asistencia, actualización y desarrollo técnico y científico a través de programas que impulsen la confrontación de experiencias, el envío cruzado de especialistas y la transferencia de tecnología.

Al recordar lo que falta ser cumplido, esta lista tiene un cierto sentido recriminatorio; pero, también, tiene una intención constructiva: la de aportar al esfuerzo de quienes, desde diferentes lugares, reflexionan y discuten tras la obstinada expectativa de un efectivo proyecto de integración cultural en la región.

***Ticio Escobar**, Director del Museo de Arte Indígena del Museo del Barro, Paraguay.*

A Agenda Futura do MERCOSUL: Síntese dos Trabalhos

Rubens A. Barbosa

A Agenda Futura do MERCOSUL: Síntese dos Trabalhos

A agenda futura do MERCOSUL: síntese dos trabalhos.

O último painel do Seminário sobre o MERCOSUL procurou fazer uma síntese baseada no que foi discutido pelos moderadores, expositores e debatedores nos 9 painéis, e busca apresentar em grandes linhas as perspectivas para o MERCOSUL, inclusive com algumas sugestões para o futuro do processo de integração sub-regional.

O trabalho por mim apresentado divide-se em duas partes. Na primeira, procurei resumir os principais aspectos do excelente material exposto pelos palestrantes, reproduzidos nos capítulos anteriores deste livro. Na segunda, centrada mais no futuro do processo de integração, são de minha responsabilidade as opiniões, percepções e comentários sobre o cenário internacional em que os países membros e o MERCOSUL navegarão nos próximos 15 anos, as perspectivas do MERCOSUL e as condições necessárias para resgatar o subgrupo regional.

Para facilitar o resumo do exame e da avaliação dos últimos 15 anos do MERCOSUL, parece útil agrupar os diferentes aspectos enfocados durante o seminário em três áreas.

- MERCOSUL institucional, político e jurídico.
- MERCOSUL não comercial (C&T, educação, cultura, meio ambiente, direitos humanos, direitos sociais e trabalhistas).
- MERCOSUL econômico, financeiro e comercial.

No tocante as perspectivas serão apresentadas as diferentes visões dos participantes em relação ao futuro do MERCOSUL: otimista e mercocética.

Na conclusão dessa síntese dos trabalhos será feita referência às propostas para uma discussão objetiva sobre o Tratado de Assunção.

MERCOSUL institucional, político e jurídico.

MERCOSUL institucional

Os principais aspectos ressaltados nos debates foram:

- o déficit institucional do MERCOSUL, isto é, a ausência de órgãos autônomos com capacidade decisória e de um sistema de decisão baseado no consenso dos Estados Pares, e o pouco recurso à arbitragem *ad hoc* para a solução de controvérsias.

- a estrutura institucional do MERCOSUL: o artigo 18 do Protocolo de Ouro Preto (1994) estabeleceu os atuais contornos jurídico-institucionais do Bloco, que têm sido alvos de críticas como um dos principais obstáculos para o aprofundamento do MERCOSUL.

- a derrogação de disposições do Tratado de Assunção (como o prazo para a formação do mercado comum, por exemplo) pelo Protocolo de Ouro Preto abriu as portas para outras derrogações, como o regime para o açúcar, para o setor automotriz e, mais recentemente, o mecanismo de ajuste competitivo com a Argentina.

- nenhum ou quase nenhum avanço na direção da União Aduaneira depois de Ouro Preto no tocante à coordenação macroeconômica, ao regime aduaneiro comum, a defesa da concorrência, subsídios ao comércio e ao incentivo a investimentos.

- a natureza gradual do processo de integração que na realidade avança por meio de uma construção evolutiva

- a revisão da estrutura institucional do MERCOSUL está prevista no artigo 47 do Protocolo de Ouro Preto, podendo para este fim ser convocada Conferência Diplomática entre os quatro países membros.

- a avaliação do MERCOSUL por parte dos países membros foi prevista em diversas decisões do conselho do Mercado Comum, o órgão máximo do subgrupo regional: a Decisão CMC 9/95, a proposta de uma agenda para o relançamento do MERCOSUL (2000) e, mais recentemente, a Decisão 21/05CMC, criando um grupo *ad hoc* de alto nível para discutir uma proposta integral de reforma institucional para o MERCOSUL, avaliar a estrutura institucional atual, identificar as principais carências, promover as mudanças necessárias, sem excluir o próprio Protocolo de Ouro Preto. Entre outros, poderiam ser examinados:

- temas de natureza operacional
- métodos de trabalho GMC – Grupo Mercado Comum
- funcionamento da área técnica da Secretaria do MERCOSUL
- sistema decisório (voto ponderado)
- incorporação das normas comuns
- mecanismo de solução de controvérsia
- instituições de caráter supranacionais (supranacionalidade x intergovernamental)

- as Instituições deveriam ser examinadas do ângulo de sua eficiência e desempenho: Conselho de Ministros do MERCOSUL, o Grupo Mercado Comum, as reuniões de Ministros, Subgrupos de Trabalho, Reuniões Técnicas especializadas e os foros políticos e sociais. O Protocolo de Olivos que regulamenta o mecanismo de solução de controvérsias (2002) pela sua inoperância também deveria ser revisitado

- O funcionamento da Secretaria Administrativa como Secretaria Técnica e a criação de um setor de Assessoria Técnica (2002) e a Decisão 11/03 que criou a Comissão de Representantes Permanentes do Mercosul

- não houve consenso entre os Estados Partes sobre a conveniência de promover modificações profundas no arcabouço jurídico institucional estabelecido em 1994

- foi ressaltada a dificuldade dos governos dos países membros em enfrentar os desafios do aprofundamento do processo de integração como a questão da internalização das normas

MERCOSUL jurídico

- No tocante aos aspectos jurídicos do MERCOSUL, foram abordados temas relacionados com a cooperação jurídica, na área penal, medidas cautelares, e contratos.

- o processo decisório: a regra do consenso para a tomada de decisões foi apoiada com o argumento de que o sistema se revelou importante para a consolidação e a evolução do processo de integração

- houve algum avanço nas discussões, mas foi registrada a dificuldade de os países membros enfrentarem os desafios que surgem para fazer avançar o processo de integração.

MERCOSUL político

- Foram mencionados como elementos importantes para o desenvolvimento das atividades de coordenação e integração política
  - a criação do Foro de Consulta e Concertação Política, em 1998
  - a decisão de aprovar uma carta democrática, cujos princípios devem ser seguidos pelos países membros
  - a participação patronal e a sindical nos trabalhos do MERCOSUL e
  - a criação em 2005 do Parlamento do MERCOSUL.
- Foi igualmente ressaltado o fato de o Tratado de Assunção não prever a existência de Estados Associados e observadores ao Bloco, nem a categoria de membro pleno em acréscimo aos quatro países fundadores. Essa situação foi contornada com a decisão dos presidentes de regulamentar a adesão de novos membros, criando-se uma nova categoria de membros plenos em processo de integração, com voz, mas sem direito a voto.
- as questões de segurança e defesa foram mencionadas como componentes do MERCOSUL político, insuficientemente tratados até aqui.
- o MERCOSUL político registrou avanços formais, porém continua um foro sem força para coordenar ações de política externa, como ficou evidenciado nas discussões sobre a ampliação do Conselho de Segurança das Nações Unidas e em votações sobre candidaturas para a OMC e para o BID.

MERCOSUL não comercial

- Foram ressaltadas algumas iniciativas sub-regionais para aproveitar o potencial dos países membros inclusive no contexto mais amplo da América do Sul
- a iniciativa para criar melhores condições de comunicação entre os países da região, por meio do desenvolvimento de projetos de infra-estrutura física, estradas, corredores de exportação, hidrovias com o apoio do BID através do IIRSA.
  - Energia – petróleo – gás - eletricidade
  - Telecomunicações – TV digital
  - Meio ambiente
  - Medidas sanitárias e de saúde
  - cultura
  - ciência e tecnologia

- Registrou-se a criação do fundo de convergência estrutural do MERCOSUL, com recursos para facilitar o desenvolvimento de projetos de infra-estrutura, mas por outro lado reconheceu-se que os avanços até aqui foram pouco significativos e lentos (infra-estrutura, hidrovia, TV digital).

MERCOSUL econômico, financeiro e comercial.

- objetivo central do processo de integração como refletido no Tratado de Assunção é o de estabelecer um mercado comum entre os países membros por meio do desenvolvimento de uma união aduaneira.

  No processo de criação do mercado comum busca-se avançar em quatro frentes durante o período de transição:

  - livre comércio irrestrito
  - tarifa externa comum
  - coordenação macroeconômica
  - acordos setoriais

Das quatro áreas definidas pelos países membros, apenas a Tarifa Externa Comum (TEC) foi efetivada pelo Protocolo de Ouro Preto e ainda assim de forma imperfeita

O livre comércio acordado em 1991 pelo Tratado de Assunção previa o desenvolvimento das três dimensões (TEC, coordenação macroeconômica e acordos setoriais). Até aqui, apenas uma pôde ser cumprida. Em conseqüência desse fato, mencionou-se um possível alcance legal: ações futuras dos países membros em relação à validade dos compromissos originalmente assumidos.

Quais os avanços alcançados nas diversas dimensões que caracterizam um mercado comum, a começar pela união aduaneira? Esta é a questão fundamental a ser respondida quando refletimos sobre os resultados obtidos desde a assinatura do Tratado de Assunção em 1991.

Antes de tudo, deve-se ter presente que a constituição do MERCOSUL se fez sobre um considerável acervo de experiências, compromissos jurídicos e de preferências comerciais, que remontam a um período anterior, inclusive, ao da criação da Associação Latino-Americana de Livre Comércio. É na ALALC que aparece na região, pela primeira vez, a figura da “zona de livre comércio”.

Um fato a ser notado é que já na ALALC observa-se a presença de um traço que marcou por muito tempo - quem sabe até hoje? - o processo de integração regional: o distanciamento existente entre os objetivos enunciados, normalmente de longo prazo, e os objetivos reais e imediatos dos países que assumem esses respectivos compromissos.

Este é um traço que torna difícil o exercício de apreciação de quais são verdadeiramente os objetivos perseguidos, especialmente quando os países da região, ao negociar acordos de integração ou comerciais, utilizam conceitos tais como, espaço econômico comum, mercado comum, união aduaneira ou zona de livre comércio.

Como era de se esperar, o objetivo formal da ALALC não pôde ser cumprido. Primeiro, adiou-se seu prazo. Posteriormente, mudou-se o marco formal e institucional, por meio da criação da Associação Latino-Americana de Integração (ALADI), em 1980, pelo Tratado de Montevidéu. O objetivo formal e de longo prazo da ALADI era o da constituição de um mercado comum latino-americano. No entanto, o objetivo real, imediato, era o de flexibilizar o processo de abertura comercial preferencial entre os países membros.

Para este efeito, criou-se um marco de habilitação de acordos de alcance parcial, dos quais nem todos os países fariam parte, compatível com a vigência da cláusula da nação mais favorecida. Este marco de habilitação permanece, ainda hoje, como um elemento central para a legitimação de acordos preferenciais latino-americanos junto ao GATT-1994, inclusive o MERCOSUL, que se insere na ALADI através do ACE-18.

Na transformação da ALALC em ALADI manifestam-se outros dois traços que caracterizaram a integração regional por muito tempo e que ainda se mostram presentes: a fixação de metas formais ambiciosas e mal definidas e a tendência à prorrogação dos prazos estipulados nos compromissos assumidos.

Estes traços estão na gênese de um problema ainda não resolvido na integração regional, notoriamente no MERCOSUL. Trata-se do vácuo de credibilidade gerado entre aqueles que têm de adotar decisões de inversão produtiva, com relação aos compromissos de ampliação dos mercados nacionais, assumidos pelos respectivos governos. Uma das conseqüências desse fato é a perda de eficácia de muitos dos acordos que se concluem – especialmente na geração de inversões produtivas – bem como a erosão de sua legitimidade social e de sua credibilidade externa.

Em grande medida, como reação a esse quadro de inoperância dos enfoques mais amplos de integração, os governos do Brasil e da Argentina, aproveitando o marco institucional da ALADI, deram início, nos primeiros anos da década de 80, a um processo de integração bilateral, que está na origem do atual MERCOSUL.

Um elemento inovador no acordo entre o Brasil e a Argentina foi a introdução do conceito de que o "equilíbrio dinâmico do intercâmbio bilateral se define pela manutenção dos níveis do saldo da balança comercial dentro do limite máximo de 8% do valor total do intercâmbio". Ademais, foram estabelecidos mecanismos corretivos no caso de superação deste limite.

O irrealismo da meta de quatro anos para construção do mercado comum, posteriormente anunciado, deu origem a uma série de negociações para assegurar seu cumprimento. Numa dessas iniciativas, em 1992, o chamado Cronograma de

Las Leñas procurou estabelecer uma mecânica de tarefas a realizar-se durante o período de transição.

Com o Protocolo de Ouro Preto, em dezembro de 1994, abre-se uma nova etapa do MERCOSUL. Por um lado se avança na construção de um mercado comum, por outro se diluem alguns compromissos iniciais, particularmente no plano do livre comércio, significando o reconhecimento do que era factível.

Ao ser aprovado pelos Poderes Legislativos, o Protocolo de Ouro Preto deu solução aos problemas decorrentes das modificações do Tratado original pelos poderes executivos, no âmbito do Conselho do MERCOSUL. Não obstante, permanece aberta a debates a questão da legalidade de modificações introduzidas posteriormente, em especial nos regimes dos setores açucareiro e automotriz.

Após Ouro Preto, alguns progressos sem maior expressão foram alcançados no desenvolvimento da união aduaneira, da coordenação macroeconômica, de um regime aduaneiro comum, assim como das disciplinas em matéria de subsídios ao comércio e incentivos ao investimento.

Quinze anos depois de sua criação o MERCOSUL econômico-comercial oferece um balanço de:

- **resultados positivos:** criação de um ambiente apropriado para uma visão estratégica comum, afirmação de valores funcionais à democracia, desenvolvimento econômico e coesão social na região, um valioso instrumento de inserção internacional.
- **fracassos relevantes:** ausência de metodologia eficaz para o concerto de interesses nacionais entre nações de dimensão e de grau de desenvolvimento desiguais, deficiência dos objetivos de coordenação macroeconômica e transformação produtiva conjunta, elaboração de enfoques e estratégias conjuntas nas negociações comerciais externas, participação e transparência nos processos de criação normativa.
- **incertezas futuras:** liderança no processo, diagnósticos compartilhados, precariedade institucional, estratégias nacionais de inserção múltipla no plano global, ampliação dos membros plenos.

MERCOSUL financeiro

Foram ressaltados os seguintes aspectos:

- coordenação macroeconômica nos campos monetário, fiscal e cambial, prevista no Tratado, objetivaria atenuar o impacto das flutuações da atividade econômica em cada um dos países membros, sobre o comércio intra-regional.

- distintos regimes cambiais, de taxas fixas ou de taxas flutuantes, poderiam, em tese, conviver entre os estados membros, sendo compatíveis com a idéia de coordenação macroeconômica, desde que houvesse coerência de comportamento por parte de cada Governo com o seu respectivo regime cambial. Ou seja, desde que o país com um regime de câmbio fixo, por exemplo, não o transformasse num sistema de tabelamento de taxa de câmbio, patrocinado por fluxos transitórios de capitais, e, além disso, assegurasse a requerida flexibilidade de preços e salários.
- a coordenação macroeconômica serviria como instrumento de fixação nominal das taxas de câmbio intra-regionais, pavimentando o caminho para a instituição de uma moeda única. Neste cenário, os regimes cambiais deveriam, obviamente, e ser uniformes. Desaparecendo o risco cambial, o comércio ficaria mais simples e mais barato, favorecendo o seu desenvolvimento.
- os avanços na área de coordenação macroeconômica praticamente não foram além de procedimentos burocráticos de harmonização de estatísticas, dos encontros bianuais do Conselho do Mercado Comum e da Reunião de Ministros de Economia e de Presidentes de Bancos Centrais, que ocorre também duas vezes por ano e que tem a si vinculado o Grupo de Monitoramento Macroeconômico, encarregado dos estudos e propostas relativas à coordenação macroeconômica do Mercosul.

A integração dos mercados financeiros também não prosperou – não se conseguiu estabelecer regras comuns – e mesmo que se lograsse uma regulamentação única, restaria o problema da supervisão e da fiscalização do cumprimento das normas.

No âmbito do *clearing* regional – o Convênio de Créditos Recíprocos (CCR) – observou-se retrocesso, parte em decorrência da evolução das práticas de mercado e da abundância de liquidez internacional, e parte devido a decisões de Bancos Centrais dos países da região, como o do Brasil e o da Argentina.

No que se refere aos fundos financeiros de desenvolvimento – a idéia do Banco de Desenvolvimento do MERCOSUL que esteve na agenda do MERCOSUL em meados da década de 1990 – perdeu-se o *momentum*. Recentemente, em janeiro deste ano, a idéia voltou a ser debatida, sem desdobramentos concretos, durante encontro dos presidentes do Brasil, da Argentina e da Venezuela. Seria o Banco do Sul uma instituição totalmente nova ou o resultado de uma fusão da Corporação Andina de Fomento (CAF) com o Fundo Financeiro para o Desenvolvimento da Bacia da Prata (FONPLATA).

Seria a moeda única o objetivo dos Estados Partes no MERCOSUL? Não parece provável. Isto requereria, em primeiro lugar, forte disciplina fiscal conjunta, além da submissão a uma autoridade monetária supranacional que decidiria sobre taxas de juros, reservas bancárias e eventuais intervenções no mercado de câmbio, supondo-se que o regime cambial da moeda única fosse de câmbio flutuante.

Contudo, é fora de dúvida que nunca se ofereceu antes, desde que iniciada a aproximação entre Brasil e Argentina em 1985, momento mais propício para iniciar-se uma coordenação macroeconômica efetiva. Depois das crises, as economias vão voltando paulatinamente à normalidade, sob regimes de câmbio flutuante. Não temos hiperinflação nem tabelamento de câmbio.

A forma mais óbvia de cooperação financeira para o MERCOSUL seria a constituição de uma agência de fomento, tipo CAF (Corporação Andina de Fomento). Mais do que um "banco de desenvolvimento", uma agência desse tipo preservaria a sua natureza de entidade com vocação para o financiamento do desenvolvimento econômico regional. Seu foco seria o financiamento de projetos privados com forte conteúdo de externalidades positivas. A Agência não estaria interessada em maximizar lucros financeiros, o que não faria sentido. Seu objetivo seria maximizar retornos totais, sociais e privados, privilegiando os benefícios sociais, dentro dos limites da geração de retornos privados suficientes para manter a lucratividade e a higidez da instituição. Agência de fomento tem que gerar lucros para crescer e se expandir.

No que tange à integração dos mercados financeiros, o objetivo seria oferecer às empresas que operam no espaço comum, um escopo mais amplo para a captação de recursos. Essa integração pode comportar o acesso a bolsas de valores para colocação de ações, emissões de bônus ou debêntures, além de facilidades para instalação de bancos e companhias de seguro e de capitalização. Em resumo, maior abertura para serviços financeiros. Prevalecem ainda em cada país, o Brasil em particular, preocupações quanto ao cumprimento de suas próprias legislações. No caso brasileiro, a Constituição determina que a abertura de bancos estrangeiros seja autorizada caso a caso pelo Presidente da República.

Há espaço para estabelecer-se um diálogo permanente entre as autoridades responsáveis pelas políticas macroeconômicas, particularmente na Argentina e no Brasil. Se essa janela de oportunidade vai ser aproveitada é uma questão em aberto.

A análise do MERCOSUL financeiro mostra o pouco ou nenhum avanço nos 15 anos. Todas as áreas mencionadas ou não saíram do papel ou retrocederam

MERCOSUL e suas relações externas

No início da década de noventa ressurge o regionalismo como alternativa ao ceticismo frente à estratégia multilateral.

Observa-se o chamado efeito dominó da integração econômica. O fato de um grupo de países estabelecerem um acordo discriminatório, incentiva os demais a formar outro acordo para estar incluído. A principal referência continua sendo o processo de integração europeu.

A prática do bilateralismo com países industrializados e com regiões mais dinâmicas da economia internacional, apresenta-se para o MERCOSUL como uma estratégia inevitável, no sentido de melhorar suas condições de acesso a mercados.

Nos últimos dez anos a negociação com terceiros estados se intensificou significativamente. Os resultados obtidos até agora, contudo, foram inferiores às expectativas.

- Dos vinte acordos celebrados, apenas dois, Chile e Bolívia, podem ser caracterizados como acordos de preferências comerciais "comuns".
- Existem outros sete acordos marcos comuns, mas que não implicam em compromissos comerciais específicos.
- No ano de 2004, deu-se novo impulso às negociações com terceiros estados, devendo-se mencionar os acordos com a SACU (*South África Customs Union*) e a Índia, de razoável alcance político, mas de baixa significação, em termos do conteúdo negociado.
- No ano de 2005, foi subscrito um novo acordo marco global com Israel.
- Os demais nove acordos celebrados apresentam características marcadamente bilaterais e nesse sentido não seriam acordos comuns característicos de uma união aduaneira.
- Acordo UE – MERCOSUL:

  Trata-se de uma ampla negociação que já perdura dez anos sem nenhum resultado até o presente. A visão do MERCOSUL é monotemática, centrada na melhoria de acesso para um conjunto de setores com fortes vantagens comparativas e que coincide com o cerne protecionista da política comercial européia. A visão da UE é mais ampla e abrange interesses que vão além da questão tarifária, como serviços, investimentos, compras governamentais e propriedade intelectual.

- ALCA e possível bilateralismo com os EUA:

  A ALCA é a agenda de negociação mais diversificada e complexa do MERCOSUL. Seu fracasso, afora questões políticas, deve-se às marcadas diferenças de foco de interesse. A demanda dos EUA é por maior acesso em certos setores agrícolas e de manufaturas (químicos, eletrônico, de alta tecnologia, de bens de capital) e liberalização em serviços e compras governamentais. Busca ainda limitar a profundidade da negociação em temas de bens sensíveis e protegidos (aço, papel, têxtil, açúcar, tabaco, suco de laranja concentrado) e negociar regras relacionadas a comércio que vão mais além daquelas aprovadas e em vigência no âmbito da OMC. Por outro lado, a posição do MERCOSUL, que reflete claramente a do Brasil, é exatamente inversa.

- O balanço global dos resultados das negociações externas do MERCOSUL permite extrair as seguintes conclusões:

  - Há uma marcada tendência para negociação com países do Sul.

  - Não se registra nenhuma negociação concluída com países de nível de desenvolvimento superior ao da região.

  - A capacidade negociadora do MERCOSUL não se fortaleceu, seja pela não formação de uma equipe de negociação "comum", seja pela dificuldade de articulação de posições ofensivas e defensivas entre os países membros.

  - Uma década de negociação conjunta comum teve um impacto muito reduzido na melhoria da inserção internacional da região e das condições de acesso ao mercado mundial.

  - nota-se uma crescente politização das negociações comerciais

  - adotou-se uma estratégia equivocada: foram colocadas todas as expectativas nos resultados positivos da Rodada de Doha e com as dificuldades para a conclusão das negociações multilaterais não há alternativa à vista.

Percepções sobre o MERCOSUL

O MERCOSUL, no início de 2006, é visto com perspectivas muito diferentes segundo as percepções de cada um dos parceiros do processo de integração.

Há entre os quatro países, aqueles que se mostram otimistas com as perspectivas do MERCOSUL e outros que se consideram céticos quanto ao futuro do grupo sub-regional.

A visão otimista e a visão mercocética

Visão otimista

- três pilares sustentam hoje o MERCOSUL:

- A vontade política de continuar trabalhando de forma sistemática e permanente
- A preferência econômica hoje existente entre os sócios, instrumentada pela diferença entre a tarifa externa comum e a não aplicação de tarifas e outras restrições ao comércio recíproco.
- O razoável equilíbrio da integração produtiva
- Estratégia comum de negociação comercial externa

Preservada a solidez desses pilares, o pacto associativo pode manter-se. A debilitação de um deles, contudo, poderia levar ao colapso do pacto.

Os resultados da recente Conferência de Montevidéu, em dezembro de 2005, permitem uma dupla leitura. Na visão otimista, três razões sustentam a idéia de que o MERCOSUL teria entrado numa nova etapa.

- A primeira é que se deram passos significativos para consolidar a união aduaneira (eliminação de dupla cobrança da TEC – tarifa zero; regimes especiais de importação, bens de informática e telecomunicações, e bens de capital).
- A segunda é que se iniciou um caminho de aperfeiçoamento institucional (criação do Parlamento do MERCOSUL, aprovação de regras de procedimento do Tribunal Permanente de Revisão (Protocolo de Olivos) e criação do Grupo de Alto Nível para formular proposta de reforma institucional do MERCOSUL).
- A terceira é que se aprofundaram as tratativas em torno da complexa tarefa de incorporação de novos países membros (aprovação de regulamento do artigo 20 do Tratado – Decisão 28/05).

Na visão pessimista, essas decisões são retóricas e os verdadeiros desafios continuam a ser evitados.

Algumas opiniões foram expressas no sentido de que o acervo de decisões existente permite delinear uma rota para um MERCOSUL possível, imaginando uma arquitetura flexível, que leve em conta três realidades:

- a do núcleo duro original, isto é, Brasil e Argentina,
- a dos sócios de menor dimensão econômica e
- a dos países associados.

A idéia central é que na medida em que o núcleo duro possa aprofundar sua integração como mercado comum, será fácil alcançar metas mais ambiciosas nos outros espaços de integração, avançando no plano do livre comércio e em outras questões de interesse comum. Não seria necessário modificar o Tratado para avançar nessa concepção.

Haveria necessidade apenas de atualizar estratégias e metodologias

- a questão principal é como projetar para o futuro um MERCOSUL funcional ao desenvolvimento econômico e à inserção internacional dos sócios, contemplando as assimetrias existentes entre eles (percepção Argentina).
- É importante o reconhecimento de certos fatos pelos membros do MERCOSUL:

  a) resultados foram tangíveis e seria difícil imaginar um retrocesso ao ponto de partida sem altos custos

  b) não se observam alternativas razoáveis a este projeto estratégico

  c) o novo mapa de competição econômica global abriu um horizonte de oportunidades para os países do bloco que não seria inteligente não aproveitar

Visão mercocética

O MERCOSUL passa, nos dias que correm, por um período de grandes turbulências e dificuldades. Está em um verdadeiro plano inclinado.

Na análise da evolução do MERCOSUL nos últimos 15 anos, fica evidente a falta de realismo nas propostas e a falta de disposição dos países membros para enfrentar os desafios e superar as dificuldades.

Embora abalado e sem perspectiva, a vontade política que impulsionou a criação do MERCOSUL em 1991 ainda está viva. O MERCOSUL, assim, não vai desaparecer, pois nenhum país membro assumirá o ônus político de pedir sua dissolução.

A questão é saber como o MERCOSUL poderá, nos próximos anos, servir aos interesses de cada um de seus membros: permanecerá irrelevante ou se transformará em uma alavanca para o progresso da região.

Quando se analisa a crise e o desgaste por que passa hoje o processo de integração no Cone Sul, é conveniente distinguir o MERCOSUL institucional do MERCOSUL comercial.

MERCOSUL institucional

As dificuldades para a afirmação do MERCOSUL, como um grupo regional com credibilidade e com um conjunto de regras estáveis que possa ser um instrumento útil para empresas nacionais e estrangeiras, derivam de aspectos institucionais decorrentes da aplicação (ou da deficiente aplicação) do Tratado de Assunção, que criou o MERCOSUL.

O seguido descumprimento do Tratado pelos países membros e a gradual ampliação do comércio administrado com acordos de restrição voluntária, negociados por diversos setores empresariais, vão criando mais e maiores obstáculos para a ampliação do livre comércio. Essa situação tenderá a agravar-se com o acordo Brasil-Argentina, criando o Mecanismo de Adaptação Competitiva e institucionalizando novas medidas restritivas, como salvaguardas, ao arrepio da letra e do espírito do Tratado.

A agenda negociadora interna está paralisada.

A percepção de que o MERCOSUL está patinando e deixando de ser atraente para os países membros deriva, no fundo, da falta de disposição das partes para definir prioridades, visando corrigir desvios institucionais e aprofundar a integração. Falta uma diretriz comum, como aquela proposta pelo Brasil em dezembro de 2003, para buscar a efetiva implementação da União Aduaneira, com o fim das perfurações e a dupla cobrança da TEC, dos Regimes Especiais de Importação e a internalização das regras aprovadas pelos quatro países membros.

MERCOSUL comercial

O MERCOSUL comercial, por outro lado, continua a se expandir. As trocas comerciais entre os quatro países membros se ampliaram significativamente nos últimos dois anos e alcançaram em 2005 níveis equivalentes ao recorde histórico registrado em 1998, antes das crises no Brasil e na Argentina.

Com o crescimento do comércio, os contenciosos comerciais se avolumam, em conseqüência mais da baixa competitividade dos produtos argentinos, do que da agressividade das empresas exportadoras brasileiras, às voltas com o câmbio apreciado e com altíssimas taxas de juro. Essas questões estão sendo resolvidas de comum acordo e, apesar de desvio de comércio em alguns produtos, em favor do Chile e da China, não são fatores impeditivos para o incremento global das exportações brasileiras, até porque não representam mais de 5% do intercâmbio bilateral com a Argentina.

Apesar da expansão das exportações e importações, uma das razões do enfraquecimento do MERCOSUL é o fato de que o subgrupo regional perdeu importância relativa no contexto do comércio exterior brasileiro e dos demais países. Hoje o MERCOSUL representa menos de 9,9% de nossas exportações, em comparação com os 17,4% em 1998. Para o Paraguai e o Uruguai, em 2005, o Brasil deixou de ser o parceiro mais importante, ultrapassado pelos EUA.

Por isso, o MERCOSUL tem um limitado impacto na estrutura produtiva brasileira, é relativamente pouco importante do ponto de vista tecnológico e quase marginal para as necessidades de modernização produtiva e de inserção nas correntes mais dinâmicas do intercâmbio internacional de bens e serviços.

Sendo um projeto político, o MERCOSUL veio para ficar. Assim, dado o interesse dos quatro países membros, repetem-se, de forma quase retórica, a continuada vontade de manutenção do processo de integração e a decisão de aprofundar a integração política e em setores específicos.

- Nos últimos meses, algumas decisões tomadas pelos países membros deverão ter impacto sobre a evolução futura do MERCOSUL.
- O ingresso da Venezuela como membro pleno poderá modificar a lógica do processo de integração, assim como enfraquecer o eixo Brasil-Argentina. A decisão, tomada mais por considerações políticas do que econômica e comercial, se levada a cabo da forma como prescreve o Tratado de Assunção, ampliará o mercado regional, reforçará a posição dos países membros no campo energético e poderá abrir acesso a produtos industrializados brasileiros, mas obrigará a Venezuela a incorporar a Tarifa Externa Comum do MERCOSUL e, via de conseqüência, sair da Comunidade Andina de Nações. Não se pode desprezar o risco de o MERCOSUL transformar-se em uma plataforma política para Hugo Chávez e cenário para propostas alternativas à integração hemisférica. A eventual incorporação da Bolívia como membro pleno, também por razões políticas introduzirá se efetivado, novas complexidades. A medida mais polêmica foi a criação, de forma bilateral, entre o Brasil e a Argentina, do mecanismo de adaptação competitiva, introduzindo mais um elemento de incerteza para os empresários do MERCOSUL e para potenciais investidores.
- A medida determinando o fim da dupla cobrança da TEC (condição colocada pela União Européia nas negociações de um acordo comercial com o MERCOSUL) limita-se aos produtos que entram no território do MERCOSUL com tarifa zero.
- No tocante às negociações comerciais, observa-se uma crescente politização na escolha dos parceiros do MERCOSUL. Estão em negociação ou já estão negociados acordos de comércio com Canadá, Israel, Egito, Marrocos, Índia, SACU, Conselho de Cooperação do Golfo, União Européia e ALCA. Os acordos com os principais parceiros do MERCOSUL, a União Européia e os EUA encontram-se paralisados e apesar da provável retomada das conversações em 2006, dificilmente serão concluídos no corrente ano.

O Governo brasileiro, junto com os demais parceiros do MERCOSUL, deve propor, o mais rapidamente possível, a abertura de negociações com os países sul-americanos que negociaram acordos de livre comércio com os EUA, para, pelo menos, buscar a equiparação das tarifas de importação, a fim de recuperar a competitividade dos produtos brasileiros. Quando o acordo de livre comércio entre os EUA e os países andinos for assinado, todos os países da América do Sul e da América Central, menos a Venezuela e o MERCOSUL, terão negociado a ampliação de seu acesso ao mercado norte-americano em troca de concessões tarifárias mais favoráveis do que as concedidas ao MERCOSUL, o que acarretará a erosão das margens de preferência, isto é, das vantagens tarifárias acordadas com os países da região no âmbito da ALADI.

Tensões dentro do MERCOSUL

- as posições protecionistas da Argentina no tocante aos setores automotriz e agrícola dificultam o consenso no âmbito do MERCOSUL nas negociações multilaterais (Doha), e regionais (MERCOSUL-União Européia).
- A insatisfação dos parceiros menores, Paraguai e Uruguai, com os rumos do MERCOSUL e, sobretudo, com a falta de resultados comerciais concretos, refletem-se nas ameaças de negociação de improváveis acordos bilaterais com os EUA, o que determinaria o fim do MERCOSUL.
- Crise entre a Argentina e o Uruguai (plantas de papel e celulose)
- Argentinização da política externa brasileira – inação do Brasil
- negociação de acordos bilaterais no âmbito do MERCOSUL ou com parceiros externos (Decisão 32/00 – negociação conjunta dificulta as negociações com a União Européia, na Rodada de Doha e com outros parceiros pelos interesses distintos de cada um dos sócios e pela dificuldade de encontrar formulas de comum acordo).
- o convite à Bolívia para juntar-se ao MERCOSUL como um país em processo de adesão, à luz dos fatos relacionados com a presença de empresas brasileiras na Bolívia.
- a tendência à bilateralização de acordos Brasil-Argentina (como o Mecanismo de Ajuste Competitivo) deixando de lado o Paraguai e o Uruguai

O cenário internacional nos próximos 15 anos e o MERCOSUL

Ao analisar as perspectivas do MERCOSUL, torna-se importante levar em conta dois aspectos:

- a evolução das economias dos países membros e seu impacto sobre o MERCOSUL e a perda de importância relativa do comércio intrabloco no contexto do comércio externo de cada país.

- como o processo de integração sub-regional se situa e quais as possibilidades que se abrem para a América do Sul e para o Brasil no contexto global, em um horizonte de médio e longo prazo.

- De que forma a globalização afetará a evolução do regionalismo, hoje em grande expansão em todas as regiões. Nesse contexto, há mais perguntas do que respostas.

- Como a crescente interdependência global vai incidir sobre os movimentos de integração, sobretudo à luz da crescente presença da China e da Índia?

- Como a América Latina e, em especial, a América do Sul, vão se inserir em um mundo cada vez mais competitivo. Como a economia internacional vai se comportar? O crescimento dos últimos 15 anos vai continuar?

- De que forma uma eventual modificaçao do cenário positivo dos anos mais recentes vai repercutir sobre a América do Sul?

- Como evoluirá a América do Sul, com governos populistas e nacionalistas, mais voltados para o passado do que para o futuro?

- Estudos levados a efeito pelo *National Intelligence Council* nos EUA (*Mapping the World in 2020*) mostram a evolução do Brasil com uma potencial economia global ao lado da Rússia, da Indonésia e da África do Sul, enquanto que, ao mesmo tempo, a América Latina praticamente desaparece dos radares dos agentes econômicos, imersa em problemas políticos, econômicos e sociais, e com um crescimento bastante inferior aos pólos mais dinâmicos do mundo. Nesse contexto, como se comportará o Brasil, sobre quem recairá o peso de uma natural liderança econômica e comercial. Como a Argentina reagirá a esse cenário? Como evoluirão as relações da América do Sul e, em particular, a do Brasil, com os EUA?

- Do ponto de vista interno do MERCOSUL, como evoluirão as economias do Brasil e da Argentina e qual será seu impacto sobre os parceiros menores, Paraguai e Uruguai?

- Quais os desdobramentos políticos para o MERCOSUL das eleições presidenciais em 2006 no, Brasil, e 2007, na Argentina? No caso do Brasil, é possível afirmar que dificilmente um outro governo venha a fazer tanto pela Argentina e pelo MERCOSUL como tem feito o Governo Lula, ainda que, paradoxalmente, do ponto de vista dos interesses brasileiros, pela via da adoção de estratégias e objetivos equivocados.

Como se desenvolverá a relação entre os dois principais parceiros do MERCOSUL nos próximos anos? As agendas dos dois governos nem sempre coincidem, gerando rivalidades e desconfianças que determinam visões distintas de curto e longo prazo, seja do ponto de vista político, seja comercial. Quais serão as percepções dos atores políticos e econômicos sobre a atitude do outro parceiro? Continuará a dificuldade de conciliar interesses estratégicos do governo com os do setor privado? A lógica da parceria Brasil-Argentina, que está na base da criação do MERCOSUL, será mantida com a inclusão da Venezuela, que apresenta propostas alternativas para a integração hemisférica?

Essas são algumas questões fundamentais sobre as quais a responsabilidade de uma reflexão cabe não só aos governos e às lideranças políticas, mas também às comunidades acadêmica e empresarial, esta diretamente afetada em suas repercussões.

Perspectivas do MERCOSUL

Levando em conta todos esses elementos, surge naturalmente a indagação do que fazer com o MERCOSUL.

Começam a surgir diversas propostas para superar essas dificuldades.

Há algum tempo o Governo argentino vazou a intenção de retroceder o processo de integração de uma união aduaneira para uma área de livre comércio e mais recentemente o ex-ministro Lavagna propôs reestruturar o MERCOSUL permitindo o comércio administrado; Eduardo Duhalde, ex- presidente argentino fala de um MERCOSUL de geometria variável ou de duas velocidades. No Brasil, enquanto o Governo insiste na política de paciência estratégica para acomodar as reivindicações da Argentina, começam a ser ouvidas vozes sugerindo, de forma pragmática, o fim da tarifa externa comum e a volta à área de livre comércio. Paraguai e Uruguai demonstram insatisfação com os rumos do MERCOSUL e falam em acordos comerciais diretos com os EUA ou mesmo retirar-se do subgrupo regional

Algumas condições para resgatar o MERCOSUL

- Admitir que o MERCOSUL seja parte importante da política econômica, comercial e externa de cada um dos países.
- Levar em conta os parceiros ao tomar medidas de política interna
- Buscar benefícios, mas aceitar os custos da integração.
- Abandonar a retórica e aceitar a realidade: assimetrias

Um esforço sério dos países membros para revitalizar o MERCOSUL deverá incluir necessariamente um trabalho de efetiva construção da União

Aduaneira, a coordenação de políticas macro-econômicas, a criação de políticas industriais setoriais de integração e o aperfeiçoamento dos aspectos institucionais, medidas previstas no Programa 2006 proposto pelo Brasil e com dificuldades para ser implementado.

Caso não se consiga avançar satisfatoriamente nessa direção, dentro de um prazo razoável, como parece ser a situação no atual momento, o MERCOSUL terá de ser reestruturado e, para isso, deveria ser convocada Conferência Diplomática a fim de negociar uma nova arquitetura institucional para o MERCOSUL.

O artigo 47 do Protocolo de Ouro Preto e o parágrafo 12 da Declaração Presidencial da reunião do Conselho do MERCOSUL em *Puerto Iguazu* (dezembro de 2004) dão à base legal para o início de um esforço conjunto de reflexão em torno de uma visão de médio e longo prazo para o MERCOSUL. Esse esforço é ainda mais justificado na hipótese de a ALCA voltar a ter viabilidade política.

No contexto dessa Conferência, deveria ser discutida a questão do processo decisório, um dos aspectos mais difíceis para o Brasil em um processo mais profundo de integração no âmbito do MERCOSUL. O sistema de tomada de decisão por consenso não poderá sustentar-se, caso haja avanços significativos na direção de um mercado comum. A exemplo do Mercado Comum Europeu, em seu início, o sistema de voto ponderado terá de ser introduzido para que o Congresso possa aprovar o futuro acordo na defesa do melhor interesse nacional.

Na perspectiva extrema, poderia-se inclusive contemplar a suspensão temporária e negociada da TEC (o que reduziria as fricções atualmente existentes em determinadas esferas com os outros três parceiros), confirmando o MERCOSUL como zona de livre comércio reforçada, como união aduaneira *in pectore* e como mercado comum prospectivo, a ser alcançado progressivamente segundo metas (inclusive temporais) realistas e factíveis.

Essa nova arquitetura institucional, a ser necessariamente objeto de um novo instrumento diplomático, modificando o Tratado de Assunção, como foi feito com o Protocolo de Ouro Preto, confirmaria as metas integracionistas dos fundadores do MERCOSUL, mas apresentaria certa flexibilidade evolutiva, suscetível eventualmente de acomodar situações que hoje causam tensão dentro do bloco, como a perfuração da TEC.

Seria ainda um acordo-quadro, uma espécie de "constituição para o MERCOSUL", mas reforçada por compromissos existentes e em curso de negociação, sob a forma de "protocolos setoriais" (em matéria de políticas comercial, de regras de origem, industrial, agrícola, de concorrência, de investimentos, fiscal e monetária, entre outros) que consolidariam uma abordagem progressiva do projeto de mercado comum sub-regional.

- A Decisão 21/05CMC criou um Grupo Ad Hoc de alto nível para discutir propostas de reforma institucional para o MERCOSUL, inclusive levando em conta a ampliação do número de membros com a entrada da Venezuela, avaliar a estrutura institucional atual, identificar as principais carências, promover as mudanças necessárias (inclusive as do próprio Protocolo de Ouro Preto). Poderiam ser examinados, entre outros,

- temas de natureza operacional
- métodos de trabalho GMC
- funcionamento da área técnica da Secretaria do MERCOSUL
- sistema decisório (voto ponderado)
- incorporação das normas comuns (só 35% foram internalizadas)
- mecanismo de solução de controvérsia

Enquanto isso, o MERCOSUL não comercial continuaria a avançar permitindo a integração dos países membros em áreas não conflitivas (infra-estrutura, energia).

Caberia ao Brasil conduzir o processo de consultas iniciais e propor as principais características que deveria assumir o novo modelo institucional, combinando elementos do atual esquema integracionista (baseado no Tratado de Assunção e no Protocolo de Ouro Preto) com mecanismos a serem definidos oportunamente, em função das possibilidades de aperfeiçoamento do atual modelo híbrido de mercado comum intergovernamental.

Em conclusão, aproxima-se a hora da verdade para o MERCOSUL e o Brasil, deixando a retórica de lado, deverá exercer um papel de grande influência nos desdobramentos futuros desse processo de integração em qualquer direção: deixando o MERCOSUL patinar na irrelevância ou transformando-o em um verdadeiro processo de integração em todos os setores.

***Rubens A. Barbosa**, presidente do Conselho Superior de Comércio Exterior da Federação das Indústrias do Estado de São Paulo.*

Título	Mercosul 15 Anos
Coordenador	Embaixador Rubens Barbosa
Edição Coordenação	Leonor Amarante
Colaboração	Ana Candida Vespucci
Diagramação Projeto Gráfico	Sergio Kodama
Formato	16x23 cm
Tipologia	Times New Roman
Papel	90g/m² Offset
Número de Páginas	304
Tiragem	1000
CTP, Impressão e Acabamento	imprensa oficial

FUNDAÇÃO MEMORIAL
www.memorial.sp.gov.br

imprensa oficial
www.imprensaoficial.com.br